KB150868

포비아
페미니즘

포비아
페미니즘

박가분 지음

인간사랑

페미니즘은 더 이상 백지수표가 아니다

'그들'의 평등

상당수의 논쟁은 상대와 내가 공유하는 언어의 '정의'가 다른 데서 발생한다. 가령 '노동유연성'이라는 단어를 노동계와 경영계는 서로 다르게 정의한다. 경영계는 쉬운 해고를 노동유연성의 골자로 이해하는 반면, 노동계는 노동자의 자유로운 출퇴근 그리고 업무의 자율성에 비중을 둔다. 서로의 정의가 첨예하게 엇갈리는 또 다른 대표적인 예가 인터넷에서 페미니즘을 둘러싸고 격화되고 있는 젊은 남녀 간의 '젠더논쟁'이다. 둘은 서로 성평등을 전혀 다른 의미로 이해하고 있다. 논쟁의 와중에 페미니스트들은 페미니즘이야말로 젠더평등을 추구하는 담론이라고 말한다. 특히 그동안 남성들이 갖고 있었던 기득권(기울어진 운동장)을 제대로 인식하고 그것을 내려놓아야만 진정한 평등에 도달할 수 있을 것이라고 믿는다. 그러나 반대편에서는 특정 성에 대한 징벌적·대결적 접근에 호소하는 페미니즘은 평등의 본령에서 이미 멀어져 있다고 응수한다. 페미니즘은 이미 (젊은) 남성들이 갖고 있지 않은 기득권을 핑계 대며 엉뚱한 특권과 불평등을 정당화한다는 것이다. 그리고 현실의 평등에 도움이 되지 않는 역차별들을 옹호한다는 것이다. 이렇듯 논쟁은 둘 사이에서 평등에 대한 관념 자체가 서로 다른 것에서 출발한다. 특히 작년 반사회적 혐오 사이트인 메갈리아를 둘러싼 논란이 넷상에서 격화됨으로써 이 논쟁은 더욱 걷잡을 수 없게 되었다.

결국 여기서 관건이 되는 것은 젠더차이와 그것에 기반한 평등을 어떻게 정의하느냐는 것이다. 이와 관련해서 피아제라는 발달심리학자가 성인과 유아의 도덕관념이 어떻게 분화되는지에 대해 말한 것이 참고가 될 수 있다. 인간은 발달과정에서 정의관이 변한다. 유아기에는 '저 아이가 나를 때렸으니 나도 저 아이를 때려야겠다'는 식의 응보적 정의에서 출발한다. 그리고 성인기에는 '내가 싫은 것은 타인에게 하지 않는다'는 상호적인 정의관으로 옮겨간다. 그러나 이러한 도덕적 발달과정은 항상 순조롭게 일어나지 않는다. 현실에서는 성인들도 유아적인 정의관으로 퇴행하곤 한다. 넷상에서 일어나는 젠더논쟁도 이와 비슷한 양상이다. 문제는 젠더 논쟁의 양측을 지배하는 평등관·정의관이 '내가 맞았으니 이제는 내가 너를 때려야겠다'는 식의 뒤틀린 평등주의, 뒤틀린 정의라는 점이다. 이러한 뒤틀린 평등주의를 집단의 뒤에 숨어서 불특정 다수를 향해 피력하는 것. 이것이 바로 넷상 젠더 논쟁에서 일어나는 도덕적·심리적 퇴행과 악순환의 정체이다. 이런 악순환의 고리를 어느 지점에서부터는 끊을 필요가 있다.

한편 『혐오의 미러링』에서 풍부한 사례들을 통해 주지했듯이, 메갈리아 신드롬 역시 기본적으로 불특정 다수로부터 받은 여성 대상의 혐오발언과 사이버 테러를 다른 불특정 다수에게 되갚겠다는 발상에서 출발한다. 그동안 내가 피해자 집단에 속했으므로 이번에는 내가 가해자 집단이 되겠다는 멘탈리티이다. 심지어는 그런 내용들이 고상한 언어로 포장되어 철학 저널에 실리기도 한다. 가령 메갈리아조차도 상당수 여성주의자들로부터 '(성)평등' 혹은 '여성의 정치적 주체화'라는 관점으로 옹호되었다. 그러나 이것은 실제로는 응보적 정의에 입각한 퇴행적 평등이며, 이것에 입각한 혐오발언의 정당화는 정체적 주체화가 아닌 정치적 유아(幼兒)화로 이어진다. 유아적 평등과 성인의 평등, 그리고 정체적 주체화와 정치적 유아화를 구분하는 것. 바로 이 관점이 이 책의 논의를 지탱하는 뼈대이다.

포비아 페미니즘과 정치적 올바름

이 책에서 명명한 포비아 페미니즘이란 바로 공포와 혐오에 입각한 응보의 논리를 옹호하는 담론이다. 이들은 피해자·약자로서의 정체성에 호소함으로써 어떠한 사회적 비판과 책임으로부터도 면제받고자 하는 정치적으로 유아적인 태도를 양산한다. 그리고 이것은 단지 페미니즘의 문제만이 아니라 추상적인 정치적 올바름(Political Correctness)의 규범이 범람하는 현실의 문제이기도 하다.

현대사회에서 점증하는 정치적 올바름에 대한 진보좌파 진영의 집착은 이상한 일이다. 과거 진보와 좌파는 사회적 약자·피해자의 권리를 옹호했지만 약자·피해자라는 정체성 자체에 도덕적 고상함과 우월함을 부여하지는 않았다. 약자들의 단결을 통해 약자가 더 강해지는 것을 추구하는 동시에 그만큼의 사회적 책임을 부여받는 것을 원했지 자신에 동의하지 않는 사람들에 대한 모욕과 조롱에서 대리만족을 추구하지 않았다. 현실의 질못된 사회구조를 비판하고 이를 개선하기 위한 집합적 행동을 옹호했지만 반대진영에 도덕적·인종적·성적 낙인을 찍는 것에서 사회적 변화를 기대하지는 않았다. 모두가 잘 살 수 있는 사회를 만들기 위해 사회구조와 개인의 정체성이 변화할 수 있고 또 그래야만 한다는 관점을 옹호했지 특정 인종적·성적·문화적 정체성에 대한 우울증적 애착을 낭만화하지는 않았다. 과거 진보나 좌파가 항상 그랬던 것은 아니지만 적어도 그렇게 행동하리라 '기대'되었다. 그러나 적어도 현재 그러한 기대는 완전히 깨졌다. 이 책이 우선적으로 문제제기하는 것은 진보·좌파 전반에 만연해 있는 이러한 정치적 퇴행(Regression) 현상이다.

진영논리에 입각하여 그동안의 페미니즘 담론에 대해 무비판적 태도를 견지해왔던 측에서는 앞서 말한 문제를 제대로 직시할 필요가 있다. 특히 무비판적 페미니즘을 위시한 현재의 정치적 올바름의 담론은 정치를 가장한 탈정치이고, 현학(衒學)을 가장한 반지성주의에 지나지 않는다는 사실을 직면할 필요가 있다. 나아가 현실에서는 합의되지 않은 비유와 논리적 비약에 의존한 모호한 용어(예를 들어, 미소지니, 맨스플레인, 기울어진 운동장 등등)를 상대에게 휘두르면서 보잘 것 없는 지적 우월감을 상품화해서 파는 요새의 관행은, 당연한 일이지만, 현실의 정치적·사회적 문제 해결에 아무런 도움이 되지 않는다. 그리고 그것은 대중의 지지를 얻지 못하는 무능력을 은폐하는 전형적인 방식이기도 하다.

견제 받지 않은 담론

나는 인터넷 상에서 앞으로도 지속될 젠더전쟁에 밥숟가락을 하나 더 올려놓을 생각은 없다. 이 책은 페미니스트든 안티 페미니스트이든 누구에게도 '사이다'를 선사하지는 않는다. 오히려 갑갑한 현실을 있는 그대로 묘사하는 데 목적이 있다. 분명한 것은 현재의 페미니즘 담론은 이러한 갑갑한 현실에 대해 '사이다'를 선사한다는 명분 아래 자신이 그동안 가져왔던 전제마저 져버리는 일을 반복해왔다는 것이다.

이 책을 쓰게 된 직접적인 동기는 『혐오의 미러링』 출간 이후 여전히 변하지 않는 페미니즘 진영의 모습이다. 『일베의 사상』에 이어 『혐오의 미러링』에서도 페미니즘이나 어떤 이즘(-ism) 자체에 대한 비판 이전에 넷상 혐오발언의 실상을 직면할 것을 요청했다. 하지만 다수의 페미니스트들이 넷상의 혐오신드롬을 정당화하며 자신들에게 불리한 어떤 비판도 거부하는 모습에 나는 아연실색했다. 작년에 페미니스트를 자처했던 이들은 메갈리아·워마드의 혐오신드롬에 침묵으로 일관하거나 혹은 적극적인 옹호세력이 되었다. 이제는 페미니즘의 관행에 대해 소극적인 비판을 넘어서 적극적인 비판으로 넘어갈 필요성을 느끼게 되었다. 우선 포비아 페미니즘의 담론은 다음과 같은 점에서 치명적인 결함을 안고 있다.

페미니스트들은 양성평등만이 아니라 소수자와 약자의 권리 전반을 옹호한다고 자처해왔다. 그러나 실제로는 그들이 옹호했던 메갈리아·워마드의 혐오신드롬은 남녀대결 프레임 아래서 남성 성소수자(똥꼬충, 게이충), 남성 어린이(한남유충), 남성 장애인(윽엑, 장애한남), 산업재해를 당한 남성 비정규직(재기해를 패러디한 태일해 등)에 대한 혐오와 조롱어린 공격을 일삼았다. 일베의 혐오발언이 '일부'의 문제가 아닌 것과 마찬가지로 이러한 사례들 역시 단지 '일부'의 문제가 아니라는 것은 이미 잘 알려져 있고 『혐오의 미러링』에서도 실제 사례들을 충분히 전달했다고 생각한다. 그런데 현재에도 메갈리아에서 파생된 각종 혐오발언은 넷상에서만이 아니라 공식적인 페미니즘 명함을 단 인사들 사이에서도 일반적인 용어로 자리 잡았다. 일례로 한국의 대표 여성학자 정희진은 한 대중 강연에서 '한남과의 사랑은 가능한가'라는 표제를 가져갔다. 비슷한 사례로 '김치녀와의 연애는 가능한가'라는 제목의 강연을 기획했다면 어떤 종류의 비판에 직면했을까. 내가 가하는 낙인에는 남들과 달리 더 고상한 도덕적 의도가 숨겨져 있다는 식의 궤변이 언제부터 보편적인 상식이 됐을까. 이 책은 바로 이러한 의문에서 출발한다.

어째서 이런 지경에 이르게 되었을까. 결국 페미니즘은 약자와 소수자를 옹호한다는 논리, 실제로는 규범적인 당위에 불과한 진영논리 아래 자신이 자처하는 이상과 다른 행동을 해도 아무런 비판과 견제를 받지 않았던 것이다. 물론 이런 말을 하면 다수의 페미니스트들은 당장 반발할 것이다. '실제로는 우리가 얼마나 남성들로부터 부당한 공격을 받는지 아느냐'라고 말이다. 물론 오늘날 누구나 현실이나 넷상에서 부당한 공격을 받곤 한다. 그러나 내가 문제제기하는 것은 페미니즘이 그동안 진보·좌파라는 진영논리의 엄호 아래 남발되어 온 백지수표를 십분 활용해왔다는 것이다. 물론 이것은 한국사회에서 진보좌파 세력이 주류사회를 상대로 인정투쟁을 할 때의 전형적인 방식이기도 하다. 그들은 자신들 내부의 잘못된 관행에 대한 비판에 직면할 때 이것을 약자·소수자인 자신에 대한 주류 기득권의 탄압이라고 반발하는 방식에 익숙해져 있었다. 그리고 이러한 비판과 견제에 대한 전면적인 거부는 말할 것도 없이 과거 통합진보당 폭력사태 등 진보진영 내에서 일련의 파행을 낳았다. 그리고 진보진영은 자기 내부에서 파행이 일어나도 그것을 자신들의 문제가 아니라 상내정파의 문제나 외부 기득권 세력의 문제라고 책임전가를 해오는 방식에 지나치게 익숙해져 있다. 그나마 다행인 것은 이제는 진보적 성향의 시민들 중에서조차 그런 잘못된 관행에 동의하지 않는 사람들이 점점 늘어나고 있다는 점이다.

이 책은 그동안 '약자의 권리를 옹호한다'는 백지수표 아래 양해되었던 페미니즘 일각의 잘못된 관행과 담론에 대한 일련의 비판적 논점을 제기할 것이다. 물론 이미 말했듯이 페미니즘의 문제는 페미니즘 자체의 문제에만 국한된 것이 아니라 현실에서 유리된 '정치적 올바름'의 규범에 집착하는 진보·좌파 일각의 잘못된 경향과 일맥상통한다. 또한 그 경향은 글로벌한 문제이기도 하다. 한편 페미니즘과 정치적 올바름의 관행을 비판한다고 해서 페미니즘이 문제제기하는 현실이 사라지는 것은 아니라는 사실을 직시할 필요도 있다. 이 책은 그들이 문제제기하는 현실, 이를테면 남녀임금격차와 가사노동의 불평등 그리고 여성대상의 범죄 문제에도 접근할 것이다. 그리고 실제 현실의 문제에 접근할수록 그들이 가져갔던 관념적 수사가 얼마나 현실의 문제해결에서 동떨어져 있는지는 분명해질 것이라 생각한다.

책의 구성

이 책의 1장은 우선 지난 미국 대선에서 혐오발언과 성차별 발언을 일삼았던 도널드 트럼프가 주류언론과 여론조사기관의 예측과 달리 왜 대통령에 당선되었는지에 대한 문제의식에서 출발한다. 혹자는 이것이 아직도 미국사회에서 혐오와 차별이 심각하다는 문제로 받아들이며 그래서 더 많은 정치적 올바름이 필요하다고 주장하겠지만 그것은 단견에 지나지 않는다. 오히려 정치적 올바름에 입각한 진보담론이 반대진영에 대한 낙인찍기와 편 가르기에 집착하게 됨으로써 대중의 지지에서 멀어졌다는 현실을 직시할 필요가 있다. 실제 삶의 문제에서 유리된 정치적 올바름의 유행이 진보의 정치적 무능력을 낳았다는 것이다.

2장은 현재의 페미니즘 담론의 경향을 요약하는 '포비아 페미니즘'이 무엇인지에 대한 설명에 할애될 것이다. 포비아 페미니즘이란 비현실적인 공포심과 혐오감을 부추김으로써 자기정당화를 하는 페미니즘 담론을 의미한다. 포비아 페미니스트의 심리를 한 마디로 요약하자면 공포와 혐오에 입각한 확증편향이다. 포비아 페미니즘은 공포와 혐오를 자극하는 취사선택되거나 왜곡된 정보들을 통해서 자신에게 무한한 정당성을 부여하며 진영 바깥과의 어떠한 진지한 소통도 거부하는 퇴행적이고 자폐적인 페미니즘을 의미한다. 포비아 페미니즘의 조류는 특히 작년 강남역 살인사건을 선정적인 방식으로 왜곡하는 데서 정점에 달했다.

3장은 남녀 임금격차에서부터 여성 연예인 대상의 로리타 마녀사냥에 이르기까지 한국의 포비아 페미니즘이 자극적인 방식으로 행한 문제제기들에 대한 팩트 체크를 행할 것이다. 그리고 이러한 포비아 페미니즘이 어떻게 해서 실제 현실의 문제해결과 유리될 수밖에 없었는지, 어떻게 또 다른 피해자들을 낳았는지를 지적할 것이다.

4장은 지금까지 문제제기한 포비아 페미니즘이 사회에 미친 악영향들을 정리할 것이다. 특히 포비아 페미니즘은 페미니스트로서 자신이 지금까지 견지해왔던 입장과 모순된 행동을 저지르거나 이를 정당화했다. 그들은 전체주의적 방식의 여론형성과 사회적 검열을 옹호하는가 하면 문제해결을 위한 공론장 자체를 붕괴시켜왔다. 평범한 개인의 삶을 파괴하는 데 아무런 성찰의식도 가지고 있지 않다. 또한 포비아 페미니즘은 온라인상에서의 사이버테러를 부추기는 데 일조했다. 겉보기에 페미니즘의 이름을 빌렸지만 실제로는 페미니즘뿐만 아니라 그동안 진보진영이 가져왔던 윤리적 잣대와 역행하는 사건들이 여기서부터 본격적으로 노출될 것이다.

마지막으로 5장은 페미니즘에 대한 이론적 비판들을 소개한다. 또한 페미니즘이 논쟁 과정에서 자신을 지적으로 포장하기 위한 목적으로 가져오는 각종 전문용어의 옹알이에 어떤 논리적 속임수가 동반되는지를 설명할 것이다. 현실에 기반을 두지 않은 현학적인 정치철학 용어에 대한 의존은 오히려 자신의 지적 파산을 보여주는 징후에 지나지 않는다. 특히 페미니즘 진영은 어떤 개념의 외연을 확장하거나 새로운 개념을 창안하는 것으로 공론장에서의 설명과 논증을 끝냈다고 여기는 태도를 지양할 필요가 있다. 마지막으로 여기서는 페미니즘이 줄곧 행했던 가부장제와 미소지니 등 주요 개념들의 무한확장과 남용이 어째서 현실의 복잡한 현상들을 설명하지 못하고 남녀대결 프레임에 스스로 갇히게 만들었는지를 해명할 것이다. 페미니즘은 모두에게 좋은 것이라고 말하지만 그 스스로 대결 프레임에 갇혀있는 한 그러한 주장은 다수의 사람들에게 동의를 얻긴 힘들 것이다.

* * *

이 책은 그동안 《리얼뉴스》(realnews.co.kr)에 필자가 기고해왔던 젠더이슈 관련 칼럼들을 보다 더 일관된 문제의식 아래 정리하는 것에서 출발했다. 내가 이 책을 통해 기대하는 것은 그동안 언론과 정치권의 견제와 비판에서 면제되어 왔던 잘못된 페미니즘 경향에 대한 비판적 논점을 온라인에서 오프라인으로 끌고 오는 것이다. 온라인의 논쟁을 이미 많이 겪어본 입장에서 나 역시 온라인의 젠더논쟁에 누구 못지않은 피로감을 갖고 있다. 온라인에서는 대개 상대의 정체를 잘 모르기 때문에 진영논리에 입각한 허수아비 때리기가 만연하다. 페미니즘이든 안티페미니즘이든 마찬가지이다. 논의의 진전을 가져오기 위해서는 페미니즘에 대해 제기되는 비판들을 오프라인의 논의로 가져오는 것이 더 건설적이다. 이 책이 그러한 논의의 마중물 역할을 할 수 있기를 기대한다. 또한 나는 이 책이 페미니스트들에게 읽힐 것이라 기대하지 않으며 그들과의 논쟁이 성립할 것이라 기대하지도 않는다. 그러나 적어도 이 책이 젠더이슈에서 길을 잃은 20~30대 남녀 독자들에게 유용한 지침서가 되었으면 하는 바람이다. 젠더이슈에 대한 논의는 페미니스트에게만 맡기기에는 너무나 중요한 문제이기 때문이다.

1장
정치적 올바름은
정말 올바를까
Phobia Feminism

01.
정치적 올바름에
지친 유권자들

공포와 공포가 맞부딪힌 선거

지난 미국 대선에서 도널드 트럼프가 당선될 때 힐러리 지지자들의 반응은 충격과 공포 그 자체였다. 대선 후보의 도덕성 이슈는 지난 미국 대통령 선거의 주된 프레임이었다. 주류언론은 트럼프가 성희롱은 물론 소수자 및 여성에 대한 차별적 극언을 일삼은 부도덕한 사람이었다는 것에 초점을 맞추었다. 대다수의 미디어가 힐러리를 지지했다. 비록 힐러리도 부자와 금융자본의 이해를 옹호하며 버니 샌더스와 같은 정치인들이 제기한 경제적 불평등 이슈에 상대적 무관심으로 일관하는 등 완벽한 사람은 아니었지만 말이다. 이에 따라 지난 미국 대선은 자칭 양심적 미국인들이 부도덕한 트럼프를 견제하며 미국인의 도덕성에 호소하는 선거였다. 그러나 실제 투표 결과는 미국 상당수의 유권자들이 주류 미디어와 민주당이 짠 도덕성 프레임에 무관심했다는 것을 여실히 드러냈다. 오히려 많은 사람은 주류 정치의 관행과 시스템을 혁파하겠다는 트럼프의 목소리에 귀를 기울였다. 트럼프에 투표한 사람들은 그의 사생활과 도덕성에는 거의 신경 쓰지 않은 것이다.

물론 트럼프는 전형적인 우파 포퓰리스트이다. 그는 멕시코-미국 사이의 국경에 장벽을 설치하면서 불법이민을 근절하겠다고 공약했다. 그는 러스트 벨트(Rust Belt)[1]에서 실직한 노동자들의 일자리를 되찾기 위해 FTA(자유무역협정)와 TPP(환태평양 경제 동반자 협정) 등 각종 무역협정을 폐기할 것을 공언했다. 우리나라를 비롯해 각국에 주둔 중인 미군의 방위비 부담이 과도하다는 주장을 펼치기도 했다. 또한 그는 월스트리트의 금권정치를 근절하겠다면서 자신의 월급을 반납하겠다고 약속했다. 그러나 이러한 임기응변과 보여주기 식 정책은 이민문제도, 실업문제도, 금권정치의 문제도 해결하지 못한다. 멕시코인들의 이민 문제는 궁극적으로 빈곤문제에서 비롯된다. 금권정치의 문제도 카리스마적 리더에 의해서가 아니라 시민들의 참여와 민의가 진정으로 반영되는 정치구조에 의해서만 극복될 수 있다. 또한 미국의 노동자들이 일자리를 잃거나 삶이 불안정해진 것은 단순히 무역협정과 이민자 때문이 아니라 불평등한 소득분배와 잘못된 산업정책 때문이다. 미국 정치의 관행을 개혁하며 서민들의 일자리를 되찾겠다는 트럼프의 약속은 허상에 불과하다.

  그런데 지난 대선에서 주목해야 할 부분은 트럼프가 공포를 동원하는 방식이었다. 그는 낯선 외국자본과 불법이민자가 미국을 장악하는 미래에 대한 공포를 매우 효과적인 방식으로 환기했다. 한편 트럼프의 공포정치에 맞서 힐러리와 민주당 진영도 '성추행범'과 '인종차별주의자'에 지배되는 파시스트 국가가 될 미국의 미래에 대한 공포심을 자극했다. 지난 미국 대선은 한 마디로 공포와 공포가 맞부딪힌 선거였다. 이러한 양측의 선거전략이 팽팽히 맞부딪히는 와중에 유권자들 사이에서도 상대방에 대해 지니는 공포심이 확대재생산되었다. 힐러리 자신도 유세 과정에서 트럼프 지지자들을 '한심한 사람들(deplorable folks)'로 묘사하기도 했다. 문제는 서로에 대한 혐오를 자극하는 이러한 언사 아래 실제 서민들이 마주하는 삶의 문제는 관심의 주변부로 밀려났다는 점이다. 예를 들어 오른쪽에는 '무슬림'과 '불법체류자' 그리고 '외국자본'과 '미국적 가치의 훼손'에 대한 공포심이 자리 잡고 있다면, 왼쪽에는 '총기사용'과 '저질 TV쇼'에 집착하며 각종 '성차별적·인종주의적 편견'과 '기독교 근본주의'에 중독되어 있는 쓰레기 백인(화이트 트래쉬)[2]과 시골에 사는 하층계급 레드넥[3]에 대한 혐오와 경멸이 자리 잡고 있었다. 트럼프가 정치적으로 올바르지 못하다고 비판했지만 정작 힐러리 클린턴과 민주당 선거진영이 지지자를 결집한 방식은 트럼프의 방식과 매우 유사했다. 일례로, 미국의 저명 언어학자이자 사회평론가인 노암 촘스키는 하층계급 백인을 엘리트 진보주의자들이 경멸한다고 여겨지는 현상에 대해서 다음과 같이 말한다.

"백인 인구가 감소하고 있다는 사실은 더 이상 비밀이 아닙니다. 10년이나 20년 안에 백인은 노동 인구 중에 소수가 될 것으로 예상됩니다. 그리 멀지 않은 때에는 인구의 소수가 될 것으로 예상됩니다. 전통적인 보수주의 문화는 정체성 정치의 성공으로 인해 공격받고 있는데 정체성 정치는 엘리트의 영역으로 여겨집니다. 그리고 그 정체성 정치를 옹호하는 엘리트들은 진정한 가족의 가치를 알고 근면하고 애국심 있고 교회에 나가며 그들이 익숙한 나라의 모습이 사라지고 있는 것을 자신의 눈앞에서 보고 있는 미국인들을 경멸한다고 여겨집니다."[4]

정체성 정치와 정치적 올바름

흥미로운 것은 미 대통령 선거 이후에도 이 충격적인 결과를 이해하기 위한 일환으로 각종 신문지상에서 이른바 '정체성 담론'이라는 것이 오히려 더 번성했다는 점이다. 가령 '왜 일부 여성은' '왜 일부 성소수자'는 심지어 '왜 일부 무슬림들은 트럼프를 지지했는가'를 반문하는 기사들이 쏟아져 나왔다. 물론 언론들은 '하층민 백인 남성들이 보수·반동화 되었다'는 분석도 잊지 않았다. 그런데 진실은 이보다 더 단순하다. 현실의 사회적 갈등은 단순히 인종적, 성적, 종교적, 문화적 정체성에 의해서만 좌우되지 않는다는 것이다. 예를 들어 현실의 정치적·경제적 불평등 문제는 개개인의 인종, 성적 지향, 종교적 신념을 '가로지른다.' CEO인 여성과 비정규직 노동자인 남성의 관계, 흑인 상원의원과 실직한 백인 유권자, 레즈비언 학생회장과 이성애자 남학생의 관계의 관계는 정체성 정치의 틀로 해석할 수 없다. 그런데 문제는 현실의 사회적 갈등과 불평등의 문제를 개개인의 정체성과 지향의 문제로 잘못 해석하도록 만드는 메커니즘이 존재한다는 것이다. 그것이 바로 정체성의 정치(Identity Politics)[5]와 정치적 올바름(Political Correctness)[6]이다.

정체성 정치는 사회적 갈등을 개개인의 정체성 간의 대립으로 손쉽게 치환한다. 그리고 바로 여기에 정체성 정치의 모순이 있다. 정체성 정치는 각자의 성적·인종적·문화적 정체성에 대한 애착을 행위의 기본 동기로 상정하며 사회 문제를 개인의 관계 문제, 문화의 문제, 또는 태도의 문제로 전환한다. 그렇게 함으로써 정체성 정치는 실제의 사회적 갈등과 불평등의 전선을 외면하게 만든다. 그런 의미에서 슬로베니아의 정치철학자 슬라보예 지젝(Slavoj Zizek)이 개개인의 정체성의 차이에만 천착하는 현대의 정치적 올바름의 담론이 전형적인 '탈정치 담론' 나아가 '개인주의 담론'이라고 비판하는 맥락은 일리가 있다. 예를 들어 미국의 이른바 러스트 벨트에 거주하는 중하층 백인 노동자들이 겪는 소외감과 일자리의 감소는 단순히 인종의 문제가 아니라 잘못된 사회구조의 문제이다. 자본이 이윤을 추구하는 과정에서 노동자의 지위와 일자리를 불안정한 상태로 내몰게 된 일련의 사회경제적 메커니즘이 존재한다. 그런데 정치적 올바름의 담론은 가령 백인 노동자들을 불안정한 삶으로 내몰고 각종 사회적 편견과 증오에 중독되게 만든 배경을 무시한 채 그들의 인종적 정체성 자체를 비난함과 더불어 그들의 '불관용적인' 문화적 관습과 종교적 신념 등을 교정할 것을 요구한다.

이러한 정치적 올바름은 상대방의 정체성에 대한 '관용'과 '예의 바름'을 사회적 갈등의 해법으로 내세운다. 우리는 일상에서 타인에게 예의를 지켜야 한다. 이것은 맞는 말이다. 그런데 일상에서 누구나 수긍하는 말인 만큼이나 현실의 사회문제에서는 하나 마나한 소리가 될 수밖에 없다. 인구의 다수가 왜 사회적 편견과 증오에 노출되었는지에 대한 문제를 외면한 채 그들 개개인의 신념과 문화적 성향을 이슈화하는 것. 그것이 바로 정치적 올바름이 부추기는 '탈정치'이다. 신자유주의가 득세하고 자본의 논리가 본격적으로 판을 치며 노동계가 힘을 급격히 상실한 80~90년대 이후 미국에서는 이러한 정치적 올바름이 본격적으로 유행하기 시작했고 그 결과 진보와 리버럴의 기본적인 정치문법이 되었다. 이와 더불어 진보와 리버럴은 분배적 정의의 문제를 문화적 인정투쟁보다 더 부차적인 문제로 취급하기 시작했다. 그리고 앞으로 보겠지만 현대 주류 페미니즘 담론 역시 이러한 정체성 정치의 연장선상에 있다.

정치적 올바름의 담론은 그 자체로 모순을 내포하고 있다. 예컨대 정치적 올바름의 담론을 학문적 논의로서 연구하는 포스트모던 문화연구 및 문화이론[7]이라는 분야가 있다. 이들이 평소 펼치곤 하는 논리(소수자에게는 각자의 삶의 방식이 있고 그들의 삶의 방식에서 비롯된 신념과 견해를 존중하고 관용해야 한다)에 따르면 러스트 벨트의 백인 노동자들이 외국자본과 이민자들을 혐오하고 자신의 전통적인 삶의 방식과 종교를 위협하는 적에 맞서는 것은 어찌 보면 지극히 당연하다. 따라서 이들이 트럼프를 지지하는 것을 비난해서는 안 된다. 그럼에도 정치적 올바름의 신봉자들은 모순적이게도 트럼프를 지지한 (멍청한) 일부 미국인들이 반동적인 선택을 했다며 싸잡아 비난한다. 그러는 그들은 왜 정작 백인 중하층 노동자들의 삶의 방식과 견해를 존중하지 못하는가? 이것이 바로 관용과 예의 바름을 내세우는 정치적 올바름이 자주 봉착하는 모순이다. 이처럼 정치적 올바름을 내세우는 사람들은 정작 타인에게 관용적이지 않은 경우가 많다.

또 다른 예를 살펴보자. 진보파의 정치적 올바름의 논리를 곧이곧대로 따르면 갠지스 강의 오염된 물을 마시는 인도인들의 미신적 관습도 존중되어야 한다. 농담처럼 들리겠지만 실제로 한국의 대표 여성학자인 정희진 역시 신문 칼럼에서 이 같은 주장을 펼친 바 있다.

"갠지스는 다른 강처럼 정화 능력만 가진 것이 아니라 세균을

죽여 부패를 방지하는 광물질로 가득 차 있다. 갠지스에서는 콜레라균이 3~5시간 안에 죽는다. 때문에 콜레라 희생자를 포함하여 수많은 주민의 시체가 버려지고 수천 명이 목욕하는 강물을 힌두교도인들은 안전하게 마실 수 있다고 확신한다. 사실이냐고? 사실이다. 이것은 현대 미생물학이 증명해야 할 과제지, 아무 문제없이 사는 그들을 신기하게 볼 문제가 아니다."[8]

갠지스 강이 자체 정화능력이 있다는 주장은 아무런 근거가 없으며 정희진의 생각과 달리 실제로 갠지스 강물을 마시는 사람들이 아무 문제없이 살기는커녕 비위생적인 환경으로 인해 지금도 많이들 고통 받고 있다. 한편 각자의 삶의 방식을 존중해야 한다는 신념을 끝까지 밀어붙인다면 다문화사회와 진화론 등의 현대과학을 배격하는 일부 기독교 근본주의자들의 신념과 삶의 방식도 존중받아야 한다. 왜 기독교 근본주의자들이 존중 받아야 하는가? 이것은 현대 여성학이 증명해야 할 과제이다.

보수·반동을 낳은 정체성 정치

한편 정체성 정치의 진정한 문제는 더 근본적인 차원에 놓여 있다. 정체성 정치에 따라 유권자 개개인의 성적, 인종적, 종교적, 문화적 정체성에 호소하는 전략은 결국 유권자들을 반동적인 선택으로 이끈다. 왜냐하면 그것은 더 나은 미래에 대한 전망이 아닌 현재 자신의 정체성을 지키기 위한 보수적 선택을 강요하기 때문이다. 좀 더 강하게 주장하자면, 더 나은 미래를 위한 개혁과 변화를 거부하는 보수·반동의 흐름은 트럼프와 같은 일부 '또라이'로 인해서 발생하는 것이 아니라 애당초 정체성의 정치 논리 그 자체에서 비롯된 것이다. 실제로 지난번 힐러리 클린턴과 버니 샌더스가 맞부딪혔던 민주당 경선과정에서 제기되었던 소득, 자산, 일자리, 건강, 교육 등 다양한 분야에 걸쳐 있는 불평등 이슈는 정치적 올바름 이슈가 지배했던 도널드 트럼프와 힐러리와의 대선과정에서 거의 사장되었다. 이렇듯 불평등 문제로부터 정체성 정치로 대중의 관심을 돌리는 현상은 글로벌한 현상이기도 하다. 다양한 인종·성·문화를 가로지르며 공통의 권리주장을 전개했던 보편적인 사회운동과 사회이념이 쇠퇴한 상황에서 자신이 현재 갖고 있는 정체성에 대한 우울증적 애착과 타인의 정체성에 대한 공포와 혐오가 사회의 음지에서 독버섯처럼 자라난다. 자신의 정체성에 대한 애착은 타인의 정체성에 대한 공포와 혐오라는 감정으로 손쉽게 전이되며, 이는 또한 정치인들의 손쉬운 동원과 조작의 대상이 된다. 이 책임을 단지 도널드 트럼프에게만 물을 수 없다. 그동안 정체성 정치와 정치적 올바름에 강박적으로 몰입해왔던 진보주의자들도 이 책임에서 벗어날 수 없기 때문이다.

그렇다면 왜 그들은 그것에 강박적으로 몰두해왔는가? 사실 그들이 해결하기 어려운 사회구조의 문제, 이를테면 불평등 문제로부터 도피하는 가장 간단한 방법이 바로 정치적 올바름과 정체성의 정치이기 때문이다. 더군다나 정체성 정치는 대중과 노동계급의 지지를 잃은 진보진영 일각에서 자신이 과거 호소했던 계급투쟁론의 손쉬운 대체물이 되어 주기도 한다.

물론 여성과 유색인종 그리고 성적·종교적 소수자들이 일상에서 겪는 차별과 혐오는 실제적인 문제이다. 그리고 도널드 트럼프 같은 선동가들은 이러한 차별과 증오를 더욱 자극함으로써 지지세를 모았다. 그리고 이러한 위험한 경향에 대해서 식견 있는 사람들이 우려하는 것은 당연하다. 더 나아가 모든 사람 각자에게는 그 나름의 소수자성(性)이 있다는 정체성 정치의 논리를 따르면 이러한 우려는 보편적이기도 하다. 표면적으로 사회 주류의 정체성을 공유하고 있는 사람이라 하더라도 얼마든지 사소한 차이와 불일치로 인해 사회적인 차별과 혐오에 노출될 가능성이 있기 때문이다.

그런데 여기서 문제는 정치와 미디어가 대중의 공포심을 자극하고 동원하는 방식이다. 대중이 공포를 느끼는 대상을 실제 이상으로 과장하고 왜곡하는 것은 역으로 정치영역의 축소를 동반한다. 사실 트럼프 신드롬만큼이나 우려스러운 것은 사람들이 실제적으로 겪는 사회적 문제들을 일련의 정체성을 둘러싼 혐오와 공포의 표출로 '축소·환원' 하는 미디어와 정치의 관행 그 자체이다. 두말할 나위 없이 이러한 관행이 이 책에서 언급할 포비아 페미니즘을 양산한 주요한 메커니즘이기도 하다.

예를 들어 보자. 정체성의 정치에 기초한 급진 페미니즘은 한 사람의 정체성(이를테면 여성)이 그 사람의 사회적 관계와 지위를 오롯이 결정한다고 믿는다. 쉽게 말해 여성은 사회적으로 소수·약자라는 것이다. 그러나 실제 현실의 사회적 관계에서 특정 정체성을 가진 사람(여성·흑인·장애인)이 항상 약자인 것은 아니다. 그들이 CEO이나 기업의 유력한 투자자일 경우 그들은 강자이다. 특히 현실의 자본주의 사회에서 사회적 지위는 인종적·성적·문화적 정체성뿐만 아니라 경제적 계급 및 지위와도 관련된다. 문화적 정체성 상으로는 다수·강자로 흔히 일컬어지는 남성·백인·비장애인이라 해도 정치적·경제적으로는 하층민이자 약자일 수 있다. 약자·소수자의 사회적 위치는 문화적 정체성의 측면과 경제적인 측면이 모두 작용해서 정해진다. 이 간단한 사실을 외면하는 것이 정체성 정치이다. 그리고 약자와 소외계층을 대변한다고 자처한 클린턴 역시 바로 이 사실을 외면했기 때문에 백인 서민 노동자와 러스트 벨트 유권자들에 걸려 넘어진 것이다.

정체성 정치의 맹점은 지난날 메갈리아 신드롬에 대해 진보언론이 내비친 왜곡된 관점에서도 여실히 드러난다. 여성인권 운동을 한다는 표면상의 명분을 내세웠지만 실제로는 디시인사이드와 여초카페의 아이돌 및 유명인 팬덤 간의 악성댓글 문화에서 파생된 메갈리아·워마드의 놀이화된 혐오발언을 보자. 2016년의 메갈리아 논란에서 다수의 페미니스트와 진보진영 인사들은 메갈리아·워마드의 혐오발언이 남성뿐만 아니라 어린이, 장애인, 성소수자, 비정규직 남성노동자 등을 대상으로 했다는 사실을 외면했다. 여기서 남성은 강자이고 여성은 약자라는 이분법적 도식이 사람들의 눈을 멀게 한 것이다. 실제 혐오발언의 양상과 폭력성을 봐야하고 그것이 실제 어떤 사람을 향하는지를 봐야 하는 것인데도, 진보진영의 다수는 실제 문제를 조사할 생각도 없이 이 문제를 남성 대 여성의 대결구도로 치환하는 우를 범했다. 이처럼 메갈리아 논란도 개인의 정체성에 기초해서 약자와 강자, 선과 악을 나누는 정체성 정치의 한계를 여실히 보여주었다.

02.
버니 샌더스와
진보의 위기

정치적 반대파에 대한 낙인과 모욕주기는 통하지 않는다

도널드 트럼프는 대통령으로 당선된 직후인 2017년 새해벽두에 이라크, 시리아, 이란 등 잠재적 테러 위험이 있는 7개 국가를 대상으로 이민자 유입을 제한하는 이른바 '반이민법 행정명령'을 내리게 된다. 당연한 일이지만 이는 즉각 전 세계적인 반발을 일으켰다. 다행히 법원의 행정명령 철회 때문에 제동이 걸렸지만 도널드 트럼프의 '정신 나간' 반이민법은 앞으로 그가 대통령직을 수행하는 미국의 미래에 대한 암울한 전망을 드리우고 있다. 반이민법은 이민으로 건국된 미국의 정체성과 반대되는 것이기도 하지만 동시에 반인권적인 조치이기도 하며 특히 특정 국적과 인종 그리고 종교에 대한 편견에 기울어져 있기도 하다. 이러한 반이민법에 제동이 걸린 것은 많은 시민과 사회단체들이 반대 목소리를 낸 덕분이다. 하지만 미국의 진보와 리버럴 진영이 대중의 지지를 지속적으로 얻지 않는다면 앞으로도 트럼프는 단념하지 않을 것이다. 왜냐하면 일부 여론조사 상에서 미국 내에서 여전히 반이민법에 대한 지지여론이 강하다는 결과가 나타났기 때문이다. 로이터통신과 여론조사기관 입소스가 1월 31일 발표한 여론조사를 보면 미국 성인의 49%는 트럼프 대통령의 행정명령에 동의한다고 답했다. 반면 동의하지 않는다는 응답자는 41%였다.[9]

　트럼프는 이러한 일부 여론조사를 자신의 업적과 성과인 것인 양 자랑했다. 우스운 일이다. 한편 여기서도 진보와 리버럴이 놓치고 있는 사실이 있다. 그것은 반이민법이 대변하는 편견과 증오에 대한 대중적 지지가 단순한 계몽을 통해서 해소될 수 있는 성질의 것이 아니라는 점이다. 즉 그것은 '관념'의 문제만이 아닌 '물질'의 문제이기도 하다. 특히 이 지점에서 미국 민주당 경선에서 힐러리 클린턴과 경합했던 버니 샌더스의 차별성이 드러난다. 그는 트럼프가 논란거리가 되는 말과 행동을 했는데도 당선된 이유가 무엇이라고 생각하느냐는 사회자의 질문에 다음과 같이 답했다.

　　"제 생각에 트럼프는 그 자신이 정치적으로 올바르지 않을 것이라고 말했습니다. 저는 그가 누군가에게 고통을 주는 어리석은 말을 했다고 생각합니다. 그러나 저는 사람들이 오랜 정치적 올바름의 수사법에 지쳐있다고 생각합니다. 몇몇 사람들은 그가 마음에서 우러나오는 말을 하고 모든 사람을 기꺼이 받아들이고 있다고 생각합니다."[10]

진보와 리버럴의 위선에 지친 대중의 일부가 트럼프의 위악을 오히려 진정성으로 받아들였다는 의미이다. 또한 이러한 언급은 단지 미국뿐만 아니라, 오늘날 필리핀의 두테르테, 러시아의 블라드미르 푸틴, 일본의 아베, 유럽의 극우정당의 약진 등 전 세계적으로 불어 닥치는 포퓰리즘 우파 돌풍에 대해서 시사하는 바가 크다. 유권자들은 때로는 자신을 대변한다고 생각하는 위악적인 행동에 마음이 기울어진다. 여기서 이 유권자들을 어떻게 설득해야 하느냐는 문제가 생겨난다. 이에 관해, 코난 오브라이언이 진행하는 토크쇼에 출연한 샌더스는 (클린턴과 정반대로) 트럼프의 지지자를 차별주의자로 몰아가서는 안 된다고 언급한다.

"하지만 확실히 해 두겠습니다. 도널드 트럼프에게 표를 던진 모든 사람이 인종차별주의자, 성차별주의자, 동성애 혐오자인 것은 아닙니다. 현재 서민들의 삶은 팍팍합니다. 그리고 그들은 트럼프를 희망으로 보았고 그것이 그에게 한 표를 던진 이유입니다."[11]

이와 비슷한 사례로 정치 및 미디어 풍자의 일환으로 영국의 가상 기자 연기를 하는 엔터테이너 조나단 파이(실제 이름은 톰 워커)는 좌파들은 선거에서 지고 나서도 상대를 "인종주의자, 성차별주의자, 혐오주의자"라고 비난하는 것 밖에 모른다고 일침을 가한 영상이 화제가 된 적이 있다. 그는 영상에서 다음과 같이 말한다.

"지금 트럼프가 백악관에 들어갔는데 이 사건의 전말이 무엇인지 아는가? 이제 진보좌파의 (상대방을 차별주의자로 몰아가는) 프레임 씌우기는 안 통한다는 것이다. 정말로 변화를 원한다면 '대화'를 통해 그 사람을 공감하게 만들라. 너와 다른 생각을 가지면 죄다 악마화하고, 못 배운 사람 취급하고, 차별주의자 낙인을 찍는 일을 그만 두라. 그만두기 싫다고? 그렇다면 도널드 트럼프 당선이라는 결과를 받아들여라."[12]

자신과 견해를 달리하는 집단을 차별주의자나 혐오주의자 그리고 무식쟁이로 낙인을 찍는 것은 이처럼 진보좌파 진영 내에서도 오랜 관행이었다. 예를 들어 미국의 유명 사회평론가이자 영화감독인 마이클 무어는 『멍청한 백인들』이라는 저서에서 보수성향의 유권자들에 대해 다음과 같이 '완전한 바보'라고 원색적으로 비난한 바 있다.

"나는 이 나라의 어리석음의 상태에 대해 나 자신에게 다음과 같은 말을 반복함으로써 나 자신을 위로하곤 했다. 비록 이 나라에 2억 명의 완전한 바보들이 있다 할지라도, 내가 말하는 것을 알아들을 수 있는 사람들이 최소한 8,000만 명 남아 있다. 그리고 그것은 여전히 영국과 아일랜드를 합한 인구보다 많다!"[13]

이러한 식의 정치적 반대파에 대한 모욕주기 관행은 사회 다수를 설득하는 데 실패하고 때로는 보수 우파에게 권력을 내주는 불행한 결과로 이어지기도 했다. 앞서 본 조나단 파이는 이러한 관행에 고착되어 있을 때 대중의 지지를 얻고 현실을 개선하는 데 한 걸음도 나아갈 수 없다는 것을 지적한 것이다.

▲ 조나단 파이의 영상 일부(영상출처: 유튜브)

대중을 상대로 인정투쟁을 벌이는 진보

앞서 언급했듯이 지금도 트럼프를 위시해서 극단적인 자국중심주의와 권위적 리더십에 대한 추종 그리고 극우돌풍이 전 세계적으로 유행하고 있다. 이것은 기본적으로 일자리의 불안정, 중산층의 붕괴, 미래에 대한 서민대중의 불안감에서 기인한다. 미국 역시 오바마 행정부의 집권 이후 일부 지표상(고용률, 취업률, 경제성장률)으로는 경제가 나아진 것처럼 보이지만 경기회복으로 인해 늘어난 일자리 대부분은 불안정한 비정규직·저임금 일자리였다. 『이코노미스트』의 2015년 기사에 따르면 당시 실업률은 5.5%로 미국 역사상 낮은 수준을 기록했지만 실질임금은 여전히 지난 5년간 정체했다는 문제를 제기한 바 있다.[14] 즉 금융위기 회복 이후 경제 및 고용의 성장이 일자리의 안정과 실질임금 상승으로 이어지지는 못한 것이다. 이처럼 불안정한 일자리와 저임금에 시달리는 이들 중 백인 하층민뿐만 아니라 여성, 히스패닉, 흑인 심지어 무슬림 '일부'가 기존의 민주당 행정부에 환멸을 느끼고 '이단아' 트럼프를 지지했던 것은 이상한 일이 아니다. 특히 자신의 미래가 불안정하다고 느낄수록 낯선 '외부인'들이 자신의 일자리와 사회적 인프라를 잠식한다는 공포심이 증대한다. 현대사회의 보수 선동가들은 이러한 서민대중의 공포심을 십분 활용하고 있다. 그러나 다수의 진보와 리버럴은 이러한 사정을 외면한 채 일부 유권자들이 보수·반동화 되었으므로 이들에게 더 많은 '계몽'이 필요하다고 말한다. 이처럼 엉뚱한 진단에서 엉뚱한 대안이 도출되는 법이며 엉뚱한 대안은 선거에서의 반복된 패배로 이어진다.

버니 샌더스가 앞서 일부 서민들이 도널드 트럼프를 지지한 현상에 대해 지적한 말은 '곳간에서 인심 난다'는 옛말과 크게 다르지 않다. 대중의 먹고사는 생활이 팍팍할수록 대중을 상대로 '나는 성차별주의자가 아니다', '나는 인종주의자가 아니다'라고 말하는 것으로는 부족하다. 이러한 샌더스의 지적은 지금 현재 많은 진보와 리버럴이 놓치고 있는 지점을 환기시킨다. 그렇다면 한국의 진보는 어떨까. 버니 샌더스와 같은 상황인식은 정작 한국의 진보진영에서 희박하다. 오히려 한국의 진보는 샌더스와 정반대의 길을 걷고 있는 것처럼 보인다.

첫째로 한국의 진보는 관념적인 진보이다. 한국의 진보는 물질이 아니라 모호한 관념적 가치에 집착한다. 즉 진보는 보수보다 더 관용적이고, 올바르고, 공정하고, 원칙적이며 합리적이라는 인정을 우선적으로 추구한다. 그러나 실제로 진보는 스스로 생각하는 것처럼 관용적이지도 공정하지도 올바르지도 않으며 원칙을 지키지 않는다. 이러한 진보의 실제 모습은 폭력사태로 얼룩진 지난 통합진보당 분당 사태에서도 드러났다. 외부를 향해서는 정치적 올바름과 관용 그리고 예의바름을 요구하지만 정작 자신들 안에서의 문제해결 과정은 그렇지 않은 것이다. 물론 이들에게 공정해지자면, 정치란 원래 갈등을 노출시키는 과정이기 때문에 애당초 예의의 문제와 거리가 먼 것이다. 문제는 자신의 정치는 유독 더 도덕적이라고 내세우는 측의 표리부동이다.

비슷한 이야기이지만 과거 통합진보당의 잘못된 정치관행을 비판하고 나온 정의당조차 2016년 메갈리아에 대한 평가 논쟁[15]에서 불거져 나온 활동가와 일반 평당원 사이의 갈등에 잘못 대처했다. 당내 갈등의 와중에 평당원들의 문제제기를 외면한 일부 정당 활동가는 자신들이 운영하는 팟캐스트 등의 매체를 통해 자신을 비판하는 당원과 탈당자들을 혐오주의자로 낙인찍고 조롱하는 모습마저 보였다. 또한 2017년 6월에는 여성주의자 당원들의 단톡방에서 다른 당원을 조롱하고 정치 보복과 고소를 모의하는 대화가 유출되어 논란이 일어난 적이 있다.[16] 여기서도 자신들이 더 정의롭고 사안에 대해 (실제로는 그렇지 않지만) 더 많이 알고 있다는 신념 아래 대중을 가르치려 드는 모습이 나타난다. 이처럼 그들은 한국사회에서 민주주의와 참여를 독려했지만 정작 정당 내부의 민주주의와 대중참여에는 의욕을 보이지 않는다. 대중은 이러한 표리부동에 대해 더 이상 무지하지 않다. 그렇기 때문에 상당수의 경우 '정치적 올바름' 프레임에 냉소를 보내곤 하는 것이다. 또한 정치적 올바름과 별개로 관념적 진보는 사실관계와 사안의 디테일에 무관심하다. 이미 필자가 『혐오의 미러링』에서 정리를 했듯이 진보진영의 활동가와 일부 논객이 메갈리아 사태에 관한 기본적인 사실관계에서부터 잘못된 인식을 했음에도 정작 대중을 상대로는 오만한 태도를 취했다. 일례로 이 문제에 대해 항의한 독자를 상대로 '공부는 셀프'라고 일갈한 《시사인》(제466호) 장일호 기자의 발언은 진보진영 내부에 만연한 오만한 사고방식을 단적으로 보여준다.

둘째로 이미 위의 모습에서 드러나듯이 한국의 진보는 대중을 상대로 인정투쟁을 벌인다. 보통의 인정욕구는 대등욕구와 우월욕구 두 가지를 축으로 삼는다.[17] 인정욕구에는 타인과 대등해지고자 하는 욕구와 동시에 그들을 뛰어넘고 싶은 욕구가 뒤섞여 있다. 건강한 형태의 인정욕구는 이 두 가지 욕구가 적절하게 결합된 형태로 드러난다. 그러나 진보진영의 정치적 인정욕구는 자신들이 대변한다던 대중을 상대로 자신의 도덕적 우월성을 인정받으려는 뒤틀린 형태인 경우가 종종 있다. 그런데 실제로 대중은 진보진영의 인사와 활동가들이 도덕적이고 똑똑한지 아닌지에 대해 예전만큼 관심이 없으며, 심지어 그럴 것이라고 기대하지 않는다. 그럼에도 불구하고, 진보주의자들은 기본적으로 정치가 대중을 상대로 표를 얻기 위해 '장사'를 하는 것이라는 사실을 망각한 채, 자신을 고매한 '선비'로 생각하는 경향이 있다. 그러나 지식인과 대학생 그리고 종교지도자 등 당시의 사회 엘리트들이 이끌었던 민주화 투쟁은 과거의 일이고 이제 민주주의를 생활감정으로 체화한 대중은 과거와 달리 정치영역에서 지사(志士)적인 선비 유형의 인물을 원하지 않는다. 이처럼 대중의 인식 및 정서와 진보정당 사이에 존재하는 미스매치 문제는 10년이 넘도록 지속된 고질적인 문제이다.

　셋째로, 한국의 진보는 대중의 먹고사는 문제와 미래의 먹거리 문제에 관심이 없다. 그렇기 때문에 경제적 이슈를 보수에게 선점당하고 무기력하게 끌려 다니는 경우가 많다. 심지어 경제적 불평등 이슈에서

조차 진보주의자 다수는 지난날 금융세계화를 주도하며 금융자본의 이해를 대변했던 국제통화기금(IMF)이나 세계경제포럼(WEF) 같은 거대국제기구들이 내세우는 해법과 레토릭에서 큰 차별성을 보이지 못한다. 물론 서민의 먹고 사는 문제에 관심 있는 진보성향의 인사들이 없는 것은 아니지만 그들은 이제는 딱히 '진보'라는 진영논리의 틀로 굳이 자신을 국한하려 하지 않는다. 진보정당은 물론이고 그와 관여된 이념단체의 관심이 관념적인 인정투쟁에 기울어져 있다는 것을 그들 자신도 알고 있기 때문이다.

한편 도널드 트럼프와 같은 선동가는 먹고 사는 데 지장 없는 고매한 할리우드 배우와 연예인 그리고 엘리트 진보주의자들의 심기를 불편하게 하는 동시에 친서민·친대중 이미지로 자신을 포장한다. 예컨대 트럼프의 반이민법이 설정한 이민규제의 범위는 테러방지에 전혀 효과가 없는 바로 그만큼 미국의 국익에 피해를 최소화하는 방향(미국과 교류가 상대적으로 적은 나라의 인구유입 규제)으로 설계되었다. 즉 그것은 효과가 없는 대내용의 상징적 제스처에 불과하다. 그러나 바로 그것이 요점이다. 트럼프는 시끌시끌한 논란을 일으킴으로써 자신을 지지했던 유권자들에게 자신이 무언가 선명하고 단호한 제스처를 취하고 있다는 착각을 불러일으킨다. 물론 주류 미디어와 진보주의자들은 이러한 트럼프의 선정적인 제스처에 커다란 의미를 부여하며 트럼프의 의도에 역으로 '낚이곤' 한다. 이처럼 광신적인 정치적 올바름과 극우파의 위악은 적대적인 공생관계를 이룬다. 사실 트럼프와 같은 극우 선동가를 누구보다 더 필요로 하는 것은 정치적 올바름에 매몰된 진보이며 그 역도 마찬가지이다. 극우 선동가들이 존재하고 논란거리를 만드는 이상 사회적·경제적 불평등에 관한 제대로 된 해법을 가져오지 못하는 자신들의 정치적 무능력이 문제가 아니라 마치 사회적 관용과 도덕의 결핍이 유일한 문제인 것인 양 자기최면을 걸 수 있기 때문이다.

진보진영이 '위선'으로 자신의 진심을 말한다면 트럼프나 홍준표와 같은 극우 선동가는 오히려 '위악'으로 자신의 진심을 내세운다. 후자가 통하는 이유는 당연히 진보좌파 자신들의 무능력과 위선 그리고 근시안적 태도 때문이다. 정치적 올바름은 대개 진보정치를 자승자박의 위치로 내몰게 한다. 정치적 올바름의 가장 큰 오류는 일상에서 타인에 대한 '예의바름'의 문제를 정치적 이슈로 치환한다는 점이다. 아이러니하게도 그 누구보다 흑인인권 이슈에 대해 호의적인 버니 샌더스의 유세 중간에 유색인종에 대한 경찰폭력에 항의하는 흑인 인권단체(Black Live Matters)가 난입해서 마이크를 낚아채고 발언권을 독점한 해프닝이 벌어진 적이 있다.[18] 심지어 그들은 자신들에게 항의하는 청중들에게 욕설에 가까운 비난을 퍼붓기도 했다. 이처럼 정치적 올바름은 일상에서 누구보다 예의바른 사람을 밑도 끝도 없이 혐오주의자로 낙인찍는 한편 일상에서 누구보다 무례한 사람을 정의를 위한 투사로 만들기도 한다.

정치적 올바름은 이런 의미에서 명명부터가 잘못된 개념이다. 정치적 올바름은 실상 정치적 문제가 아니라 일상적인 생활세계에서의 교양과 상식의 문제이다. 일상에서 우리는 타인의 성정체성, 인종적, 문화적 정체성을 조롱하거나 공격하고 불필요하게 타인의 감정을 상처 입혀서는 안 된다. 그러나 정치적 올바름에 광적으로 집착하는 사람일수록 타인의 상황이나 감정을 신경 쓰는 경우는 거의 없다. 확실히 트럼프 같이 극단적으로 무례한 사람들이 정치인으로서 지지를 얻는 것은 양식 있는 사람의 관점에서 유감스러운 일이다. 그러나 그들이 일부 유권자로부터 지지를 얻는 이유는 단지 무례함 때문이 아니라 다른 데 있다. 극우 정치인의 위악을 지지자들에게 진정성의 표시로 포장시키는 데 일조하는 사람들은 그들 못지않게 무례한 정치적 올바름의 투사들이다. 예의, 양식, 사려 깊음 등 시민사회의 일상적 생활세계에서 공유되어야 할 도덕적 덕목을 특정 정치진영의 독점물로 간주하는 방식에 지친 사람들은 오히려 극우 정치인의 위악적인 행위가 마치 진심인 것인 양 지지를 보내기도 한다. 앞서 말했듯이 트럼프는 엘리트 진보-리버럴의 심기를 불편하게 하는 동시에 바로 그 때문에 그 자신이 서민과 대중의 편에 있다는 이미지로 스스로를 영악하게 포장한다. 이러한 연유로 앞서 본 트럼프의 반이민 행정조치에 대한 대항 캠페인이 단지 이민의 자유와 자유로운 교류의 '가치'와 '도덕'을 설파하는 것에만 고착된다면 반드시 실패할 것이다. 반이민 정서는 단지 도덕과 가치의 결핍에서만 나온 현상이 아니기 때문이다.

트럼프와 같은 극우 인사와 그 지지자들을 조롱하고 비아냥거리기는 쉽다. 그것은 자신이 무언가를 실질적으로 하고 있다는 마음의 작은 위안을 주기 때문이다. 그러나 이보다 더 시급하게 돌아보아야 할 것은 노동자와 서민대중의 경제적 불안정과 불평등 그리고 사회적 안정망의 붕괴가 위악적인 정치 캠페인의 자양분이 되는 현상이다.

03.
대중의 지지를 얻지 못하는
진보의 도피처: 정체성 정치

대중과 노동자로부터 외면 받는 진보

2004년 노무현 탄핵사태로 인해 보수세력에 역풍이 불어 닥칠 때 친노무현 정당인 열린우리당과 더불어 진보좌파 정당이었던 민주노동당의 지지율이 동반 상승했던 적이 있었다. 당시 총선에서 민주노동당의 비례대표 정당 지지율은 13%였고 국회의원 10명을 배출했다. 그 이후 분열한 진보정당들의 지지율을 단순합산해도 지지율 10% 이상을 넘긴 경우는 드물었다. 박근혜 전 대통령의 탄핵정국 때에도 진보정당은 노무현 전 대통령의 탄핵역풍 당시만큼의 반사이익을 누리지는 못했다. 물론 여론조사 상의 지지율이 모든 것을 의미하지 않지만 적어도 상황이 왜 이렇게 되었는지를 생각해볼 필요가 있다.

먼저 과거와 현재 진보진영이 서 있는 지형의 차이를 짚어볼 필요가 있다. 과거 민주노동당과 현재 정의당(을 비롯한 다른 진보정당)의 차이는 역시 노동의 계급적 기반이 있느냐 없느냐의 차이이다. 구 민주노동당은 '일하는 사람의 희망'이라는 캐치프레이즈를 내세우며 임금소득자에게 어필했고 민주노총과 같은 조직화된 노동과 연계했지만 지금 어느 진보정당도 그러한 계급적 기반을 가지고 있지 않다. 오히려, 요새는 그러한 계급적 기반과 정체성을 버리는 것이 더 급진적인 것으로 여겨지고 있다. 진보진영은 청년, 여성, 소수자 등의 정체성 정치로 선회한지 오래이다. 나아가 그들이 현재 내세우는 정책도 예를 들어 금융자본의 불로소득을 비판하면서도 마찬가지의 불로소득인 기본소득[19]을 무비판적으로 옹호한다든지, 최저임금 만원 슬로건을 외치며 다른 한편에서는 골목상권 보호를 내세우는 등 서로 논리와 이해관계가 상충되는 정책들의 백화점식 나열에 그치곤 한다. 그리고 이것이 '선언'인지 아니면 '정책'인지 헷갈릴 때가 많다. 정당으로서 무능력하고 아마추어리즘에 빠졌다는 증거이다. 이렇게 된 연유는 사회적·경제적 불평등을 바라보는 통합된 관점을 상실하고 개별적인 정체성 이슈에서 이념적 선명성을 드러내는 노선으로 선회한 데 있다.

물론 진보정당이 계급적 의제를 버림으로써 계급적 '협소함'을 넘어 대중적 외연을 확장했다면 더할 나위 없이 좋았겠지만 불행히 그러지 못했다. 오히려 과거(19세기 서유럽)에는 '계급정당'이 바로 귀족정당과 명망가 정당과 대비되는 의미에서의 '대중정당'을 의미했다는 역사적 사실을 복기할 필요가 있다. 과거의 노동계급적 의제에서 탈피하고 이런 저런 (대개 영미와 유럽에서 일종의 패션유행처럼 조악한 형태로 수입된) 신좌파적인 정체성 정치의 의제들을 수용한 이후 진보정치는 대중적인 외연을 넓히기는커녕 오히려 활동가와 급진적 고학력자들의 '친목집단'으로 변질되고 말았다. 예를 들어 진보정당의 당직을 실질적으로 나눠 갖는 운동권 정파의 생활감정과 언어는 대중의 그것과 괴리된 지 오래다. 또한 일반 대중이 진보정당에서 할 수 있는 역할은 거의 없다. 진보정당의 당원이라 해도 당 내에서 운동권 정파의 인적 관계로 묶이지 않는다면 당내 정치에 영향력을 행사할 수 있는 통로가 거의 없다. 상황이 이런데도 대중을 지향한다는 정책과 선언들은 활동가들의 머릿속에서 재단된 대중을 향할 뿐 실제 대중에게 그들 활동가들은 폐쇄적이고 관념적 집단으로 비춰진다. 가령 운동권이 이른바 '대중사업'을 한다는 명목으로 이런 저런 강연회나 세미나를 열심히 열지만 거기에 모이는 사람들은 한정되어 있다. 정작 취업 스터디나 투자 동아리에서 활동하거나 일상적인 취미생활을 영위하는 일반인에게 다가가는 것에는 인색하다. 진보진영은 대중의 언어와 문법 그리고 문화를 이해하려는 노력을 하지 않은 채 자신의 잣대로 재단된 대중과 이미 자칭 계몽되어 있다는 자의식 강한 소수의 젊은이들만을 상대하는 것에 지나치게 친숙해져 있다.

　이것과 궤를 같이하는 것은 진보정당의 '오타쿠화'이다. 진보정당의 오타쿠화란 오타쿠들이 흔히 그렇듯이 자신에게 익숙한 인간관계, 자신에게 익숙한 의사소통 방식에 고착되는 것을 의미한다. 그래도 과거에는 가령 '일하는 사람들의 정당'을 지향한다는 식의 표면상의 공통분모를 공유하기라도 했다. 그러나 지금은 각자의 정체성 정치(청년의제, 여성의제, 생태문제, 기타 등등)에 몰두하는 양상으로 변했기 때문에 진보정당에 대한 대중의 진입장벽은 어느 때보다 더 높아졌다.

물론 진보진영에서 이따금 똑똑한 정치인과 훌륭한 활동가 그리고 유의미한 정책적 제안이 나오지 않은 것은 아니다. 최근 지역사회에서 진보정당이 거둔 성과 중 하나는 월성1호기 수명연장 무효 판결(녹색당)을 이끌어낸 것이었다. 그러나 바로 그것이 오히려 더 문제인데 진보진영의 위기 인식을 가로막는 가장 큰 착각 중 하나는 바로 개별적인 '인물'과 '가치' 그리고 '정책'의 선명성으로 대중적인 경쟁력을 가질 수 있다는 관념이다. 사실 진보정당의 성과라고 알려진 것도 따지고 보면 이미 그 문제에 관해 오랫동안 활동해왔던 시민단체의 성과인 경우가 많으며 그 성과라는 것도 얼마든지 보수정당에서 흡수할 수 있는 것들이다. 가령 버니 샌더스의 사례가 보여주는 것처럼 선명하고 진보적인 인물조차 진보정당이 아닌 주류정당에서 경선을 치른다. 또한 19대 대선주자 레이스를 포기하기 직전 서울시장 박원순이 내세웠던 이른바 '국공립대통합안'[20]도 과거 2000년대 초반 민주노동당 시절에 나왔던 정책이다. 이재명의 청년수당과 기본소득도 과거 사회당과 노동당에서 논의되었던 정책이다. 또한 사회적 임금제도[21]와 일자리 나누기 그리고 노동시간 단축도 제도권 보수정당뿐만 아니라 심지어 박근혜 정권 당시의 정부부처에서 논의되고 있었다. 즉 진보정당은 단지 개별정책만으로 차별성을 지니지 않는다는 것이다. 심지어 시민단체 등의 압력단체와도 차별성을 지닐 수 없다. 만일 다른 정당의 정책은 립서비스에 지나지 않고 진보정당의 인물들이 그런 정책을 추구하는 데 있어서 다른 정당에 비해 더 '진정성'이 있다고 생각한다면 그것은 그 정당 지지자들의 생각일 뿐이다. 진정성 자체를 계량하기도 어려울 뿐만 아니라 정책의 실현여부가 진정성에 좌우되는 것은 아니기 때문이다.

결국 진보정당이 차별성을 갖고 어필할 수 있는 길은 계급적 의제를 회복하는 것밖에는 없다. 계급적 의제란 대단한 게 아니라 '일하는 사람', 혹은 과거에는 '노동계급'이라고 불렸던 사람들 중심의 시각과 인식틀을 갖는 것이다. 그것이 반드시 종래의 방식대로 조직화된 노동운동에 의존한다든가 정당이 노동조합 중심의 사업을 해야 한다는 이야기로 해석할 필요는 없다. 그보다는 소득, 자산, 교육, 건강 그리고 생활환경상의 각종 불평등을 둘러싼 사회적 갈등과 대립이 기본적으로 노동소득자와 자본소득자의 대립을 중심으로 이뤄져 있다는 사실을 인식하고 어떻게 노동소득자의 삶을 안정화할지에 대한 종합적인 가이드라인을 제시해야 한다는 이야기이다. 이것이 종래에는 진보정당의 이념적 프레임이었다. 역설적이게도 현재 그러한 가이드라인을 의욕적으로 제시하는 것은 (진보좌파의 기준으로 보았을 때) 보수 정치인들이다.

예를 들어 지금의 출산율 저하와 다가오는 인구절벽의 문제는 단지 '여성'의 문제인 것만도 아니고 '청년세대'의 문제인 것만도 아니다. 그것은 노동계급 전체의 삶과 재생산의 문제이다. 여기에 대해서는 보육문제 해결뿐만 아니라 교육비 인하와 주거비 인하 그리고 더 나아가 양질의 일자리 늘리기라는 종합대책이 필요하다. 당연히 여기에는 노령인구의 일자리 문제와 복지문제 해결방안도 수반되어야 한다. 지금처럼 특정 계층과 정체성에 고착된 파편화된 슬로건에 집착할 것이 아니라 임금소득자의 연령별·성별·계층별 생애주기 전체를 고려한 종합대책이 필요하다. 또한 거기서 발생하는 비용을 최종적으로 누구에게 부과할지도 고민해야 한다. 사실 노동계급의 삶을 안정화시키기 위한 비용을 이들의 노동력을 필요로 하는 자본소득자와 기업에게 물리는 것. 이것이 진보와 좌파에게 기대되는 역할이었고 바로 이것이 과거의 표현을 빌리자면 '계급투쟁'의 의미였다. 그러나 지금의 진보정당은 각자의 정체성 정치의 분할과 분열을 그대로 수용한 채 자기 내부에서도 그러한 대립과 혼란을 반복해서 재생하고 있다. 대표적인 것이 정의당 내부의 '메갈리아 논쟁'이다. 그것은 정치적 올바름과 정체성 정치의 논리를 진보가 무비판적으로 수용한 데서 비롯된 불행한 결과이다.

물론 공정을 기하기 위해 말하자면, '일하는 사람들'의 삶의 문제에서 멀어진 진보의 문제는 비단 우리나라만의 문제는 아니다. 노암 촘스키의 언급을 보자.

"지난 세대의 미국 영국 및 서구의 많은 좌파는, 매우 중요한 문제이긴 하지만, 계급의 문제가 아닌 여성운동, 동성애자의 권리, 흑인의 삶은 중요하다(Black Live Matters), 등등 기본적으로 정체성 정치(identity politics)와 같은 것을 동력으로 삼았습니다. 이 모든 것들은 매우 중요합니다. 그러나 그것은 가장 근본적인 계급의 문제를 좌파로부터 멀어지게 하고, 트럼프와 같은 우파들이 낚아채도록 했습니다. 그것은 완전한 실패(real failure)입니다. 이는 노동운동에 대한 공격과 노동운동의 쇠퇴와 관련이 있습니다. (중략) 그들이 틀린 주제를 고르는 것은 아닙니다. 이것들은 정말로 중요한 것입니다. 그러나 이것들은 사람들이 직면하고 있는 삶의 근본적인 문제로 통합되어야 합니다. 사람들이 직면하고 있는 문제란 식탁 위에 밥상을 차리는 것, 안전, 자녀를 대학에 진학시켜 주는 것들입니다. 그러한 문제를 다루지 않으면 많은 지지를 잃을 것입니다. 미국 민주당 당원들은 그러한 것들을 신경 쓰지 않는다고 말합니다. (중략) 좌파들은 그들의 주장에 동의해서는 안 됩니다."[22]

이미 언급했듯이 정체성 정치와 정치적 올바름이 문제인 이유는 그것이 현실의 다양한 정체성을 가로지르는 사회·경제적 불평등 문제로부터 시선을 돌리게 만드는 손쉬운 수단으로 활용되기 때문이다. 예를 들어 주류 미디어에서는 소수인종이나 여성이 유력기업의 CEO나 정치인으로 진출하는 것을 즐겨 화젯거리로 삼곤 한다. 하지만 이러한 관행 속에서 망각되는 사실이 있다. 버니 샌더스를 재차 인용하자면,

"나는 아프리카계 미국인이 유력 기업의 CEO나 사장이 되는 것이 한 단계 진전이라고 생각합니다. 하지만 여러분 그것 아십니까? 만약 그가 일자리를 해외로 외주하고 노동자들을 착취한다면 그건 아무런 의미가 없습니다. 그가 흑인이건 백인이건 라틴계이건 말이지요."[23]

특정 정체성 상의 소수자가 사회지도층에 편입되는 것이 해당 소수자들의 실제 삶의 개선을 의미하는 것이냐는 문제도 있지만, 그와 별개로 각자의 정체성과 무관하게 작동하는 불평등의 메커니즘이 어디에 놓여 있는지를 봐야 한다는 것이다. 그리고 각자의 정체성을 가로지르는 이러한 사회적 갈등의 본질을 꿰뚫는 것이 바로 앞서 말한 '계급적 관점'을 의미한다. 비슷한 이야기를 젠더이슈의 영역에 적용할 수 있다. 한국의 경우 2015년 WEF(세계경제포럼) 기준으로 경제계와 정치계에서 남성 대비 여성 정치인과 여성 임원 비율이 전 세계 하위권인 12%에 불과한 것으로 기록되었다. 그런 의미에서 여성단체는 여성임원과 정치인의 여성비율을 늘리는 것을 주된 성평등 이슈로 제기하곤 한다. 물론 그들이 주장하는대로 기업임원이나 정치계에 여성이

더 많이 진출하는 것은 '한 단계 진전'일 수 있다. 하지만 기업이 노동자를 대우하는 방식이 구조적으로 변하지 않는 한, 그리고 정치인이 유권자를 대하는 방식이 변하지 않는 한, 임원이나 정치인이 여성이든 남성이든 게이이든 레즈비언이든 그건 말 그대로 아무런 의미가 없다. 당위적인 차원에서 말하자면 이것을 누구보다 더 소리 높여 이야기해야 하는 것이 바로 진보진영이다. 하지만 아이러니하게도 실제 사회모순으로부터 눈을 돌리게 만드는 주류미디어와 주류사회의 정치적 올바름의 수사에 누구보다 중독되어 있는 것이 바로 그 진보진영이기도 하다. 시대는 한 바퀴 돌아 이제는《조선일보》조차도 성소수자 인권에 대해 긍정적인 기사를 내고 여성의 유리천장 문제의 심각성을 설파하는 실정이다.[24] 이처럼 주류 사회와 미디어가 설정하고 공고히 한 정치적 올바름의 프레임에 진보진영이 무비판적으로 사로잡혀 있는 이상 그들이 차별화된 정치세력으로서 지지받기는 힘들다.

급진주의자들의 한탕주의 정서

정치적 올바름에 대한 과도한 의존은 성숙한 정치문화 형성에도 도움이 되지 않는다. 예컨대 미국 민주당이 매번 선거에서 죽을 쑤는 이유 중 하나로 흔히 지적되었던 것 중 하나가 개별 당사자·소수자 입장에 매몰된 정치적 올바름을 민주당 내에서의 '유일한' 진보적 가치로 내세웠다는 점이다. 이것에는 분명한 한계가 있다. 우선 현대사회의 문제점을 포괄하기에는 각자의 소수자·정체성마다 서로 이해관계와 지향이 다르다. 당장 남성 성소수자에 대해 '게이 똥꼬충' 등 비하 논란을 일으킨 메갈리아 논쟁을 보라. 이런 경우에는 여성주의냐 성 소수자 권리냐의 문제가 충돌한다. 과격한 방식으로 인권 이슈를 제기하는 사람들이 모여 있는 단체는 항상 비슷한 딜레마에 빠지게 된다. 그 다음 문제는 사회적 공감대 형성의 문제다. 급진적 인권운동이 도덕적 프레임을 독점하고 편을 가르며 낙인을 찍는 생태계가 만들어진 일부 정당과 사회단체들은 사회적 공감 없이 무리한 변화를 강행하는 행태를 보인다. 그렇기 때문에 종종 유권자의 외면을 받고 선거에서 지곤 한다.

오바마도 그 사실을 아마 알았기 때문에 집권 초반에는 동성결혼을 "지지하지 않지만" 결혼제도에서 성 소수자를 소외시키는 차별은 잘못이라는 중도적 스탠스를 취했다.[25] 권리를 긍정하면서도 동성결혼을 지지하지 않는다는 오바마의 일견 애매한 표현도 많은 비난을 받았다. 그러나 성 소수자의 시민권을 긍정하는 것과 별개로 언제부터 정치인들이 성 소수자들의 문화와 생활방식 자체를 공개적으로 지지해야 한다는 도덕적 압력에 직면하게 됐는가? 많은 급진주의자들은 '성적지향에 대한 격려와 지지문제'와 '차별에 대한 찬반의 문제'를 제대로 구분하지 못한다. 특히 이것이 대체로 SNS에서 성 소수자 이슈에 민감한 젊은이들이 가진 사고의 맹점이다. 간혹 종교계의 눈치를 보는 중도 정치인의 '동성애를 지지하지 않는다'는 표현에 대해 많은 사람들이 '동성애는 지지나 반대의 대상이 아니다'라며 격분하지만 이들은 정작 성적 지향을 문화적 찬반 내지는 호불호의 문제로 만든 데 성 소수자 운동단체도 일조했다는 점을 잊고 있다. 이를테면 소수자의 사랑일수록 더 아름답고, 더 숭고하고, 더 예쁘게 문화적으로 포장한 게 최근의 퀴어담론 아닌가? 퀴어축제에서 성 소수자 활동가들은 그들의 삶의 방식을 지지해달라고 요구하지 않았는가? 물론 그들이 자신의 요구를 어떤 형태로든 제기하는 것은 그 자체로 정당하다. 하지만 그들의 사회적·제도적 권리를 긍정하면서도 그들의 문화와 생활방식에 거리감을 느끼는 중간파도 있기 마련이다. 또한 중간파에게도 '나도 성소수자 문화는 익숙하지 않지만 차별은 안 된다고 생각한다'는 메시지를 통해 반대극단을 설득해야 하는 역할이 있다. 그러나 당연한 이야기이지만 이러한 회색분자조차 자주 호모포비아로 매도되고 낙인찍히곤 한다. 정체성 정치가 주류 정치문화를 지배하는 곳에서 중간파가 발을 붙일 곳은 사라지고 양극화된 여론이 공론장을 지배한다.

동성애 및 성소수자 이슈에 대한 한국사회의 여론에도 상당한 비율의 회색지대가 존재한다. 한국갤럽이 올해 6월에 공개한 설문조사에 따르면, 동성결혼 합법화에 대한 '찬성'은 34%, '반대'는 58%로 반대가 더 많다. 찬성이 66%인 20대만 빼고 모든 연령에서 반대가 우세했다. 하지만 동성애자 취업 기회에 대해서는 '일반인과 동일해야' 한다가 90%로, 차별받지 말아야 한다는 의견이 압도적이었다. 특히 동성

결혼 법적 허용을 반대하는 사람들 중에서도 86%가 '동성애자와 일반인 취업 기회가 동일해야 한다'고 밝혔다. 또한 동성애를 이유로 해고하는 게 '타당하지 않다'는 의견은 81%고, '타당하다'는 12% 밖에 안 됐다. 즉 한국사회는 동성 간의 결혼에 대한 제도적 인정 문제에서는 보수적이지만 그 밖의 사회경제적 권리문제에서는 진보적인 견해를 보인 것이다(출처: 조윤호 (전)미디어오늘 기자 페이스북). 이것이 일부 대중 정치인들이 동성결혼 문제에 대해서는 모호한 화법을 보이고 그 외의 권리문제에 대해서는 선명한 태도를 보이는 이유이기도 하다. 이러한 사정은 오바마 집권 초반에도 크게 다르지 않다.

한편 오바마 집권 후반기에 미국은 다행히 연방법원의 판결을 통해 동성혼 합법화를 끌어냈다. 그러나 미국 연방법원의 동성결혼 합법화 판결은 사회변화의 긍정적 모델이라고 보기 힘들다. 위에서 내리꽂힌 변화에 가깝기 때문이다. 실제로 미국의 사회적 변화가 상당 부분 사회적 합의와 문화의 형성에 의해서가 아니라 연밥 법원의 판결로 일어났다는 점이 여러 논자에 의해 문제점으로 지적된 바 있다. 물론 큰 규모의 국가인 미국이 연방제 정치구조를 채택한 탓에 전국가적인 사회변화가 의회 입법이나 국민투표보다는 연방법원의 결정에 의해 이뤄지는 것은 어쩔 수 없는 측면도 있다. 그러나 그 폐단은 분명하다. 그것은 '법과 정책이 일단 바뀌면 나머지 사회적 분위기도 어떻게든 될 것'이라는 급진주의자들의 '한탕주의 정서'를 만들어냈다. 일단 법과 제도부터 바꾸면 된다는 조급증이 앞서기 때문에 영향력 있는 정치인과 언론인 그리고 학자와 연예인 등 유명인에게 압력을 행사하거나 안 되면 멱살부터 잡고 보는 태도가 생겨난다. 또한 그것은 결국 정당과 사회단체 내에서 중간파를 축출하고 도덕적 근본주의자와 극단주의자들이 날뛰는 생태계로 바꿔놓는다. 같은 맥락에서, 『진보의 착각』이라는 책에서 비평가 크리스토퍼 래시는 진정한 의미의 공론이 없었던 미국의 사회변화 모습에 대해 다음과 같이 지적한다.

"인종 분리 정책 철폐, 소수자 우대정책, 주민 수를 반영한 선거구 재조정, 낙태 합법화 같은 자유주의의 위대한 승리는 연방의회, 주의회, 국민투표가 아니라 주로 법원에서 쟁취되었다. 자유주의자들은 이런 개혁을 뒷받침하는 여론의 합의를 만들어내기보다는 대중의 태도가 미덥지 못하다는 두려움에서 간접적 방식으로 자신들의 목표를 추구했다."[26]

또한 래시는 다음과 같이 리버럴의 태도를 비판한다. "알고 보니 좌파는 미래를 위해 싸운 것이 아니라 후지고 몽매하고 생각이 짧아 진보에 반대하는 사람들과 싸웠다"[27]고 말이다. 사회 구성원들이 어떻게 생각하든지 법과 정책을 위에서 내리꽂아서 사람들의 의식을 교화시키겠다는 급진적 리버럴의 의식 수준을 한마디로 요약해주는 말이다. 그렇게 변화를 대중의 머리 위에 내리꽂는 것이 항상 해피엔딩으로 끝나는 게 아니라는 점은 트럼프의 당선이 여실히 증명해준다. 사회적 합의와 여론화가 결여된 급진적 변화의 위험성을 경고하면 대개 급진적 인권운동 단체는 '인권은 합의의 대상이 아니다'라고 말한다. 마치 인권이라는 것이 시내 산에서 내려온 십계명처럼 하늘에서 뚝 떨어졌다는 듯이 말이다. 그러나 모든 연령과 성 그리고 인종을 아우르는 '보편적 인권'이라는 개념은 일러도 20세기 중반에 UN인권헌장이라는 형태로 정립된 것이며 그 또한 엄연히 역사적 개념이다. 인권이 천부적인 가치일지는 몰라도 적어도 그것을 보장하는 제도는 다수의 합의에 의해 정착되는 것이 실제의 역사적 과정이었다.

정체성 정치를 지지하는 일부 인권운동 단체들은 미국식으로 소수의 급진파가 정당과 사회단체 내에서 도덕적 자기검열의 분위기를 조성해 놓고 법원판결로 각종 권리를 요행으로 성취해내는 것을 이상형으로 삼고 있다. 앞서 보았듯이 미국식 모델은 모두에게 바람직한 모델은 아니다. 미국과 같은 해 동성혼 합법화를 이끌어낸 아일랜드의 경우에는 끈질긴 설득과 여론화 끝에 '국민투표'로 동성혼 합법화를 실현했다. 여기서 놀라운 것은 아일랜드야말로 미국 이상으로 보수적인 사회분위기의 가톨릭 국가였다는 점이다. 내친김에 말하자면 1993년까지 아일랜드는 동성애를 법적으로 처벌하는 국가였다. 한편 2001년부터 유럽에서는 네덜란드를 시작으로 스페인, 노르웨이, 스웨덴, 프랑스가 동성 결혼을 합법화했다. 이들 모두 '입법'을 통해 동성혼을 합법화했다. 결국 사회변화에 필요한 여론의 임계점이 있기 마련이다. 그것에 도달하기 위한 사회적 노력이 필요하다. 그러나 그러한 변화는 다수의 유권자를 잠재적인 혐오주의자나 차별주의자로 낙인찍는 방식으로는 이룩되기 힘들다.

2장
포비아 페미니즘이란 무엇인가
Phobia Feminism

공포상업주의

여기서 잠깐 독자들에게 생소할 수 있는 개념 소개로 우회해 보자. 미국의 저명한 사회평론가인 동시에 언어학자이기도 한 노엄 촘스키는 현대 정치시스템이 주류 미디어가 만들어낸 일종의 '제조된 합의(manufactured consent)'에 기초해 있다는 비판을 가한 적이 있다.[28] 노엄 촘스키의 비판은 언론의 소유구조가 이미 기성사회를 비판할 수 없는 시스템으로 짜여 있다는 상황인식에서 출발한다. 언론이 양산하는 뉴스와 여론은 언론 사주와 광고주의 이해와 일치하는 방향으로 편집되며 이로 인해서 실제 공론에서 논의되고 합의된 바 없는 생각들이 미디어 상에서 사회 주류의 합의로 조작된다는 논리이다. 예를 들어서 보통 사람들은 민주주의가 반드시 양당제 시스템이어야 한다는 데 동의한 바 없다. 또한 대기업의 시장지배가 시장경제 본연의 모습이라는 데 합의한 바 없다. 외국에 대한 침략전쟁이 안보에 도움이 된다는 견해도 제대로 논쟁에 부쳐진 적이 없다. 이 모든 관념들은 언론매체를 접하면서 그저 자연스러운 것인 양 머릿속에 침투한 것에 불과하다. 그럼에도 마치 모두가 이러한 관념에 '동의'한 것 같은 인상을 받는다. 이것이 바로 미디어에 의해 '제조된 합의'이다.

이러한 논리를 조금 비틀자면, 마찬가지로 현대의 정체성 정치와 정치적 올바름의 담론은 '제조된 공포'에 기초해 있는 것은 아닐까? 제조된 공포란 말 그대로 타인의 정체성, 타인의 성향, 타인의 신념에 관하여 미디어에 의해 극대화된 상상적 공포심을 의미한다. 물론 미디어에 의해 극대화된 공포정치의 우파적 버전(테러 기회를 호시탐탐 노리는 무슬림에 대한 공포)이 있다면 당연히 좌파적 버전(나치와 인종테러단체에 비견되는 트럼프 지지자)도 있다.

제조된 공포의 한 가지 사례를 들여다보자. 도널드 트럼프가 대통령 선거에서 당선되자 다수 언론과 SNS에서는 흑인에 대한 공격이 본격화되었고 미국의 인종차별단체인 KKK단이 활개를 치기 시작했다는 보고가 줄을 이었다. 물론 미국뿐만 아니라 서구사회에서 인종적 증오범죄는 만성적인 문제였다. 그러나 트럼프 당선 직후 전해진 뉴스(흑인과 무슬림 그리고 여성 대상의 공격)는 대부분의 경우 단순범죄인지 증오범죄인지 여부는 물론 트럼프의 당선 여부와 관련성을 확인하기 어려운 내용들이었다. 오히려 트럼프의 당선으로 인해 증오범죄가 급증했다기보다는 트럼프 지지자들의 정치적 동기가 바로 소수자에 대한 증오에 있을 것이라는 전제에 기초한 미디어를 중심으로 제조된 패닉이 확산되었다는 쪽이 진실에 더 가까울 것이다. 물론 이것은 트럼프에 투표한 유권자들에 대한 공포와 혐오로도 연결된다. 언론이 즐겨 사용하곤 하는 공포 및 혐오의 상업주의인 셈이다. 언론학자인 강준만 교수는 『증오 상업주의』라는 저서에서 '증오의 상업주의'라는 현상을 다음과 같이 분석한다.

> "우리의 시대에 문제가 되는 건 '증오의 일상화'와 '증오의 상품화'다. '증오 마케팅'이라는 표현을 써도 무방할 만큼, 정치·사회적 언행의 기본 동력을 증오로 삼는 게 너무 자연스럽게 확산해 있다는 점이다. 증오 마케팅에도 그 나름의 명분이 있을 수는 있다. 사회적 갈등에서 어느 한쪽이 자신들의 부당한 기득권을 유지하기 위해 수단과 방법을 가리지 않는다면, 반대쪽은 그쪽에 대한 증오를 바탕으로 세를 규합하는 수밖에 없을 것이다. 그러나 민주화 이후 그렇게 편을 갈라도 좋을 만큼 단순한 사안은 많지 않다."[29]

강준만의 논평에서 '증오'라는 단어를 '공포'나 '혐오'라는 단어(=phobia)로 대체해도 무방할 정도로 이러한 논평은 세태의 핵심을 찌르고 있다. 다만 한 가지 더 첨언해야 할 사항은 지지세력을 결집하기 위한 손쉬운 수단으로 사용되는 공포 상업주의가 비단 우파만의 문제가 아니라 좌파의 문제이기도 하다는 점이다. 특히 이러한 공포 상업주의가 가져오는 폐단은 바로 중간지대의 지식인과 시민들로 하여금 '양극화'된 여론의 눈치를 보며 '자기검열'을 하게끔 유도한다는 점이다. 더 나아가 흥미롭게도 강준만은 '증오 마케팅'이 대중 사이에서 자생적으로 형성된다기보다는 주로 교수·학자·언론인·정치인 등의 "상층 엘리트 계급에서" 조장된다고 주장한다. 즉 엘리트 책임론인 셈이다. 서민층도 일자리와 생활수단을 둘러싼 팍팍한 경쟁을 하겠지만 엘리트층이야말로 한정된 부·명예·관직에 대한 승자독식의 무한 경쟁에 사로잡혀 있기 때문에 경쟁상대에 대한 증오언설을 설파하거나 그것을 지적으로 정당화하는 짓에 몰두한다는 것이다. 물론 이것은 '불관용'과 '혐오'에 대한 사회적 공포를 확산시키는 진보 엘리트에 대해서도 적용될 수 있는 비판이다.

실제로 앞서 보았듯이 세련된 형태의 정치적 올바름의 지적인 옹호자들마저 역시 자신을 지지하지 않는 대중을 불관용적인 혐오집단으로 모욕을 퍼붓고 낙인찍는 경우를 쉽게 볼 수 있다. 사람들은 흔히 증오와 혐오를 '못 살고' '못 배운' 사람들의 문제라고 생각하겠지만 정작 그것을 확대재생산하는 짓은 '잘 살고' '잘 배운' 사람들이 더 심각할 수 있다.

공포 상업주의의 또 다른 사례를 살펴보자. 지난 2016년 3월 미국 SNL(Saturday Night Live)에서 방영된 트럼프 대선 후보 비판 영상을 보면 보통의 선량한 미국인임을 강조하는 트럼프 지지자들이 실제로는 인종차별단체 KKK단원의 복장이나 나치 완장을 은밀하게 숨겨두고 있는 모습을 풍자적으로 묘사한다. 물론 이런 식의 모욕적인 풍자는 트럼프 지지자들의 성향과 정체성에 대한 공포심 어린 상상에 기초한다. 트럼프를 지지하는 평범한 유권자들을 일종의 은밀한 나치 지지 집단이나 KKK단 혹은 악마적인 존재로 상상하는 집단사고는 트럼프의 당선 이후 집단적 패닉으로 이어졌다. 이러한 모습은 이미 진보 내에서도 일부 자성의 목소리가 일고 있는 정치적 올바름의 어두운 이면이다. 또한 SNL의 정치풍자 영상은 정치적 올바름과 결합된 공포 상업주의의 대표적 사례라고 볼 수 있다.

▲ 미국 SNL에 방영된 트럼프 지지자에 대한 풍자영상(출처: 유투브)

01.
강남역 사건과
공포 상업주의

제조된 공포, 강남역 사건

최근 한국의 언론과 여성계에서 '공포 상업주의'가 절정에 이르렀던 순간은 2016년 5월의 강남역 살인사건이었다. 강남역 살인사건은 강남역 인근 화장실에서 정신질환(조현병)을 앓고 있던 한 남성에 의해 20대 여성이 무참히 살해된 사건이었다. 민감한 이슈임에도 이 문제를 다루는 이유는 이 사건이 쟁점화되고 여론화된 과정에서 잘못된 프레임과 정보가 유포되었기 때문이다. 특히 이와 관련해서 언론의 선정적인 보도가 큰 몫을 했다. 먼저《한국일보》에 실린 박선영 기자의 기사를 보자.[30] '페미사이드(femicide) 쇼크'라는 표제를 내걸고 있는 해당 기사는 강남역 살인사건을 '여성혐오 범죄'로 규정한 뒤 한국사회에서도 여성에 대한 증오에서 비롯된 여성살해의 위험이 만연해 있다는 진단을 내렸다. 여기서 페미사이드란 '여자라는 이유로 남자들이 여자를 살해한 것'을 의미한다. 무슨 근거로 한국이 여성살해의 위협이 만연해 있다는 것일까? 유엔마약범죄사무소의 2013년 조사에 따르면 202개국(한국 포함) 가운데 △통가 △아이슬란드 △일본 △뉴질랜드 △라트비아 △홍콩과 더불어 "여성이 남성보다 더 많이 살해되는 7개국"에 한국이 포함됐다는 것이 그 근거였다.

강남역 사건을 계기로 한국에도 여성혐오에서 비롯된 페미사이드의 위험이 심각하다고 분석한 이 기사는 우선 통계에 대한 잘못된 해석에서 출발한다. 기사가 인용한 자료는 살인사건에 대한 통계이지 혐오범죄에 대한 통계가 아니다. 게다가 기사에서 거론된 여성이 더 많이 살해되는 국가 중 아이슬란드, 일본 등은 OECD 국가 중에서도 강력범죄는 물론이고 살인범죄(homicide)의 발생빈도가 절대적으로 낮은 국가 중 하나이다. 예컨대 2015년 기준의 OECD 통계(http://www.oecdbetterlifeindex.org)에 따르면 아이슬란드와 일본의 살인범죄 발생빈도는 십만 명당 0.3명이며 이는 십만 명당 1.1명인 한국이나 1.2명인 뉴질랜드에 비해서도 낮다. 한편 OECD 평균 살인범죄 발생빈도는 십만 명당 4.1명이다.

이처럼 △아이슬란드 △일본 △한국 △뉴질랜드 △홍콩 같은 국가 혹은 도시는 개발도상국인 통가나 한 해 십만 명 당 6.1명의 살인 피해자를 낸 OECD 내 치안 불안정 국가 라트비아와 단순 비교하기 어렵다. 게다가 강남역 사건 당시 많은 사람이 잊고 있었지만, 현실의 안전과 가장 먼저 직결되는 수치는 범죄 피해자 내부의 남녀비율이 아니라 범죄 자체의 발생빈도이다. 피해자 성비 자체에서 여성의 안전문제에 대해 알 수 있는 정보는 많지 않다. 또한, 피해자 성비에만 주목하면 앞뒤가 안 맞는 논리로 이어진다. 예를 들어 여성이 범죄 피해자 비율이 더 높으면 심각한 사회 문제이고 남성이 범죄에서 피해자 비율이 더 높으면 아무런 문제가 아니라는 것인가? 우선 범죄의 발생빈도부터 살펴보고 범죄의 발생빈도가 높은데 피해자의 비율에서도 비정상적인 격차가 발생하는 부분이 있다면 그 원인을 살펴보는 것이 보통의 경우 이치에 맞는다.

《한국일보》 기사가 인용한 통계를 조금 더 들여다보자.[31] 실제로 기사의 내용대로 지난 2011년 한국의 살인 피해자 비율은 남성이 47.5%, 여성이 52.5%로 기록됐다. 그렇다면 기사에서 한국과 더불어 여성이 더 많이 살해된 나라로 거론된 아이슬란드는 어떨까? 아이슬란드는 해마다 여성 피해자 비율이 0%에서 100%라는 극단을 오간다. 2012년과 2014년에는 여성의 살인 피해자 비율이 100%라는 충격적인 수치를 보이지만 2010, 2013, 2015년에는 정반대로 남성 피해자가 100% 비율을 보인다. 아이슬란드 같은 경우는 사실 피해자 성비를 따지는 것이 거의 무의미할 정도로 살인사건의 건수(매해 한 두건) 자체가 절대적으로 낮은 나라이다. 아이슬란드의 사례는 피해자 성비에 대한 맹신이 얼마나 잘못된 결론으로 이끌고 갈 수 있는지를 가장 극명하게 보여주는 사례이다. 일본도 2011년 살인범죄의 여성 피해자 비율이 52.9%를 기록하여 남성보다 비중이 높았지만 2007년과 2004년에는 남성 피해자 비율이 높았다. 그리고 더 장기적인 시계열(2004년~2011년)을 보면 대체로 남녀 피해자 비율이 50:50 수준에서 왔다 갔다 하는 추세를 보인다. 참고로 한국의 경우 (이 책에서 인용할 당시의) 유엔마약범죄사무소 통계에는 2011년의 통계만이 수록됐다.

이처럼 실제 통계를 들여다보면서 수치들을 무작정 인용하기보다는 통계의 국제적·시간적 추세를 볼 필요가 있다. 유엔마약범죄사무소는 보고서에서 살인범죄 발생빈도가 낮으면 낮을수록(구체적으로는 10만 명당 1명) 살인범죄 피해자의 남녀성비가 1:1로 수렴하는 경향이 있다(「UNODC Global Study on Homicide: 2013」, p. 54)는 사실을 보고하고 있다. 또한 같은 곳에서 서유럽과 동아시아 일부 국가의 살인범죄 피해자 성비가 1:1에 근접한 동시에 이들 국가들의 살인범죄 발생 빈도가 전반적으로 낮다는 사실을 지적하고 있다(같은 곳, p. 28). 한국이 바로 그러한 나라이다. 이처럼 전반적인 범죄위협이 낮은 일부 국가 중에서 상대적 피해자 성비가 특정 시점에 역전된 현상을 '여성혐오에 의한 범죄가 만연한 현상'으로 해석하는 것은 완전한 억측이다.

이 모든 제반 사정들은 생략된 채 《한국일보》 기사가 인용한 통계 자료는 '대한민국은 202개국 중에서 유독 여성이 더 많이 살해당하는 국가'라는 공포스러운 메시지로 변환된다. 통계와 사실에 대한 왜곡과

자의적 해석에서 출발한 '제조된 공포'와 '공포 상업주의'의 전형적인
사례라 할 수 있다.

강력범죄 피해자의 80%는 여성이라는 뉴스의 허구성

이와 더불어 강남역 사건을 기해서 "대한민국 강력범죄 피해자의
80%는 여성"이라는 선정적 기사가 잇달아 보도됐다.[32] 또한 이러한 통
계는 여성학 분야의 저서(『여성혐오, 그 후』, 2016)들에서 아무런 반성 없
이 인용되곤 한다.[33] 이러한 무책임한 주장은 통계에 대한 무지에 기초
해 있다. 먼저 강력범죄의 외연을 어떻게 잡느냐에는 여러 기준이 있
다. 일반적으로 강력범죄는 폭력과 무기가 수반된 범죄를 지칭하는 것
으로서 대표적으로 폭행·상해·강도·살인·성범죄·방화 등이 있다.
한편 경찰청통계 등 일련의 국내기관들이 작성하는 강력범죄 통계는
강력범죄 중에서 이른바 '흉악범죄'로 분류되는 살인·방화·강도·성
범죄(강간·유사강간·강제추행·강간추행 등)에 한정된 것이다. 방화가 강력
범죄로 포함되고 강간에서 몰카범죄까지 다양한 유형의 성범죄가 강
력범죄로 포함된 것에서 알 수 있듯이 이것은 한국의 관행적이고 독특
한 강력범죄 분류기준이다. 한편 미국 법무부의 강력범죄(Violent
Crime) 통계를 보면 한국과 달리 방화가 빠져있고 폭행이 포함되어 있
다는 것을 볼 수 있다.[34]

이처럼 뉴스와 기사 등 언론에서 흔히 찾아볼 수 있는 '강력범죄 피해자 8할 이상이 여자'라는 뉴스가 인용한 통계는 바로 이러한 한국의 흉악범죄 기준이다. 결론부터 말하자면 흉악범죄 기준으로 강력범죄 통계를 볼 때 여성 피해자 비율이 높은 것은 너무나 당연한 일이다. 강력범죄 중에서 폭행 및 상해가 제외되고 성범죄의 범위를 늘려 잡으면 성범죄가 강력범죄 중에서 차지하는 비중이 압도적으로 높기 때문이다. 이른바 흉악범죄 중 성범죄가 차지하는 비중은 2013년 경찰청 통계 기준 80%에 달한다. 이는 한국이 성범죄 천국이어서가 아니라 살인·강도·방화사건의 발생빈도가 상대적으로 낮은 것과 최근 사회적 경각심이 높아진 몰카범죄와 같은 성폭력 사건도 강력범죄로 분류

죄종별(1)	죄종별(2)	2011		2012		2013	
		남자	여자	남자	여자	남자	여자
강력범죄	소계	4,676	21,843	3,770	21,224	3,568	23,150
	살인기수	202	223	192	218	162	180
	살인미수등	519	254	390	193	404	179
	강도	2,039	1,932	1,239	1,338	1,001	965
	강간·강제추행	749	18,725	828	18,841	1,021	21,287
	강간	-	-	-	-	47	5,706
	유사강간	-	-	-	-	22	110
	강제추행	-	-	-	-	912	13,866
	기타 강간·강제추행등	-	-	-	-	40	1,605
	방화	1,167	709	1,121	634	980	539
폭력범죄	소계	217,357	91,091	214,947	94,920	178,669	85,205
	상해	45,231	21,490	41,766	20,496	36,179	18,312
	폭행	88,740	37,034	89,932	39,631	72,064	35,932
	체포·감금	304	528	318	558	298	630
	협박	1,806	1,734	2,100	2,351	2,132	2,335
	약취·유인	89	177	54	146	60	128
	폭력행위	33,681	11,885	32,992	12,581	24,941	10,257
	공갈	3,829	1,313	4,839	1,806	3,016	950
	손괴	43,677	16,930	42,946	17,351	39,979	16,661
조정된 강력범죄(협의)	강력범죄+폭행·방화	92,249	58,168	92,581	60,221	73,672	58,004
조정된 강력범죄(광의)	강력범죄+폭력범죄	222,033	112,934	218,717	116,144	182,237	108,355

▲ 2011~2013년 강력범죄 피해자 통계(출처: 경찰청 통계)

되는 특유의 통계분류 원칙 때문에 벌어지는 현상이다. 이처럼 범죄 발생 빈도에서 성범죄보다 더 많고 남성 피해자 비율도 여성보다 훨씬 높은 '폭행죄', '상해죄' 등 다른 강력범죄 항목을 제외하고 남은 흉악 범죄만을 한정해서 본다면 여성 피해자 비율이 더 높은 것은 너무나 당연하다. 참고로 성폭력을 제외한 2013년 기준 살인·강도·방화에서 도 남녀 피해자 성비는 1.3:1로 남성 피해자가 더 많다(경찰청통계). 한 국식의 법체계와 통계분류체계로 흉악범죄=강력범죄를 분류한다면 상당수 나라도 여성 피해자 비율이 높게 나올 수밖에 없을 것이다.

물론 강남역 살인사건을 기해서 성범죄를 비롯해 강력범죄에 대한 여성 측의 전반적인 불안감이 증대한 것은 사실이다. 그러나 일부 언론과 여성주의자들이 인용한 범죄 피해자 성비는 그러한 불안감을 설명하는 지표가 될 수는 없다. 앞서 말했듯이 강력범죄에서 젠더이 슈를 논의한다면 피해자 비율보다 더 주목해야 하는 것은 강력범죄나 성범죄 자체의 발생빈도와 그에 대한 국가적 비교이다. 물론 이는 통계 분류 원칙이나 법체계가 다른 국가들의 자료를 어떻게 비교할 것이냐 는 까다로운 문제를 안고 있지만 말이다. 한편 이미 보았듯이 단순 피 해자 성비만을 따진다면 UNODC 통계에서 2014년 여성이 살인 피해 자의 100%를 차지한 아이슬란드는 전 세계 최고의 여혐국가(?)가 된 다는 웃지 못할 결론이 성립한다. 실제 생활상의 안전과 직결되지 않 는 피해자 성비라는 지표를 두고 여성의 안전문제를 논의하는 것은 이 처럼 앞뒤가 안 맞는 논의로 이어질 수밖에 없다. 마찬가지로 너무나 당연한 이야기지만 범죄통계에서 나타난 피해자 성비로 여성에 대한 증오범죄나 여성살해(페미사이드)가 만연해 있다는 주장도 뒷받침할 수 없다.

강남역 살인사건에 해당되는 살인범죄 통계를 보자. 2013년 살인기수(실제 살해를 당한 살인사건)와 살인미수를 합한 살인 범죄만을 따로 떼어놓고 보았을 때 남녀 피해자 성비가 1.6에 달한다. 살인의 위협 자체는 남성이 60% 더 많이 당한 것이다. 이 중 살인기수 사건만을 따져 볼 경우 여성 피해자 수가 남성보다 조금 더 많긴 하지만(남녀성비 0.9:1) 살인을 당한 피해자의 성비가 1:1에 근접하는 범죄안전 국가들의 지표에서 크게 벗어나는 경향은 아니다. 물론 살인미수와 살인기수의 피해자 성비가 역전되는 현상은 여성이 상대적으로 폭력에 더 취약하다는 점을 시사하지만 이마저도 여성을 표적으로 삼은 증오범죄의 만연을 보여주는 근거가 되지 못한다.

이러한 통계의 왜곡 및 과장은 비단 한국만의 문제는 아니다. 『잘못된 길』에서 영미식 페미니즘을 비판했던 프랑스 페미니스트 엘리자베트 바댕테르도 여대생 4명 중 한 명이 강간범죄를 당했다는 왜곡·과장된 통계가 검증 없이 언론에 유포된 전례를 비판한다.

"성폭력의 수치를 과장했다고 생각되는 또 다른 예는 1985년 《미즈》라는 유력 잡지의 설문조사이다. 이 설문조사는 전통적인 페미니스트로 유명한 심리학 교수 메리 코스(Mary Koss)에게 의뢰

되었다. 대학가를 대상으로 행해진 조사결과에 따르면 여학생 4명 중 한명이 강간 또는 강간미수의 피해자였다. 그러나 이들 피해자 중 4분의 1만이 자신이 겪은 일을 강간이라고 불렀다. 게다가 코스는 3천 명의 여학생에게 다음과 같은 질문을 했다. '당신은 당신이 원하지 않는데도 불구하고 상대방 남자의 집요한 압박과 논리에 굴복하여 성적 유희에 몸을 맡긴 경험이 있습니까?' 이 질문에 대해 응답자의 53.7%에 해당하는 여학생이 그렇다고 답변하였다. 결과적으로 53.7%의 여학생이 성폭행 피해자로 간주된 셈이다. '4명 중 한 명'이라는 말은 이제 여성 잡지들과 강간에 대항하는 여러 단체들과 정치인들의 여성학 분야에 인용되는 공식 통계수치가 되었다. 미국 페미니즘계의 스타였던 수잔 팔루디(Susan Faludi)와 나오미 울프(Naomi Wolf)는 이 숫자를 마치 깃발인 양 사용했다."[35]

페미니스트들이 '원치 않은 성경험'을 했다는 여대생의 응답을 '성폭행(강간) 피해 경험'으로 슬쩍 바꾼 주장을 언론에 유포했던 것이다. 물론 통계해석의 허점을 지적받을 때 대다수의 여성주의자들은 '표면적 통계'만으로는 여성이 현실에서 느끼는 불안감을 설명하지 못한다고 반론하곤 한다. 물론 이것은 틀린 이야기는 아니다. 실제로 OECD 역시 한 보고서에서 "폭력을 동반한 강력사건의 피해자가 될 위험은 남성이 상대적으로 더 많지만 여성이 안전에 대한 불안감을 더 많이 느낀다"는 사실을 지적한다.[36] 이처럼 여성의 범죄에 대한 불안감은 오랜 문제이다. 하지만 여기서 내가 지적하고자 하는 문제는 통계와 사실을 이미 존재하는 공포심을 더욱더 극대화하기 위한 방편으로 왜곡하는 지점이다. 이미 보았듯이 피해자 성비에 대한 통계만으로 여성의 안전문제에 대한 많은 정보를 알아낼 수 없다. 그럼에도 불구하고 상당수의 언론과 절대다수의 여성단체는 자신의 주장을 뒷받침할 수 없는 통계를 근거로 '여성 대상의 증오범죄가 만연해 있다'라는 공포 어린 메시지를 유포했다.

어떻게든 강남역 살인사건을 증오범죄로 규정해야 했던 그들

무엇보다 강남역 살인사건의 범죄 동기에 대한 제대로 된 검증 없는 보도가 잇달았다는 것도 큰 문제였다. 조현병을 앓는 범인이 여성에 대한 피해망상을 내비친 일부 발언(평소 여자들이 나를 괴롭힌다)이 외부에 알려지면서 강남역 사건 초기에는 사건이 여성에 대한 증오범죄로 규정됐다. 그러나 결국은 (여러 여성 프로파일러가 포함된) 범죄심리분석 팀이 투입된 결과, 해당 사건은 정신질환에 의한 피해망상이 원인이 된 '묻지마 범죄'로 결론 내려졌다. 왜 이들은 강남역 살인사건을 증오범죄로 규정하지 않고 묻지마 범죄로 규정한 것일까? 조현병을 앓는 질환자의 피해망상으로도 충분히 계획적인 범행이 가능하며, 이러한 망상성 범행의 대상은 여성, 어린이, 노인, 외국인 등이 될 수 있다는 것이 프로파일러들의 설명이다. 예를 들어 "실제 지난해 특정 민족 사람들이 한국에 와서 한국을 망친다는 망상에 시달리던 환자가 해당 민족 사람 3명을 살해한 사건도 인종 혐오 범죄가 아닌 피해망상에 의한 정신질환 범죄로 처리했다"는 것이다.[37]

물론 여성이 이러한 묻지마 범죄에 취약하고 범죄의 사각지대에 놓여 있다는 우려는 충분히 이해하고도 남는다. 그러나 그것과 강남역 살인사건이 증오범죄냐 아니냐의 여부는 별개의 문제이다. 그럼에도 일부 여성단체는 강남역 살인 사건은 '증오범죄가 아니다'라는 수사기관의 발표 자체에 분개하면서 검찰청 앞에서 시위를 벌인 바 있다. 마치 강남역 살인사건이 무조건 여성에 대한 증오범죄로 규정되어야만 여성범죄 문제를 더 잘 이슈화할 수 있다는 듯이 말이다. 이처럼 강남역 살인사건을 둘러싼 논란에서 드러난 문제는 단지 공포 상업주의에 편승한 여성계와 언론의 사실 및 통계 왜곡만이 아니다. 더 큰 문제는 사건의 본질과 무관한 프레임 씌우기로 묻지마 범죄의 방지대책 마련에 대한 논의가 사장되었다는 점이다.

실제로 강남역 살인사건 이후 노약자·어린이 대상의 폭행·살인·염산 테러 등의 묻지마 범죄가 다수 보고됐다. 2017년 4월에도 트위터의 반사회적 커뮤니티에 몰입한 한 여고생이 여아를 납치해서 살해하고 시신을 훼손·유기하는 사건이 발생하기도 했다. 애초에 묻지마 살인사건을 혐오범죄 프레임으로 바라본다면, 노인 대상의 묻지마 범죄는 노인혐오로, 어린이 대상의 묻지마 범죄는 아동혐오로, 외국인 대상의 묻지마 범죄는 전부 다 제노포비아(외국인 혐오)로 규정하는 것이 일관된 잣대일 것이다. 그러나 범행의 대상이 소수자·약자라고 해서 그것이 반드시 증오범죄가 되는 것은 아니다. 또 그렇게 규정한다고 해서 그 범죄에 대한 대책이 더 잘 나오는 것도 아니다. 강남역 살인사건은 묻지마 범죄에 노출된 취약계층 전반에 대한 보호의 문제와 정신질환에 대한 사회적 관리의 필요성(강남역 살인 사건의 범인은 2016년 3월에 가출한 후 약을 끊은 상태였다) 등 여러 가지 차원의 문제가 중첩된 문제였다. 그러나 '여성혐오' 프레임에 맞춰진 일부 언론보도 속에서 강남역 사건을 둘러싼 해당 프레임 바깥의 사회적 맥락과 문제들은 가려지고 말았다. 그 결과 강남역 사건은 불행하게도 문제 해결에 대한 공론보다는 SNS와 인터넷 커뮤니티 일각에서의 소모적인 남녀대립의 문제로 비화하고 말았다.

이렇듯 성별 대립 구도로 강남역 살인사건이 보도되고 여론화된 결과, 시위현장과 일부 넷 공간에서 '살여(女)주세요', '여자라서 죽었다'라는 선정적인 구호가 난무했고 심지어 '남성은 잠재적 가해자'라는 주장이 담긴 글을 SNS에 인증하는 유행이 일각에서 번지기 시작했다. 여성대상의 일부 범죄에서 남성이 범행을 저질렀다는 근거로 남성을 잠재적 가해자로 규정하는 것은 어린이집 아동학대 사건에서 가해자 대부분이 여성이라는 이유로 여성을 잠재적 아동 학대범으로 규정짓는 것만큼이나 심각한 논리적 비약이다. 그럼에도 이러한 잘못된 논리는 대개 정치적 올바름(여성은 약자이기 때문에 일부 과격한 표현을 인정해야 한다)을 이유 삼아 눈감아지거나 심지어 일부 언론 상에서 적극 옹호되었다. 그런데 문제는 잘못된 사실과 논리에 기반한 공포와 혐오의 확대재생산이 가져온 폐단마저 정치적 올바름의 견지에서 정당화될 수 없다는 점이다. 무엇보다 사회 전반의 혐오감과 공포심 그리고 불안감을 부추기는 방식은 문제 해결은커녕 다른 약자·소수자에 대한 연대와 지원마저도 불가능하게 만든다.

혐오발언과 정치적 올바름

강남역 살인사건은 해당 사건의 피해자 유가족의 의사와 무관한 방식으로 이슈화되었다. 또한 추모를 빙자한 강남역 시위현장은 서로에 대한 욕설과 폭력으로 얼룩졌다. 성별대립을 자제해달라는 유가족의 의사가 언론에 보도되자 해당 유가족에 대한 욕설이 SNS 상에 쏟아지는 일도 있었다.[38] 그들은 피해자와 유가족의 처지를 동정한 것이 아니라 자신의 정념을 발산하는 수단으로 삼은 것에 지나지 않는다. 또한 SNS 상에서는 밤길에서 '우연히 살아남은 줄 알아라'는 메시지를 괴한으로부터 받았다는 식의 도시괴담이 유포되면서 '모든 한남충(한국 남성에 대한 비하용어)은 잠재적 가해자'라는 식의 또 다른 혐오발언으로 이어지기도 했다. 설상가상으로 강남역 살인사건에 대한 일방

남성으로써 남성들에게 고합니다. 방관이 아닌 연대를 해주십시오. 잠재적 가해자라는 말이 불편하다면 나가 뒤지..는 게 아니라 생각을 다시 해보십시오. 공감과 이해엔 노력이 필요합니다. 릴레이를 이어가주세요

나는 잠재적 가해자입니다. 이것이 싫다면 바꿉시다.

▲ '잠재적 가해자'임을 고백하는 릴레이 인증(출처: 트위터)

적인 사건규정과 해석에 동의하지 않는 사람을 '여성혐오'라고 몰아붙이는 일마저 생길 지경이었다.

고려대 법학전문대학원 교수인 박경신은 《경향신문》에 기고한 칼럼에서 사건의 발생 동기에 대한 "논란이 뜨겁다라고 보도하는 것도 여성혐오"[39]라고 주장한 적이 있다. 그의 주장을 곧이곧대로 따르면 당시 사건에 대해 의견을 교환했던 상당수의 사람들을 졸지에 혐오주의자로 낙인찍을 수 있다. 이것은 오히려 여성혐오에 항의하는 측의 담론이야말로 혐오의 구조를 지니고 있는 것은 아닌지 의문을 불러일으키는 대목이다. "자신은 선의 편으로 악과 싸운다는 사명감, 정의감, 도덕적 분

노, 지적 확신"[40]을 불러일으키기 위해 여성혐오라는 낙인을 확산시켜야 했던 것이다. 한 마디로 비이성적인 분위기였다. 강남역 살인사건에 대한 파행적인 여론화 과정은 서로 다른 정체성을 가진 집단 간의 공포심과 혐오의식을 확산시켜야만 스스로를 정당화할 수 있는 '정체성 정치'와 '정치적 올바름'의 담론이 갖는 문제점과 일맥상통한다. 정체성 정치와 정치적 올바름의 폭주는 서로 다른 정체성 간의 대결의식을 고착시키고, 낙인찍기를 확산시키며, 사회문제의 해결은 물론 이를 위한 사회적 연대마저 불가능하게 만든다.

예컨대 남성이 잠재적 가해자이며 그들 안에 여성혐오라는 위험한 성향이 꿈틀대고 있다고 가정해 보자. 남성이 그 내면 속에 여성에 대한 혐오와 폭력을 내재화하고 있는 잠재적 가해자라면 단순히 그들로부터 자기반성과 자기고백을 이끌어내는 것만으로 그들의 가해자성(?)을 제거할 수 있을까? 잠재적 가해자 프레임은 해결책과 대안을 처음부터 봉쇄한다. 잠재적 가해자 프레임은 남성 절대다수가 여성 대상의 폭력과 범죄에 반대하고, 이를 방지하거나 처벌하는 것을 지지한다는 사실을 외면한다. 또한 잠재적 가해자 프레임 속에서는 사실 잠재적 가해자 측의 고백이나 자기반성이라는 것도 의미가 없고 그저 메갈리아·워마드 식 낙인찍기에 기반한 혐오발언만이 유일한 방법이 될수밖에 없다. 이것은 여성혐오뿐만 아니라 인종적 증오와 동일한 담론적 구조를 지닌다. 그들(한남)은 교정될 수 없는 위험한 존재이기 때문에 끝없이 낙인을 찍고 괴롭혀야만 한다. 마치 일베 유저들이 한국여성을 김치녀라고 비하하면서 '삼일한(삼일에 한 번씩 팬다)' 운운했던 것처럼 말이다. 실제로 메갈리아·워마드 식 혐오발언에 심취해 있는 이들의 언설을 가만히 들여다보면 이들이 혐오발언과 집단낙인을 한남(?)들에 대한 일종의 '교정수단'으로 사고하고 있음을 알 수 있다. 가령 메갈리아에 올라온 "앞으로의 메갈의 방향에 대해 생각해봤다"라는 글에서 글쓴이는 메갈리아가 나아갈 방향을 "한남충 길들이기"라고 제안하며 다음과 같이 자신의 의도를 솔직하게 말하고 있다.

> "우리가 앞으로 가져가야 할 프레임은 '이런 이런 남자가 보지의 선택을 받을 것이다' 프레임이다. 이 새끼들은 관심 없는 척하면서도 다 귀담아 듣는다. 좆질 외엔 아무 생각도 못하는 남자의 슬픈 운명 아니겠노. 우리가 초점을 맞춰야 하는 곳은 '여성의 우월함' 고취, '열등함을 극복한 남자들이 사랑받는 법' 설파, 이 두 가지라고 본다. 그와 동시에 워마드에서는 염산 공격으로 한남들 쥐패야 하고 메갈에서는 '이런 이런 조건을 충족한 한남들은 먹어는 준다' 이런 식의 초점이 필요하다고 생각한다."[41]

원래 문제제기하고자 했던 인종주의와 여성혐오 담론과 정확히 동일한 담론으로 퇴행하는 것. 바로 이것이 정치적 올바름과 정체성 정치의 폭주가 오늘날 봉착한 자기모순이자 한계이다. 사회구조와 사회적 맥락에 대한 성찰이 부재한 정체성 정치는 결국 메갈리아·워마드 식 포비아 페미니즘으로 필연적으로 이어질 수밖에 없다. 이미 보았듯이, 불평등 문제든 범죄문제든 사회문제 전반을 특정 정체성의 문제에 결부시키는 순간, 개개인의 정체성으로 설명될 수 없는 사회모순과 사회구조의 문제는 완전히 시야에서 사라진다. 그것이 사라진 자리에서는 각자의 정체성을 둘러싼 인정투쟁의 악순환이 반복된다. 이러한 관행이 우리를 실제 삶의 문제에서 얼마만큼 진전시켰는지를 돌아볼 필요가 있다.

02.
낙인의 언어로
사용되는 미소지니

충격요법과 공포세뇌

우리는 지금까지 문제해결의 본령과 무관하게 자가증식하는 공포와 혐오의 악순환을 살펴보았다. 또한 정치적 올바름의 규범은 이러한 공포와 혐오의 확대재생산을 멈추게 하지 못할 뿐만 아니라 심지어 조장한다는 것을 보았다. 한편 이러한 부정적 감정이 가장 첨예해지는 지점은 바로 성정치(gender-politics)이다.

지난 선거 과정에서 트럼프 보이콧 운동의 하나였던 "Vote Trump, Get Dumped" 캠페인이 대표적인 사례다. SNS에서 화제가 된 이 캠페인의 골자는 트럼프를 지지하거나 투표하는 남성과의 데이트와 성관계 일체를 거부하자는 것이었다. 트럼프의 성희롱적 언행과 과거 성추행 의혹에 격분한 일부 여성들은 자신의 성을 정치적으로 도구화하는 데까지 나아간 것이다. 이러한 극단 노선의 기본 동기는 **트럼프에 대한 지지행위를 그 자체로 여성인 자신에 대한 '공격'으로 간주하는 것**에서 출발한다. 이것은 정체성 정치의 논리를 압축적으로 보여준다. 정치적 이견을 '나'에 대한 공격으로 받아들이는 것. 사회구조를 인격의 대립으로 치환하는 것. 사회적·정치적 논쟁을 남자친구와 남편과의 언쟁과 같은 차원으로 끌어내리는 것. 이것이 바로 포비아 페미니즘 담론의 자양분이 된다.

▲ "Vote Trump, Get Dumped" 캠페인의 심볼

이러한 극단적인 정체성 정치가 인터넷 일각에서 자생적으로 생겨난 사례는 한국에도 있다. 2016년 메갈리아 등 혐오사이트에서 활동

해온 여성 네티즌들이 '한남패치', '성병패치', '재기패치'라는 일련의 SNS 계정을 만들어 공공장소에서 몰래 찍거나 무단도용한 다수 남성의 사진과 신상을 올리고 조롱한 적이 있었다. 이 범인들이 줄지어 경찰에 의해 검거되자 메갈리아·워마드 및 이에 동조하는 여러 여초 커뮤니티 유저들은 이를 여성을 표적으로 한 탄압이라고 규정한 뒤, '여자를 위한 나라는 없다', '여성으로서 결혼과 출산을 거부해야 한다'는 주장을 전개했다. 더 나아가 이러한 해프닝은 '비혼주의자 선언'으로까지 비화됐다. 이들은 지하철 역 등 공공장소에서 여성에 대한 수사에 항의하는 팻말을 부착하는 캠페인을 벌이기도 했다. 이러한 캠페인도 여성 범죄자에 대한 수사기관의 공무집행을 **여성인 자신에 대한 공격**으로 받아들인 데서 시작됐다. 당연한 공무집행을 자신에 대한 공격으로 받아들이는 심리는 앞서 보았듯이 자신에 대한 타인의 증오심과 공격성에 대한 과도한 상상에서 출발한다. 타인의 정체성과 공격성에 대한 상상적 두려움이 각종 미디어를 통해 증폭된 결과 포비아 페미니즘이 출현한다. 이와 관련해서 한 메갈리아 유저는 포비아 페미니즘이 확산되는 과정을 '충격요법'과 '공포세뇌'라는 인상적인 용어로 설명한다.

"여초 커뮤니티에 남혐 심기 어렵지 않음. 영업하려 하면 오히려 역효과 남. 나 같은 경우는 작은 여초 커뮤니티에 하루 1개 더도 말고 덜도 말고 딱 한 개씩 메갈뉴스에 올라온 특히 극악한 기사 골라서 올림. 대부분이 이별살인 류임. 염산 살해 후 맨홀 시체 유기 등등. 아무 의견 없이 그 기사만 제목으로 쓰고 캡쳐본 올리고 링크 올리고 감ㅋㅋㅋ 그럼 이제 자기들끼리 소름 돋는다면서 막 떠듦. 나는 한 마디도 안 해도 됨ㅋㅋ 그래서 분탕이다 뭐다 욕먹거나 서로 싸울 일 없음ㅋㅋ 그냥 나는 팩트만 보여주는 거니까ㅋㅋ 판단은 그들이 스스로 한 거고. 매일 한 개씩 딱 한 달만 하면 여자애들 남혐 생기더라. **충격요법**이고 **공포세뇌**라 그리 좋은 건 아니다만 이렇게 남혐 꾸준히 심어준 뒤에 지나가듯이 슬쩍 메갈스러운 말 하면 반응 존나 좋더라"[42]

이러한 충격요법과 공포세뇌는 커뮤니티에서 혐오문화가 확산되는 과정에 대한 보고이기도 하지만 그 외연을 확장해서 보면 미디어상에서 여성운동 그룹이 자신의 이슈를 제기할 때 흔히 사용하는 방법이기도 하다.

미소지니가 뭐 어쨌다고?

최근 여성학계와 저널리즘을 중심으로 유행했던 '여성혐오'(misogyny)라는 용어의 오·남용 역시 '포비아 페미니즘'의 대표적 징후이다. 그들은 여성에 대한 혐오가 사회에 만연해 있다는 과장된 주장을 통

▲ 한남패치, 강남패치 등 혐오성 SNS 계정을 운영한 여성 운영자가 검거되자
이후 강남역에 붙은 구호들(출처: 인터넷 커뮤니티 제보)

해 공포심을 확산시킨 바 있다. 한편 원래 미소지니라는 용어의 사전
적 의미는 여성에 대한 미움(hate)과 경멸(contempt)이다(위키백과). 그러
나 일부 여성주의자들이 '겁 주는 이야기'를 하기 위해 사용하는 미소
지니라는 용어는 그 사전적 의미를 훨씬 초과하는 맥락들(성차별, 성고
정관념, 성적 대상화 등등)을 끌어들인다. 미소지니라는 개념은 최근 무
한히 확장되어서 일각에서는 여성계를 불편하게 하는 모든 젠더이슈
를 지칭하는 용법으로도 사용되고 있다.

또한 여성혐오 개념은 점점 남성 스스로가 인지할 수조차 없는 무
의식적이고 심층의식적인 성향을 지칭하는 개념으로 사용되고 있다.
예컨대 우에노 치즈코와 같은 여성주의자들은 가부장제 사회 내에서
남성들이 여성에 대해 뿌리 깊은 혐오와 경멸 그리고 열등·우월의식
등이 뒤섞인 콤플렉스를 내면화하고 있다는, '정신분석적' 주장으로

까지 나아간다. 이처럼 미소지니를 남성이 여성에 대해 갖는 내면적 콤플렉스 전반으로까지 규정한다면 미소지니는 모든 것을 설명할 수 있는 만능의 요술봉이 된다. 그러나 그 요술봉은 명백히 구부러진 막대기이기도 하다. 예컨대 여성이 남성이나 다른 여성을 성적 대상으로 바라보는 것과 달리 오직 남성이 여성을 성적대상으로 바라보는 것만이 심층적 혐오의식의 산물이라 간주된다.

또한 미소지니가 무의식적인 심층구조로 간주될수록 남성의 모든 태도는 미소지니의 징후로 해석된다. 예컨대 여성을 싫어하거나 거부하는 것은 명백한 여성혐오이다. 여성을 지나치게 좋아하는 것 역시 여성혐오이다. 더 나아가 여성에 대해 무관심한 것조차 뒤틀린 남성성의 발현이다… 등등.

이러한 미소지니 개념은 모든 것을 설명하는 만능의 요술봉이지만 정작 모든 것을 설명하는 이론·개념은 실제로는 아무 것도 설명하지 못한다. 게다가 미소지니를 남성이 내면화한 심층의식으로 규정하는 순간 미소지니에서 탈출할 수 있는 방법은 처음부터 없다고 해도 무방하다. 그것은 말 그대로 무의식이기 때문이다. 잠재적 가해자 프레임과 마찬가지로 미소지니 프레임 아래서는 자신의 마음 속 깊은 곳에 있는 죄악에 대해 반복해서 고해성사를 하는 것 외에는 다른 대안이 없다. 참고로 이러한 죄악의 반복적 고백은 미셸 푸코가 『감시와 처벌』 등의 저서에서 비판한 전형적인 사제계급의 통치방식이다.

한편 미소지니라는 단어를 여성혐오라고 읽고 쓰는 국내의 번역에 대한 논란이 있다. 여성혐오라는 단어는 실제 미소지니 개념을 너무 협소하게만 해석한다는 것이다. 그러나 그것은 우스운 이야기이다. 그리스어 어원인 미소지니는 한국어보다 더 심오한 의미를 가지고 있지 않다. 독일의 철학자 하이데거는 현대 언어보다 고대 그리스어가 더 철학적으로 심오한 언어라고 생각하긴 했지만 현대 페미니스트들이 전부 하이데거 신봉자들은 아닐 것이다. 원래 사전적인 의미로 번역한다면 미소지니는 여성혐오라고 번역하는 것이 맞다. 오히려 되물어야 할 것은 사전적인 의미를 넘어서 미소지니 개념을 사용해왔던 관행이 정당화될 수 있느냐이다. 이 문제는 여성주의자들 사이에서도 완전한 합의가 이루어져 있지 않다. 예를 들어 일부 여성주의자들은 미소지니와 성차별주의(sexism)를 엄밀히 구분해야 한다고 주장한다.

"정치적 주장을 하기 위해 고조된(heightened) 단어를 부주의하게 남용하는 것에 반대한다. 성차별주의는 사실 미소지니가 아니다. 어떤 사람은 개인적으로 여성을 매우 좋아할 수 있지만 기꺼이 여성에 대한 체계적 차별(성차별주의)을 지지할 수 있고 또한 여성에 대한 성적 스테레오타입(성고정관념)을 사용할 수 있다. 그래서 용어의 의미가 팽창하는 것은 유감이다. 성차별주의와 미소지니의 관계는 반유대주의와 유대인 증오의 관계와 같다. 그 중 어느 것도 용납될 수 없지만 불의와 효과적으로 싸우기 위해서는 정확한 언어가 필요하다."[43]

저명한 사회비평가이자 여성주의자이기도 한 나오미 울프의 발언이다. 반면 앞서 보았듯이 일부 여성학자는 여성혐오를 이보다 훨씬 더 넓은 의미로 사용한다. 그들은 사회적 관습과 정치적·경제적 제도 그리고 심지어는 인류문명 전반이 여성에 대한 남성 측의 혐오의식 위에 구축되어 있다는 주장을 즐겨 펼친다. 속류 마르크시즘의 상부구조와 하부구조 도식의 조야한 패러디라고 할 수 있다. 예를 들어서 윤지영이라는 여성학 연구자는 여성혐오를 단순히 개개인의 혐오성향이 아니라 '현실의 운용원리'(현실의 운용원리로서의 여성혐오, 2016)로까지 격상시킨다. 이처럼 미소지니라는 용어가 공중에 확산되고 저널리즘의 지면상에 정착되면서 어떤 작품이나 누군가의 발언 하나 하나에 '여혐·미소지니'냐 아니냐는 논란이 종종 일곤 했다. 미소지니라는 개념이 사회를 분석하는 개념적 틀을 넘어 이제는 일반인과 대중문화에 대한 낙인의 용어로까지 확장된 것이다. 그러나 이 경우에 사용되는 미소지니라는 개념 자체가 정합적이냐 아니냐의 문제부터 따지는 게 우선이다. 이미 보았듯이 많은 경우 미소지니라는 용어는 여성에 대한 혐오와 경멸이라는 의미에서 크게 벗어나 있고, 애초에 그러한 용례의 미소지니 개념은 제대로 정립되거나 합의된 개념이 아니기 때문이다. 그것은 일부 여성주의자의 '사적 언어(비트겐슈타인)'일 뿐이다.

미소지니와 낙인 프레임

2017년 초에 개봉한 일본영화 〈너의 이름은〉은 몸이 뒤바뀐 남녀의 모습을 그린다. 거기서 여성의 몸에 들어간 남성이 자신에게 생긴 가슴을 신기한 눈으로 만지는 성적인 묘사가 등장한다. 이것으로 인해 넷상에서 〈너의 이름은〉을 둘러싸고 여성 혐오 논란이 인 적이 있다. 이처럼 어떤 영화나 애니메이션 작품에 성적 코드와 성적 대상화가 드러나면 이것이 바로 여혐=미소지니가 발현된 사례라고 주장하는 경우를 흔히 볼 수 있다. 그렇다면 일부 여성이 즐기는 BL물[44]에 등장하는 남성 대상의 성적 코드와 성적 대상화는 역으로 남혐(misandry)이라고 할 수 있을까? 사실 어느 쪽의 주장이든 그 주장 자체로는 의미불명이다. 여성이나 남성을 예컨대 성적으로 매력적인 대상으로 묘사하는 것이 현실의 인격에 대한 침해로 이어질 수 있다고 주장할 수는 있지만, 그것이 심층적인 심리구조상 '혐오(miso-)' 성향과 어떤 관계가 있는지는 정신분석학이나 궁예의 관심법을 사용하지 않는 이상 명확한 연결고리를 찾아내기 힘들다.

정신분석학에서는 가끔 대상에 대한 애착과 증오는 심층적·무의식적 심리구조 속에서 동전의 양면을 이루며, 증오가 애착으로, 애착이 증오로 쉽게 전이된다는 주장을 펼치곤 한다. 이러한 주장은 인간에 대한 어떤 심오한 철학적 통찰일 수 있지만, 그것은 우리가 어떤 현상이나 작품에서 혐오를 '읽어낼 수 있느냐'의 여부와는 전혀 다른 차원의 문제이다.

나아가 이러한 질문을 던질 수 있다. 성적 대상화의 문제를 다루는 곳에서 의미불명의 개념과 논리적 비약을 남발하는 것이야말로 오히려 성적 대상화라는 문제제기의 초점을 흐리는 것 아닌가? 현학적 용어의 남발로 원래 전달하고자 했던 문제의식을 도리어 모호하게 만드는 일은 성차별에 대한 문제제기를 혐오의 문제로 전환시킬 때 흔히 저지르곤 하는 실수이다. 가령 여성이나 남성에 대해 스테레오타입화되어 있는 묘사나 발언을 했다고 해서 그 사람이 혐오주의자가 되는 것은 아니다. 줄리 빈델이라는 페미니스트는 다음과 같이 지적한다.

> "남성이 여성이 선천적으로 모성적이라거나 본래 운전이 미숙하다고 주장한다면 그는 성차별주의자이다. 만일 그가 여성은 단지 따먹기(fuck)에만 좋다거나 남성과 그 아이들을 돌보는 데 묶여 있어야 한다고 덧붙인다면 그는 여성혐오주의자이다. 여성혐오주의자들은 항상 성차별주의자이다. 하지만 성차별주의자가 항상 여성혐오주의자인 것은 아니다."[45]

또한 성차별 문제가 반드시 개인의 주관적·내면적 성향에서 비롯되는 것만이 아니라는 점에도 주의해야 한다. 예를 들어 임금격차와 유리천장 문제도 여성에 대한 혐오의식이 아닌 '장시간 노동의 일반화'라는 경제구조적 측면의 요인으로 얼마든지 설명할 수 있다. 하지만 많은 여성주의자들은 사회적 환경의 문제를 남성들이 가지고 있던 내적 성향의 문제로 돌리곤 한다. 이것을 두고 사회심리학에서는 근본귀인오류(fundamental attribution error)라고 부른다. 과거 한 배우가 '여배우라는 표현도 여성혐오'라는 주장을 SNS 상에 제기해서 논란이 된 적이 있다. 이때 여배우라는 표현은 남성을 디폴트로 놓고 배우라는 직업을 바라보는 성고정관념의 발로일 수 있지만 그것이 반드시 여성에 대한 혐오의식에서 비롯된 것은 아니다. 이처럼 현재 의미상의 인플레이션을 겪고 있는 여혐=미소지니 개념은 성적 대상화의 문제뿐만 아니라 고정된 성역할이나 성차별 그리고 성폭력과 여성에 대한 증오발언 등의 모든 젠더문제들을 한데 뒤섞고 있으면서도 마치 모든 사회현상을 설명할 수 있는 개념(ex현실의 운용원리)인 것처럼 취급된다. 물론 이러한 개념의 모호성은 현실의 젠더문제들을 상호연관시켜 설명한다는 취지에서 시작되었겠지만, 정작 대다수의 여성주의 담론에서는 '그래서 그 문제들이 어떻게 연관되어있는지'에 대한 설명은 막연한 비유나 유추에만 의존할 뿐 실질적으로는 비어 있다. 정작 그것을 설명하려 시도할 때에는 유사정신분석학이나 심리적 환원주의로 퇴행하곤 한다. 이것은 문예비평에서 허용되는 관행일 수는 있어도 사회적인 논의에는 그다지 도움이 되지 않는다.

결국 문제의 핵심은 원래의 사전적 의미를 넘어서 무분별한 낙인으로 사용되는 미소지니 개념이다. 고무줄처럼 늘려서 본 미소지니란 여성에 대한 남성 측의 모든 불쾌한 태도를 의미한다. 문제는 이 **불쾌**

한 태도에는 여성주의자들에 대한 정당한 반론과 문제제기도 포함되어 있다는 점이다. 이를테면 『그럼에도, 페미니즘』이라는 저서에서 저자는 자신이 오히려 역차별을 받는다고 믿는 젊은 남성들이 "여성혐오"에 사로잡혀 있다고 비판한다.[46] 그러나 젊은 남성들이 역차별을 받는 부분은 분명 사회 일부분에 존재할 수 있으며 이러한 것에 대한 문제제기를 단지 여성혐오라고 치부해 버리는 것은 낙인에 지나지 않는다. 또 다른 일례로 한 기사는 강남역 살인사건을 둘러싼 논란 및 메갈리아 논란과 관련하여 "페미니즘 진영과 한국사회 내 깊게 뿌리박힌 여성혐오 세력 간의 극적인 전투가 시작됐다"[47]는 자극적인 제목을 내보낸 바 있다. 한국사회 내 깊게 뿌리박힌 여성혐오 세력이란 (앞으로도 다뤄질) 임금격차 문제나 여성범죄 문제에 관해 페미니스트들의 견해에 동의하지 않는 젊은 남성들이다. 그 자신이 성별대결(극적인 전투)의 논리에 사로잡혀 있는 이 같은 포지션은 오늘날 포비아 페미니즘의 주된 경향을 보여준다.

이처럼 미소지니라는 낙인 프레임으로 젠더이슈를 바라볼수록 역설적이게도 상대방에 대한 비이성적인 공포와 혐오는 더욱 극대화되는 악순환이 반복된다. 예컨대 임금과 일자리 등에서 나타나는 남녀 격차 등의 사회구조 문제도 미소지니 프레임을 통해 볼 때 여성을 향한 남성 측의 의식·무의식적인 혐오의 문제로 전치된다. 어떤 사회구조가 가부장적 남성의 내면 깊숙이 자리 잡고 있는 근본적인 콤플렉스와 공격성향에서 비롯된 것으로 해석될 때 그만큼 남성의 정체성에 대한 공포심과 혐오감 역시 커진다. 예를 들어 윤지영은 「현실의 운용 원리로서의 여성혐오」라는 논문[48]에서 성별 임금격차마저도 여성혐오라는 구조에 기초해 있다고 주장한다. 이것 역시 사회환경의 문제를 개인의 내적 성향의 문제로 설명하는 근본귀인오류의 한 사례이다. 이러한 미소지니 담론을 뒤집어 말하면 여성을 둘러싼 남성의 모든 행위는 여성에 대한 공격성향 및 콤플렉스의 징후로 '읽힌다.' 남성의 여성에 대한 공포와 공격성이 보편적이라면 여성 측에서 여기에 대해 느끼는 공포와 분노 역시 보편적이라고 말할 수 있다. 우에노 치즈코의 저서의 번역본 제목인 '여성혐오를 혐오한다'라는 슬로건[49] 자체도 이러한 공포와 혐오의 거울반사 구조를 지니고 있다. 실제로도 우에노의 책 제목은 메갈리아를 옹호하는 구호로 활용되기도 했다.

여성학이나 일부 문화연구 이론의 영역에서는 이런 자의적인 개념의 남용에 대해 '비판적 독해'라는 고상한 이름이 붙거나 서구 현대철학자에 대한 현학적인 인용이 동반된다. 그러나 거기에는 정작 중요한 논리와 내용이 결여된 것이 대다수이다. 앞서 보았듯이 정체성 정치에 대한 집착은 사회적 갈등의 모든 차원을 자신의 (성)정체성에 대한 '공격'으로 치환하는 논리로 이어진다. 미소지니 프레임 아래서 모든 사회적 갈등의 문제는 사회 혹은 남성들이 나를 '미워한다'는 유아적인 수준에서 사고된다. 그것은 소통과 문제해결을 낳기는커녕 상호 간의 혐오와 피해의식을 극대화시키는 악순환을 낳는다. 그것이 사회이슈를 환기하고 문제해결에 근접하는 결과를 낳는다면 더할 나위 없이 좋겠지만, 실제로는 그러기는커녕 문제해결에 동참해야 할 절반에 가까운 인구를 논의에서 배제시키고, 낙인을 불러들이며, 상호간의 대결 프레임을 고착화시키는 결과를 반복해서 초래했다. 가령 메갈리아 이슈라든가, 강남역 이슈에서 자신에게 불쾌한 사실과 이의를 제기하는 사람들을 '여성혐오'라고 일갈하는 것이 대표적이다. 자신에게 동의하지 않는 사람을 낙인찍는 것은 쉽다. 그러나 앞으로 더 보겠지만 페미

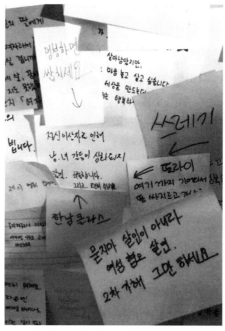

▲ 강남역 사건을 추모하는 포스트잇에서 벌어진 욕설을 동반한 설전(출처: 인터넷 커뮤니티 제보)

니즘 역시 틀린 주장을 펼치거나 그 주장에 맹점을 안고 있을 때가 많다. 그런데 포비아 페미니즘은 이러한 반론을 사전에 차단하는 방식으로 미소지니나 2차 가해 등등의 개념을 휘두르곤 한다. 이것이 바로 정치와 공론장에서의 유아적 태도를 확산시킨다.

페미니즘의 기묘한 언어습관

이처럼 미소지니라는 개념이 원래의 사전적 의미에서 무리하게 확장되는 양상을 보다 보면 비단 넷페미니스트 뿐만 아니라 주류 페미니즘 일각의 언어 습관에 대해서도 의문이 든다. 일부 페미니스트들은 개념을 새로 창조하거나 기존 개념을 사전적 의미 이상으로 확장(ex 미소지니, 젠더권력, 맨스플레인[50], 가스라이팅[51], 플러팅[52] 등등)하는 것을 일종의 설명이나 논증으로 생각하는 경향이 있다. 그러나 그것은 전혀 설명도 논증도 아니다. 예를 들어서 미소지니라는 개념은 사전적으로는 여성에 대한 미움(hate)과 경멸(contempt)이다. 그 의미는 분명하다. 그 개념을 따르면 일베(일간베스트)는 미소지니 집단이다. 그러나 우에노 치즈코와 같은 페미니스트는 여자를 지나치게 좋아하는 호색한도 여성혐오의 범주로 끌어들인다.[53] 또 일부 여성주의자는 일베도 메갈도 싫어하는 남성 네티즌조차 미소지니스트라고 주장한다. 왜 그런지에 대한 해명은 불충분한 채로 말이다. 정작 자신들도 설명이 불충분하다고 느끼기 때문에 미소지니 개념 해석을 둘러싼 페미니스트 내외의 논란은 마치 기독교의 삼위일체 교리 해석 논쟁처럼 끊이지 않는다.

앞서 보았듯이 미소지니 해석 문제는 번역의 문제가 아니다. 애초에 미소지니를 원래의 사전적 개념 이상으로 해석하면서 그것을 제대로 정의하지 못했던 것이 문제이다. 결국 자기들이 사용하는 미소지니 개념이 보통의 경우와 어떻게 다른지 해명을 해야 할 사람은 통념과 다른 개념을 제안하는 페미니스트 자신임에도 불구하고 그들은 그 설명의 책임을 지기보다는 남들에게 더 공부를 하기를 권유하거나 공감 능력을 발휘하기를 권유하곤 한다. 내친 김에 말하면 이것은 전형적인 사이비 종교의 포교방식이다. 예컨대 왜 당신의 종교에 귀의해야하냐고 물으면 그들은 '그 은혜는 경험해봐야 알 수 있다'고 대답한다. 비슷하게 일부 여성주의자도 '여성에게는 여성만의 고유한 경험이 있으므로 영원히 당신들은 우리를 이해할 수 없다'는 주장을 펼치기도 한다. 또 예컨대 기존 교리가 틀렸다고 주장하는 사이비 이단종교는 '왜 기존 교단의 교리가 틀렸나요'라는 질문에 대해서 '답은 성경에 있습니다. 형제자매님. 우리 같이 성경공부를 하지 않을래요'라고 얼버무리고 자기들 학습써클에 동참하길 역으로 권유한다. 이것은 대학가에서 페미니즘을 포교하는 전형적인 방식이기도 하다.

03.
공포정치와
포비아 페미니즘

혐오와 공포는 정치적 주체화의 토대가 될 수 없다

여성학 연구자 윤지영은 논문이라는 지적인 수단으로 무차별적인 혐오발언과 공포세뇌를 일삼은 메갈리아 등에 대해 일종의 '저항운동'의 의미를 부여한 바 있다(「전복적 반사경으로서의 메갈리아 논쟁: 남성혐오는 가능한가」, 2015). 더 나아가 그는 여성혐오에 대한 저항(?) 과정에 대해서 다음과 같이 설명하고 있다.

"여성혐오에 대한 인식은 피해자와 가해자 간의 이분법적 논리의 재설정이 결코 아니다. 만약 여성이 오롯이 피해자로 위치 지위진다면 여성은 남성에게 "그러지 마세요."라는 호혜적 이해를 요구하거나 아니면 특정 남성에게로 귀속되어 보호받음으로써 공포를 감소시키는 방식으로만 행위양태가 국한될 것이다. 그러나 여성들은 피해자적 서사에 갇히지 않고 이러한 공포감정이 남성중심의 사회구조에서 비롯된 것임을 폭로하며 분노하고 저항하고 있다. 폭력으로조차 인식되지 못한 특권적 힘의 배분구조를 뒤흔들며 새로운 일상과 새로운 관계양식을 모색하기 위한 행위자로서의 주체화 과정을 실행해내는 여성들은 피해자적 이분구조에 갇힌 것이 아니다. 나아가 페미니스트 남성들이 여성혐오사회에 대한 문제의식에 대해 연대하는 행위는 전형적 가해자의 위치성에서 벗어나는 행위이자 일상의 재구성에 참여하는 것이기도 하다. 이를 통해 여성혐오사회에 대한 폭로와 새로운 배분판의 융기를 도모하는 것은 피해자와 가해자 논리의 이분법 자체를 넘어서는 방식인 것이다."[54]

 다소 추상적인 논의이지만, 쉽게 정리하자면 최근 대중적 페미니즘(메갈리아·워마드)은 피해자의 위치에 벗어나서 스스로 분노하고 저항하면서 정치적으로 주체화되고 있다는 진단이다. 또한 여기에는 일부 페미니스트 남성들이 일베와 크게 다를 바 없는 메갈리아의 혐오 발언에 동조하더라도 그것은 "전형적인 (남성적) 가해자의 위치성(?)"과 다르다는 변호도 동반된다. 쉽게 말하면 저들이 하는 폭력은 나쁜

폭력, 우리와 함께하는 폭력은 좋은 폭력이라는 논리의 지적인 표현이다.

한편 위의 논자가 주장하는 바대로 공포와 혐오를 활용한 최근의 페미니즘 담론이 "새로운 일상과 새로운 관계 양식을 모색하기 위한 행위자로서의 주체화 과정"으로 이어진다면 그것은 더할 나위 없이 좋은 일이다. 그러한 주체화 과정에서 비롯된 '새로운 일상과 새로운 관계 양식'의 구체적인 사례가 있다면 좋겠지만 논문에는 이렇다 할 언급은 없다. 언급이 없는 이유는 사실은 그런 사례가 존재하지 않기 때문이다.

이처럼 메갈리아 문제에 접근하는 다수의 여성주의자들은 혐오발언을 일종의 정치적 도구나 무기로 사고하는 맹점을 갖고 있다. 마치 여성에 의해 사용되기만 한다면 그것은 무해한 저항의 수단이 될 수 있다는 듯이 말이다. 이러한 사고를 대변하는 대표적인 저서가 『우리에게는 언어가 필요하다: 입이 트이는 페미니즘』이다. 그러나 실제로는 『혐오의 미러링』에서 분석했듯이 혐오발언을 정치적으로 도구화하는 행위는 정치적 "주체화"를 낳기는커녕 집단 양극화 속에서 대규모의 도덕적·심리적 퇴행을 낳았다. 혐오발언의 양상도 단순히 남녀대립으로 끝나는 것이 아니라, 그 내부에서 어린이, 노인, 장애인, 빈곤 남성에 대한 혐오와 폭언으로 이어졌다. 이것이 메갈리아 식 혐오발언 캠페인이 남긴 "새로운 일상과 새로운 관계양식"의 실상이라는 것은 『혐오의 미러링』에서 주지한 바 그대로이다. 이렇듯 공포와 혐오를 자극하는 정치담론은 '정치적 주체화'가 아니라, 서로의 말꼬리를 잡으며 '너도 때렸으니 나도 때리겠다'는 아이들의 싸움을 성인들의 세계에 옮겨 놓는다. 오히려, 우리는 혐오와 공포가 정치생활 내지는 정치적 주체화의 토대가 될 수 있다는 관념 자체를 의심할 필요가 있다.

여성주의자들이 취사선택된 통계자료나 왜곡·과장된 사실로 대중을 겁에 질리게 하는 표면적인 이유는 각종 차별이나 범죄문제에 대한 관심을 환기하기 위해서이다. 관심을 환기시키는 것은 그 자체로 나쁜 일이 아니다. 그러나 문제는 그런 (아마도) 좋은 취지에도 불구하고 이슈를 제기하는 방식과 대중을 동원하는 방식에서 정치적·도덕적·심리적 퇴행을 불러일으키는 경우가 다수 관찰된다는 점이다. 이미 미국 대선의 사례에서 보았듯이 정체성의 정치의 폭주는 대립하는 진영 양자의 퇴행을 낳았다. 또한 미디어와 SNS를 통해 각종 정체성을 둘러싼 대립구도가 양산되었지만 이러한 정체성 간의 대립은 보다 심층에 자리 잡은 경제적 불평등과 기성정치 전체에 대한 불만 등 '사회적 갈등'의 또 다른 축을 대표하는 데 실패했다. 미국의 여성주의 정치철학자인 낸시 프레이저 역시 1990년대 세계화의 조류에 휩쓸린 이후 페미니즘은 '정체성의 정치'로 대표되는 문화운동을 지향하며 신자유주의와 타협하게 되었다고 지적한다.[55] 특히 이러한 정체성의 정치와 문화적인 인정투쟁에 의존하는 진보운동이 신자유주의 시기 분배정의의 문제를 완전히 놓아 버린 것은 엄청난 불행이었다고 회고한다.

프랭크 푸레디가 말하는 공포정치

공포·혐오·낙인을 정치적 수단으로 활용하는 데서 발생하는 문제들은 최근 미국 대선 이전에도 여러 논자들에 의해 다뤄졌다. 헝가리 출신 영국 사회학자인 프랭크 푸레디는 90년대부터 대중을 결집하기 위해 공포심을 조장하는 정치를 '공포정치'라고 명명한다. 그는 공포정치라는 것이 이제는 진보와 보수, 좌파와 우파 모두가 활용하는 정치담론이라는 사실에 주목한다. 공포는 이제 정치의 보편문법이다.

"공포는 이제 일반적 주장 속에서도 흔히 발견되는 표현 수단
이 되었다. 정치인들이 범죄 그리고 법과 질서에 대한 불안을 불러
일으킴으로써 공중의 관심을 끄는 데 몰두하는 것 못지않게, 건강
운동가, 환경주의자, 시민 단체도 자신들의 어젠다를 추구하기 위
해 겁주는 이야기들을 사용한다."[56]

공포정치가 보편화됨으로써 좌파와 우파의 의미도 변하게 된다. 전통적으로 좌파는 평등을 위한 사회변화 프로그램 및 운동을 지지하고 우파 역시 전통적인 가치의 보존을 위한 대중운동과 실천에 호소해왔다. 하지만 지금의 좌파와 우파는 서로가 무엇에 대해 겁에 질렸는지로 정의되고 구분된다.

"모든 진영에서 공포정치를 조장하고 있다. 그들이 우려하는 표적은 다를 수도 있다. 일부는 노상 범죄의 증가에 대해 걱정하는 반면, 다른 사람들은 아이들이 직면한 다양한 학대에 사로잡혀 있다. 우파는 테러리즘의 위협에 대해 우려하고, 좌파는 몇몇 임박한 환경 재해에 대해 걱정한다. 그들이 무엇을 어떻게 두려워하는가가 정치인들을 분할하는 것으로 보인다."[57]

푸레디는 '어떤 미래를 만들고 싶은가'에 방점이 찍힌 정치가 아니라, '어떤 미래의 위험이 닥쳐올 것인가'에 대한 두려움에 방점이 찍힌 정치가 좌파와 우파 모두의 퇴행을 낳는다고 우려한다. 공포정치는 사회변화를 위한 대중의 에너지를 활용하는 정치가 아니다. 그것은 사회변화에 대한 두려움을 자극하는 정치이다. 저자는 그럼에도 불구하고 공포를 사회적 연대와 도덕적 쇄신을 뒷받침할 상당한 잠재력을 지니는 것으로 간주하는 잘못된 경향이 문화 엘리트와 정치 엘리트 내부에 강력하게 존재한다는 사실을 지적한다. 사람들을 각성시키는 효과가 있다면 공포와 패닉을 조장해도 좋다는 공포 긍정론인 셈이다. 이것은 비단 한국만의 문제는 아니다. 선진국에서도 정치 엘리트와 관료 집단 그리고 언론이 이를테면 미혼모 문제, 범죄문제, 테러문제, 유전자 식품 문제, 기후변화에 대한 공포 등등 다양한 분야에 대한 공포를 확산시킴으로써 사회를 단합시킬 수 있다는 기대를 갖고 있다. 그러나 그것이 실제로 확산시키는 것은 무기력감과 순응주의 그리고 냉소주의이다.

> "오늘날 공포 정치의 목적은 다른 모든 면에서는 (대중으로부터) 단절된 엘리트들 사이에서 합의를 이루어내고 단합의 수단을 구축하는 것이다. 그러나 공포 유발자의 의도가 무엇이든 간에 그것의 주요한 결과는 그것이 대안이 없다는 관념을 강화한다는 것이다."[58]

또한 이렇게 공포 정치가 보편적인 정치적 문법으로 자리 잡은 결과 사람들은 패닉 모드에 빠지지 않고서는 그 어떤 사회적 문제도 논의할 수 없게 된다. 정치는 단지 희화화된 형태의 패닉 속에서만 활기를 띠는 것으로 보인다. 패닉 상태 속에서 활기를 띠는 정치문화는 공론장을 왜곡시킬 뿐만 아니라 정치적 참여의 의미마저 변질시킨다. 특히 공론장의 왜곡은 선의의 거짓말이라는 형태를 취한다. 예컨대, "공포가 정치화되는 동시에 정상화되는 문화적 분위기 속에서 의식고양에 전념하는 운동가들은 다지 과장하는 것만이 아니라 자신들이 '선의의 거짓말'이라고 생각하는 것을 의식적으로 조장한다."[59] 강남역 살인사건이나 광우병 괴담의 경우에서처럼 사실관계가 왜곡된 주장들마저 선의로 해석되고 별 다른 견제를 받지 않는다. 또 다른 예를 들자면 과거 여성가족부에서 '자녀 중 93.5%는 지난 한 달간 아버지와 영화도 한번 안 봤다'는 내용의 보도자료를 냈다. 부성(父性)을 방기하는 관행에 대한 사회적 경각심을 불러일으키는 취지였다. 그러나 실제로는 아버지가 아닌 '부모와 한 달 간 영화를 한 번도 안 봤다'라는 설문 내용을 왜곡한 것이었다. 이 사실을 지적받자 이에 대해 해당 관계자는 "아버지의 소홀함을 부각시켜야 가정에서 활동하는 시간이 늘어나기 때문에 설문내용을 왜곡했다"고 해명한 바 있다.[60] 이것이 선의의 거짓말의 완벽한 사례이다.

다음으로, 공포정치는 참여의 주체인 시민들을 무력하고 보호받아야 할 일종의 유아로 취급하는 경향이 있다. "시민들을 취약한 아이들로 취급하는 것은 공포 정치의 진술되지 않은 가정이다."[61] 그런 분위기 속에서 국가는 점점 일상생활 속의 다양한 분야에 치료요법과 상담사 그리고 보모 내지는 선생님의 형태로 개입하기 시작한다. 부드러운 형태의 경찰국가인 셈이다. 또한 이러한 사회 속에서 시민들은 점차 자신들을 참여를 통해 무언가를 변화시키는 주체로 보기보다는 보호받아야 할 대상으로 생각하기 시작한다.

"정부는 계속해서 국민들의 식생활, 건강, 성생활, 양육 전략, 알코올 소비, 타인에 대한 태도와 행동을 대상으로 하는 캠페인을 실시하고 있다. 개인의 생활양식의 정치화는 공적 생활의 탈정치화에 반비례한다. 그 결과 공공 정책 패러다임은 책임 있는 시민들을 지원하는 것에서 그들을 마치 생물학적으로 성숙한 아이들인 것처럼 다루는 쪽으로 이동해왔다. (중략) 그것은 사람들을 수혜자나 환자 또는 지원을 필요로 하는 취약한 개인으로 유아화하는 모델에 길을 내 주었다."[62]

한편 이러한 시민의 수동성과 유아화는 정치참여와 정치행동의 의미 자체를 변질시킨다. 즉 정치참여와 정치행동 자체도 유아화되는 것이다. 이와 관련해서 영미식 급진주의 여성운동을 비판했던 프랑스의 여성주의자 엘리자베트 바댕테르는 공포를 확산시키기 위해 여성 대상의 범죄통계를 왜곡하는 관행(이것은 해외에서도 오랜 관행이었다)에 대해서 다음과 같이 꼬집고 있다.

"이런 식으로 통계 수치를 부풀려 가면서 여성운동을 진행하다 보니 결과적으로 '여성은 피해자, 남성은 가해자'라는 생각을 일반화시키게 되었다. 드워킨이나 매키넌처럼 극단까지 가지 않더라도 결국 여성은 점차적으로 '아동'과 같은 사회 신분으로 떨어지게 된다. 연약하고 무력한 어린아이. 프로이드가 '다형 도착자'라고 정의하기 이전의 순수한 아동의 신분이다. 저항할 힘이 전혀 없는 아동, 성인에 의해 학대받는 아동. 영원한 미성년자인 여성은 자신을 보호하기 위해 집안의 남자들을 불러대는—옛날의 가부장적 시대의—상투적인 개념으로 되돌아온다. 그러나 옛날과는 달리 그녀들을 보호할 남자는 이제 없다. (중략) 모든 남성들은 의심할 여지가 있고 그들의 폭력은 도처에 산재해 있다. 아동이 부모에게 보호를 요청하듯이, 아동과 같은 신분을 갖게 된 여성은 국가와 법에 호소해야 한다."[63]

공포정치를 활용해온 여성운동이 결국은 시민의 일상생활에 대한 국가의 치안적 통제와 개입을 늘리는 방향으로 귀결되었다는 것이다. 가부장제가 사라진 곳에서 역설적으로 상징적 부성(父性)이 국가개입의 형태로 부활한다. 진보정당인 정의당의 19대 대선후보 주자였던 심상정은 폭력 전과가 있는 남성의 전과 기록을 교제상대에게 공개한다는 골자의 이른바 '클레어법' 법안을 공약으로 내세운 적이 있다. 이 법안의 이름은 남자친구로부터의 데이트 폭력에 의해 살해당한 영국의 클레어라는 여성의 이름에서 따온 것이다. 이 법안이 (구체적인 내용 없이) 공약으로 발표되자 사적인 교제영역의 사인에게 신상정보를 당사자의 허락 없이 공개한다는 것과, 개과천선한 전과자에 대한 낙인효과에 대한 우려도 논란거리가 되었지만, 그보다 더 중요한 것은 그것이 잘못된 접근방법이었다는 것이다(출처: 《한국인권뉴스》, 「엇나간 여성정책 '심상정 공약 클레어법' 철회를 요구한다」, 2017.03.07). 정작 법안의 시발점이 되었던, 남자친구에게 살해당한 클레어라는 여성은 남자친구의 폭력 전과를 '몰랐기' 때문에 살해당한 것이 아니었다. 그는 교제 과정에서 남자친구의 폭력성을 이미 인지하고 있었다. 그가 살해당한 진정한 이유는 남자친구의 폭력에 대한 신고를 경찰이 제대로 접수하지 않았기 때문이었다. 그렇기 때문에 오히려 당시 영국의 관련 여성지원

단체 다수가 클레어 법안에 반대했고, 데이트폭력에 대한 경찰 핫라인 설치 등을 대안으로 내세웠음에도 불구하고 당시 영국 보수당 정권이 사회통제 강화를 목적으로 클레어의 희생을 이용했다. 그랬던 것이 한국에서는 마치 '진보적'인 법안인 것인 양 호도되었던 것이다. 게다가 클레어법은 '상대의 폭력전과를 알면 교제상대를 떠난다'는 잘못된 전제 위에 서 있으며, 상대의 전과를 알고 있는 상황에서 폭력을 당한 여성에게 오히려 책임을 전가하게 만든다는 지적을 받았다.[64] 이 법안이 진보정당 내에서도 논란이 된 이후 본격적인 대선국면에서 심상정은 이 법안을 공개적으로 언급하지 않았다.

나의 기분을 보호해 달라!

한편 공포정치가 부추기는 정치적 유아화는 공론장의 논의 양상도 변질시킨다. 예를 들어 요사이 공론장에서 자신의 의견을 말한다는 것은 정치사회에 영향력을 행사하거나 권력을 소유하는 능력과는 거의 관계가 없다. 그것은 그저 화를 푸는 치료요법을 실행하는 것과 다르지 않다. 실제로도 지난날 강남역 살인사건 당시 강남역 인근에 모여서 항의한 남녀의 요점은 무언가 사회적 변화를 이끌어낸다든가, 문제를 해결해야 한다는 것이 아니었다. 그 대상과 정체가 모호한 '여성혐오'를 사회적으로 인정하고 반성하라는 것이었다. 돌려 말하자면 자신들은 화가 났으니 자신의 화를 누군가가 풀어줘야 한다는 것이 메시지의 핵심이었다. 이것은 자신의 상처 입은 감정에 대한 일종의 대규모의 치료요법을 국가와 사회가 실행해달라는 요구와 다르지 않다. 이러한 요구들은 '집합적 불만을 치료요법을 통해 고칠 수 있는 문제'로 취급하는 전문가와 기술관료적 형태의 개입만 늘리는 결과에 그치곤 했다.[65]

이처럼 감정의 훼손 자체로부터 자신을 보호해 달라는 형태의 집단적 요구가 오늘날 점증하고 있다. 그런 의미에서 오늘날의 정치적 항의행동은 자주 별 내용이 없는 '사과', '보상', '인정', '확약' 등 일련의 상징적 제스처에 대한 요구라는 형태를 띤다. 넷상의 PC(Political Correctness)주의자들과 과열된 논쟁을 할 때 걸핏하면 피해자처럼 굴면서 (자신에게 무례하게 군것에 대해) '사과하라'는 요구에 직면하게 되는 것도 전형적인 사례이다. 이러한 반응은 자주 공익 지향적인 시민참여보다는 각성된 소비자의 반응과 유사하다. 과거 여성시대라는 수십만 규모의 여성회원을 보유한 인터넷 커뮤니티에서 여성혐오 혐의가 있는 기업 블랙리스트가 올라온 적이 있다. 남양유업과 같이 과거 여성 직원들을 홀대한 일리 있는 사례들도 있지만 문제는 그 리스트가 너무 길다는 것이다. 다 합치면 173개 기업이 여성혐오 기업 리스트에 올라갔다. 이를테면 '집에서 애교 많은 딸이며 밖에서는 닮고 싶은 선배인 당신, 혼자 있기 아까운 당신'이라는 결혼정보업체 듀오의 광고도 여성혐오라는 식이다. 또한 로타라는 평소 자신들이 싫어하는 사진작가와 피규어 상품을 콜라보 했다는 이유 하나만으로 굴리굴리라는 회사도 여성혐오 기업 리스트에 올라갔다.

이처럼 집합적 행동을 통해 정치사회에 영향력을 행사하고, 변화를 만들어내고, 문제를 해결해 나가는, 공적 생활의 실질적인 내용이 없어짐에 따라 사적·개인적인 관심사가 공적 영역으로 투영되었다. 그 결과 한때 이데올로기적 차이가 불러일으키던 열정들이 이제는 개인의 무례한 짓, 사적인 문제, 퍼스널리티 갈등에 의해 유발될 가능성이 훨씬 더 커졌다.[66] 일례로 페이스북에서는 '오이를 싫어하는 사람들의 모임'이 결성되자, 이것이 이유 없는 혐오문화의 연장선상에 있다는 꽤 진지한 비판이 일어난 적이 있다.

이처럼 정치적 올바름이란 결국 타인(ex 오이를 좋아하는 사람의)의 기분을 상하게 해서는 안 된다는 일련의 금기들로 이뤄져 있다. 그리고 이러한 금기에서 기반한 사상

'오이를 싫어하는 사람들의 모임'
난 이 페이지의 이름과 그 안에서의 발언들을 경계할 수 밖에 없다.
2017년 03월 29일 · 10:56 오후

뭐랄까, '대상에 대한 이유없는 혐오'를 정당화하는 것 같다. 오이는 죄가 없다. 그런데 오이는 저 페이지에서 '혐오받아 마땅한 대상'으로 소비되고 있다.

세상에 '혐오받아 마땅한 대상'은 없다. 그리고 생각해보면, 사람들은 그 혐오논리를 다른 대상에게도 적용시킨다. '비둘기', '벌레', 더 나아가 '성노동자', '장애인', '퀴어' 등 소수자 및 약자까지.

▲ '오이를 싫어하는 사람들의 모임'이 혐오문화의 연장선상에 있다는 주장(출처: 트위터)

단속이 정치적 올바름 논쟁의 내용 대부분을 차지하고 있다. 이러한 경향은 특히 영미권 국가들에서 거의 병적일 정도로 심했는데 그러한 경향이 우리나라에서도 나타나고 있다. 프랭크 푸레디에 따르면 이것이 가져오는 폐단은 분명하다.

"감정 관리는 정치적 옳음의 분위기를 조장한다. 이를테면 인간의 증오를 하나의 범죄로 전환시키는 것은 사상의 자유로운 교환 또는 충돌에 비우호적인 환경을 구축하는 데 기여한다."[67]

04.
SNS와 인터넷 커뮤니티는
왜 젠더혐오 발언에 취약할까?

SNS와 인터넷 커뮤니티의 특성: 또래압력의 공간

앞서 미국 대선이나 강남역 살인사건에 대한 선정적 보도의 사례들에서 충분히 본 것처럼 일부 언론 및 관련기관은 '선의에 입각해서' 통계와 사실을 부풀리고 왜곡해서 특정 계층의 혐오감과 공포심을 비현실적인 수준으로 끌어올리곤 한다. 그런데 이로 인해 조장되는 공포가 확대재생산되는 또 하나의 경로는 SNS와 인터넷 커뮤니티이다. 미디어와 일부 정치집단에 의해 제조된 공포는 이미 본 것처럼 인터넷을 통해 광범위한 심리적 패닉을 동반한다.

SNS를 통해 여러 가지 신드롬을 낳았던 강남역 사건 시위 당시에도 시위현장이 시위참여자들 간의 욕설과 폭력으로 얼룩지는가 하면, 성 대립 발언의 자제를 부탁한 유가족에 대한 욕설과 비난이 쏟아지는 일이 일어났다. 공포심이 확산된 결과 대규모의 심리적·도덕적 퇴행이 일어난 것이다.

또한 강남역 살인사건이 이슈화되던 당시 SNS에서 '운이 좋아 살아남았다', '우연히 살아남았다' 혹은 '살여(女)주세요'라는 구호가 광범위하게 퍼졌다. 이 과정에서 밤길에 모종의 괴한이 한 여성에게 '운이 좋은 줄 알라'는 메시지를 남기고 갔다는 등의 도시전설에 가까운 경험담이 공유되며 파문을 낳았다. 심지어 한국여성민우회도 이와 같

▲ 강남역 살인사건 당시 트위터에 퍼진 도시괴담과 이를 인용한 여성민우회의 트윗(출처: 트위터)

은 괴담을 리트윗하면서 파문에 동참한 바 있다.

　물론 SNS에서는 이 같은 경험담의 진실 여부가 중요하지는 않다. 한 번 패닉이 휩쓸고 지나간 이후에는 자신의 공포심을 반영하는 그릇이 된다면 사람들은 픽션이든 논픽션이든 그 무엇이든 개의치 않기 때문이다. 2008년 당시 광우병이 전염병처럼 광범위하게 확산되는 종류의 질병이라는 괴담의 경우처럼, 이미 한 번 퍼진 공포스러운 서사와 메시지는 이후 어떤 사실관계에 대한 정정에도 불구하고 자기 강화의 경로에 진입한다. 특히 SNS는 이러한 공포의 자기강화 메커니즘에 매우 취약한 구조이다.

　여기서 SNS와 인터넷 커뮤니티 자체의 특성을 살펴볼 필요가 있다. SNS는 현실에서 경험하기 힘든 대안적인 또래집단을 형성하는 공간이다. 또한 SNS와 인터넷 커뮤니티는 현실사회에서 행사되는 위계적이고 수직적인 관계의 압력과 다른 형태의, 수평적인 또래압력이 행사되는 공간이 된다. 물론 이러한 또래압력에는 여러 가지 긍정적인 측면들이 있다(『또래압력이 세상을 어떻게 치유하는가』, 2013). 또래 간의 선망과 질투라는 감정이 자기계발에서부터 대중운동까지 다양한 차원에서 동기부여의 수단이 되기 때문이다. 또한 또래집단은 현실의 위계질서 아래 억압된 여론을 분출시키는 공간이 되기도 한다. 반면 또래집단에는 또래집단 나름의 명암이 있다. 또래집단에는 위계적인 질서에서와 전혀 다른 형태의 폭력성이 분출하기 때문이다.

　여성주의 정신분석가인 줄리엣 미첼은 가정과 학교 등에서 나타나는 동기간의 질투심과 증오 그리고 선망이라는 감정이 인간의 발달 과정에 커다란 영향을 미치지만 전통적인 정신분석학은 동기간에 발생하는 심리적 문제들을 간과하고 주로 부모와 자식 간의 콤플렉스만을 다루었다고 지적한다(『동기간』, 2016). 또한 또래집단 사이에서는 수직적이고 위계적인 관계(이를테면 사장과 종업원, 교수와 학생 사이)에서 발생하는 폭력과 다른 '왕따'나 '조리돌림' 그리고 '인신 공양'이라는 형태의 수평적 폭력이 발생한다. 우리가 폭력의 문제를 바라볼 때 수평적 패러다임이 필요한 상황이 많다는 것을 탁월하게 묘사한 예술작품의 사례로는 문학작품의 경우 『파리대왕』이나 『우리들의 일그러진 영웅』이 있고 영화로는 〈파수꾼〉 그리고 애니메이션으로는 〈돼지의 왕〉 등이 있다.

수평적 폭력의 대표적인 사례 중 하나로서 모 커뮤니티에서는 다음과 같은 패턴이 관찰되었다. 운영자(ex 대빵)를 중심으로 한 친목 집단이 형성되면 그 의견에 반하거나 분위기를 흐리는 유저에게 가혹한 비난이 쏟아진다. 그리고 비난이 쏟아진 끝에 해당 유저를 쫓아내는 인신공양이 반복된다. 이러한 형태의 폭력 내지 희생제의는 또래집단 간에 형성된 동질적 정체성에 대한 애착을 재확인하고 공고히 하는 행위이기도 하다. 또 다른 예를 들자면 2016년 7월 일부 웹툰 작가들 사이에서의 메갈리아 옹호 발언이 논란이 되자, 한 웹툰 작가 지망생이 작가들을 비판한 독자들을 두둔하는 발언을 했다. 그러자 트위터상에서 그에 대한 험한 욕설과 인신공격이 쏟아졌고 결국 이를 견디다 못한 지망생은 트위터 계정을 닫고 말았다. 이처럼 SNS와 인터넷 커뮤니티는 자기 내부의 동질성과 분위기를 흐리는 침입자를 견디지 못하는 특성을 보인다.

메갈리아의 혐오발언은 어떻게 수용되었는가?

한편 메갈리아에서 생성된 남성혐오 발언들은 트위터와 일부 인터넷 여초커뮤니티 사이에서 광범위하게 수용됐다. 필자는 메갈리아 신드롬을 분석한 책『혐오의 미러링』(2016)에서는 메갈리아·워마드 자체에서 젠더혐오 발언이 확대 재생산된 과정에 집중했기 때문에 메갈리아의 젠더혐오 발언이 바깥의 SNS와 다른 인터넷 커뮤니티에 어떻게 수용되었는지에 대해서는 상대적으로 분석을 소홀히 했다. 그렇다면 메갈리아의 젠더혐오 발언은 어떻게 그 바깥의 커뮤니티에도 수용된 것일까? 우선 그들의 혐오발언은 한 마디로 SNS와 커뮤니티 내에서 또래집단의 정체성과 일체감을 공고히 하는 행위라고 할 수 있다.

사실 SNS와 커뮤니티 일각에서 '한남충'이나 '재기해' 같은 유행어가 소비된 양상도 앞서 언급한 또래집단 내의 조리돌림과 인신공양의 메커니즘과 궤를 같이한다. 가령 SNS에서 유저들이 조리돌림에 집착하는 이유는 또래집단의 일체감과 정체성을 위협하는 외부인에 대한 공포심과 적대감 때문이다. 지금도 트위터를 들여다보면 출처를 알 수 없는 온갖 도시괴담을 공유하고 이와 관련한 자신의 과장된 썰을 풀며 영문을 알 수 없는 분노를 폭발시키면서 '한남' 운운하는 유저들을 흔히 볼 수 있다. 이들 전부가 메갈리아나 워마드 코어(core) 유저였다고 볼 수 없다. 여기서 주목해야 하는 것은 그 행동 자체가 전달하는 메시지이다. 그들은 그러한 용어를 쓴다는 사실 자체를 또래집단 내외에 '과시'하고 있는 것이다. 또래집단 내에서 두드러지고자 하는 욕구와, 그 바깥을 향해서도 센 척을 하고 싶은 욕구가 결합되어 있다고 할 수 있다.

그렇다면 그들이 메갈리아·워마드의 유행어를 과시하는 것을 통해 무엇을 보여주고 싶은 것일까? 그것은 자신의 세계와 인간관계를 위협하는 외부인에게 던지는 "나는 이렇게 과격한 사람이니 나를 함부로 무시하지 말라"라는 무언의 메시지이자 또래집단 내에서 통용되는 특유의 허세이기도 하다. 어떤 측면에서는 그런 심리를 이해할 수 있다. 왜냐하면 한국사회에서 학벌·스펙·취업경쟁에 시달리는 젊은 여성과 남성이 자신이 기성사회로부터 무시당했다는 감정과 모멸감을 느끼는 경험은 굉장히 흔하기 때문이다. 이처럼 기성세대와 기성사회로부터 무시당하기 싫다는 것은 지금 젊은이들이 공유하는 보편적인 감정이다. 이자혜 작가의 웹툰「미지의 세계」에서 잘 묘사되어 있듯이 이들 중 일부는 그러한 감정을 해소하기 위한 출구를 SNS와 인터넷 커뮤니티의 인간관계에서 찾아낸다. 그 결과 현실의 인간관계가 아닌 SNS의 관계에 몰입하는 중독자들이 양산된다. 그리고 이들 사이에서는 불특정다수에 대한 피해의식과 공격성향이 마치 전염병처럼 유행한다. 또한『혐오의 미러링』에서도 이미 지적한 사항이지만, 남녀가 온오프라인에서 공유할 수 있는 또래문화의 자원이 부족한 실정도 젊은이들의 커뮤니티가 폭주하고 극단화되는 경향에 한 몫을 한다.

앞서 보았듯이 SNS와 인터넷 커뮤니티는 연령을 중심으로 한 위계질서로 가득 찬 갑갑한 현실 속에서 나름의 대안적인 또래문화를 형성한다. 거기서 유저들은 또래집단 고유의 정체성과 일체감을 만들어 나간다. 그리고 한번 동질적인 또래집단으로 묶인 유저들 사이에서는 폭발적인 이슈 확산력이 발생하는 동시에 한정된 관심사와 자신들만 이해할 수 있는 특정 양식의 커뮤니케이션에 강박적으로 몰입하는 자폐적인 "섬-우주"가 형성되기도 한다.[68] 인터넷 공간의 이러한 양면성을 무시하는 경우 연구자들은 매우 많은 것을 놓치게 된다.

메갈리아·워마드 신드롬으로 돌아가 보자. 이들 유저들은 흔히 ('쿵쾅쿵쾅'이라든가 '족발'이라는 외모비하 발언에서처럼) 외모 콤플렉스를 가진 여성-루저들이라고 희화화되곤 한다. 하지만 이는 현상의 전부를 설명해주지 않는다. 젠더혐오 발언은 외모나 평소의 심리적 콤플렉스와 관련될 수 있겠지만 그 무엇보다 SNS와 커뮤니티의 소통방식에 강박되어 있는 남녀 중독자 모두에게 전염성을 지닌 병증이다. 이들은 그 내부의 세계와 소통방식에 위협이 되는 존재에 대해서는 극단적인 공격성을 표출하며 오직 그러한 공격성을 통해서만 자신들의 관심사와 이슈를 확산시킬 수 있다. 예컨대 일베와 메갈리아 신드롬은 넷공간에서 또래경험의 대체재를 찾아 나서는 인터넷 커뮤니티 유저들의 심리적 맹점을 파고들었다. 더군다나 교육적 관점에서 보면, 청소년 또래집단 사이에서 공식적 담론(교과서와 교사 그리고 학계 및 언론)의 권위가 먹히지 않는다는 새로운 현상에 주목할 필요가 있다. 일부 청소년들은 외부의 권위자보다는 자기 또래집단 내부에서 생성되고 유통되는 정보와 담론을 더 신뢰하는 경향을 보인다. 그리고 그 아이들은 어른이 되고 나서도 자신의 커뮤니티 외부의 정보를 받아들이는데 미숙한 상태에 머물러 있곤 한다. 다른 한편으로는 이러한 또래문화의 변질과 이에 개입하지 못하는 교육의 실패가 바로 일베와 그 이후 출현한 메갈과 같은 반사회적 극단주의를 지탱하는 저변이 된다. 극단주의 집단에 접근할 때, 이러한 또래문화의 측면을 생략한 모든 분석은 공허하다.

이러한 넷-공론장의 양면성(외부를 향한 극단적인 공격성과 내부를 향한 극단적인 자폐성)은 우리가 종래 이해하고 있던 '타자와 적극적으로 논의하며 같은 의사소통의 규칙을 모색해 나가는 공론장의 구조'(위르겐 하버마스)와 완전히 다르다. 특히 이러한 넷-공론장은 비단 한국뿐만 아니라 오늘날 글로벌한 차원에서 미디어가 조장한 공포에 기반을 둔 '정체성 정치'의 온실이 되고 있다. 문제는 그것이 실제의 사회적 문제를 적절하게 표상하는 데 실패하고 자신이 제대로 언어화하지 못하는 갈등을 자폐적이고 병적인 방식으로 발산하는 공간으로 점점 변질되어가고 있다는 점이다.

한편 인터넷 커뮤니티에서 출발한 각종 사회적·문화적 신드롬이 일어날 때마다 연구자와 언론은 관성적으로 '신선한 현상', '새로운 풀뿌리 민주주의' 등의 의미부여를 해왔다. 이것 역시 전형적인 정치적 올바름의 관점이다. SNS와 인터넷 커뮤니티에 대한 연구자들은 그 공간의 환경과 담론구조가 어떠한지에 대해서는 거의 관심을 두지 않았다. 그러므로 거기서 생겨난 폐단에 대해서도 제대로 이해하지 못하는 것이다. 정치와 넷공간에서 진보·보수 모두의 퇴행적인 발언과 행동이 관찰되는 오늘날, 정치적 올바름과 페미니즘 등의 이념은 인터넷과 일상에 만연한 혐오발언과 그 동전의 양면인 문화적 정체성을 둘러싼 과열된 인정투쟁의 연관성을 설명하지 못한다. 이처럼 인터넷의 젠더 혐오 양상은 페미니즘의 이념적 잣대로는 설명될 수 없는 측면이 너무 많다. 현대의 병증을 제대로 진단하기 위해서는 현실을 제대로 보지 못했던 기존의 이념적 시각 자체가 반성 되어야 한다.

3장

멈춰서 생각하기: 젠더이슈에 대한 팩트체크

Phobia Feminism

01.
로리타 컨셉은 정말로
아동성범죄를 부추기는가?

로리타 마녀사냥 바로 보기

과거 수지라는 연예인이 일명 '로리타 컨셉(소녀의 매력을 어필하는 문화적 코드)'을 연상시키는 일련의 화보 사진으로 인해 SNS와 일부 여초 사이트에서 '로리타=소아성애 논란'에 휩싸였다. 이 외에도 화보 중 일부가 퇴폐 이발소 및 성매매 업소를 연상시킨다는 주장도 제기되었다. 수지는 과거에 일베 유저들로부터도 지역 출신을 빌미 삼아 공격받은 일이 있었는데, 이번에는 이른바 로리타 컨셉으로 인해 인터넷상의 악플로 홍역을 치른 것이다.

이처럼 인터넷상에서 로리타 컨셉이 소아성애(페도필리아)와 아동

성범죄를 조장한다는 주장이 줄곧 제기되어왔다. 그리고 이런 논리로 일부 여성 연예인들이 마녀사냥의 표적이 되었다. 대표적인 인물이 아이유와 설리이다. 양갈래 머리를 한 아이유의 일부 화보가 어린 여자아이를 성적인 기호로 만든다는 논란에 휩싸였고 설리 역시 인스타그램에 소녀의 분위기를 연출한 몇 개의 사진이 로리타 컨셉을 연상시킨다는 시비에 휘말렸다. 아동을 성적으로 대상화한 것이 아니라는 아이유의 해명에도 불구하고 아이유의 경우는 지금도 일부 포탈사이트에서 집요한 악플에 시달리고 있다. 또한 수지가 생명나눔본부에 1억을 기부했다는 소식에 대해서도 모 여초 커뮤니티는 "사회적 약자들 아동을 성상품화 해놓고 그 돈으로 기부했으니 칭찬을 해달라는 거니?" 등과 같은 영문을 알 수 없는 비난을 쏟아냈다. 이처럼 이들에 대해서 소아성애와 아동성범죄를 조장하거나 정당화했다는 비난이 집요하게 이어지고 있으며 심지어 일부 언론 역시 이러한 비난을 두둔했다.

로리타 논란에 휩싸인 당사자들이 보인 반응은 저마다 다르다. 과거 스포츠 용품 및 의류업체인 휠라의 모델이 되었던 여성은 과거에 로리타 컨셉의 화보를 찍었다는 비난에 시달리다가 자신의 SNS 계정에 사과문을 올려야 했다. 한편 이희은 닷컴이라는 의류 쇼핑몰의 운영자는 로타라는 로리타(?) 컨셉의 화보를 즐겨 찍는 작가와 같이 작업하며 노출이 심한 사진을 찍었다는 비난을 네티즌들로부터 받자 다음과 같이 항변했다. "이런 사진들이 여자를 피해자로 만든다. 남자들을 성범죄자로 만든다. 같은 말 같지도 않은 개소리는 그만 좀 하란 말이에요.

성범죄자들을 만드는 것은 제 사진이 아니고 그네들의 잘못된 가치관과 제어되지 않은 이성. 교육의 결핍 등이에요. 아니, 미니스커트가 성범죄를 조장한다는 식의 쌍팔년도 구라논리를 그렇게 당당하게 설파하고 있어."

사실 이희은의 반박이 보통의 상식에 해당된다. 또한 여성의 옷차림과 패션이 성범죄와 관계가 없다는 주장은 그동안 여성주의자들이 줄곧 지적해왔던 사실이기도 하다. 그런데 유독 로리타 논란에서 그러한 사실은 망각된다. 전형적인 이중 잣대이기도 하다. 이처럼 기존의 상식을 간단히 부정하도록 만드는 기제는 비이성적 수준으로 치달은 공포와 혐오심이라는 감정이다.

한편 지금까지의 논란을 비춰볼 때, 이른바 '로리타 컨셉'이라는 것이 정확히 무엇인지도 불분명하다. 본래 로리타라는 단어는 나보코프의 『롤리타』라는 소설에서 유래된 것이다. 해당 작품은 만 12세 여성에게 정분을 품는 성인 남성 예술가의 이야기를 그리고 있다. 나아가 서브컬쳐의 맥락에서 '로리타 콤플렉스'란 사춘기 이전의 여성을 성애화한 2D 캐릭터에 대한 오타쿠 남성들의 집착을 가리키는 말이었다. 그러나 한국의 대중문화에서 일어나는 로리타 논란 대다수는 이러한 원래의 의미로부터 한참 일탈해 있다. 이처럼 한국의 로리타 논란은 정확한 정의 없이 개념을 창조해내고 낙인을 찍곤 하는 넷페미니즘의 전형적인 행태에 가깝다.

한편 로리타 컨셉이라고 비난을 받았던 이들의 케이스들을 조금만 자세히 들여다보면 그들이 성범죄를 조장하거나 아동성애를 조장

로리타 사과를 아이유가 언제했습니까? 젖병물고빨고 로리컨셉 다분한 앨범화보였나.. 로리타의 선두주자로 돈벌어놓고 피해는 어린아이들이 받겠죠. 자기가 뭐가 잘못됐었는지 아직도 모르는거 같은데요? 사과? 반성? 피드백이요?? 도대체 언제했나요. 제제관련한 그 기싸움하는듯한 표현과 해석의 자유 그거말고 도대체 로리 사과 언제했는지 있으면 제발 좀 보여주세요. 한때 아이유 진짜 좋아했던 사람으로써 제발 뭘 잘못했는지는 알고 음악활동했으면 좋겠네요.

삐빅 로리입니다

로리타 피드백도 하나도 없이 컴백이라니... 실망스럽다 진짜

로리로리로리유 해명좀

▲ 아이유의 로리타 논란에 대한 악플들(위)과 휠라 모델의 사과문(아래)
(출처: 네이트, 인스타그램)

했다는 주장은 처음부터 논리가 결여된 어처구니가 없는 비난일 뿐이다. 왜냐하면, 로리타 컨셉=소아성애라는 등식은 처음부터 성립하지 않기 때문이다. 하나씩 짚어보자.

오류 #1. 로리타 컨셉은 소아성애와 관계없다.

한국에서는 로리타라는 용어는 물론 소아성애라는 용어가 대중적으로 확산된 지 얼마 되지 않았으므로 이 개념상의 혼란이 극심하다. 이러한 혼란에 대해 교정의 책임이 있는 일부 언론조차도 일부 네티즌들의 무지한 주장을 비판 없이 받아 적는 것이 현실이다. 이처럼 논란이 되는 로리타 컨셉이 정확히 무엇을 의미하는지는 문제제기를 하는 사람들도 제대로 인지하지 못하고 있다. 하지만 적어도 소아성애에 대한 사전적 정의만큼은 분명하다. 위키피디아의 정의를 보자.

> "소아성애증(小兒性愛症, pedophilia, paedophilia)은 사춘기 이전의 아이에게 강렬한 성적 욕망을 느끼는 것을 말한다."

소아성애 혹은 페도필리아는 사춘기 이전의 아동으로 분류되는 사람에게 이상성욕을 느끼는 증세를 의미한다. 예를 들자면, 지난날 논란이 된 이른바 '실비 키우기'라는 일본의 미소녀연애시뮬레이션 게임은 가상의 아동을 대상으로 한 성적 묘사를 하고 있다는 점에서 페도필리아와 연관이 있다고 말할 수 있다.[69] 실제로 '실비 키우기'라는 게임은 아동 성학대를 묘사했다는 이유로 이를 배포하는 사이트가 폐쇄되고 관련자들이 법적인 처분을 받은 바 있다. 로리타 콤플렉스의 어원이 된 나보코프의 소설『롤리타』에서 나이 든 남자주인공이 욕정을 품는 만 12세의 소녀에 대한 묘사는 소아성애의 경계에 걸쳐있다고 할 수 있다. 한편 한국의 경우에는 만 13세 이상부터 당사자의 동의 아래 합법적인 성관계가 가능한 연령으로 간주된다.

반면 로리타 콤플렉스라는 용어를 파생시킨 원작 소설의 맥락을 넘어서 대중문화에서 공유되는 광의의 로리타 컨셉이라는 것은 대개 사춘기와 성인의 경계에 선 여성적 에로티시즘을 어필하는 형태로 나타났다. 최근 로리타 논란에 휘말린 작품이나 작가들이 묘사한 대상은 아동이 아니다. 논란에 휘말린 작품들은 영화 〈은교〉나 여고생 컨셉의 사진을 다수 찍은 '로타'의 사진작품의 경우처럼 성인이 사춘기 미성년자 연기를 하며 에로티시즘을 발산하는 작품들이다. 또한 애초에 미성년자 대상의 범죄를 묘사하는 것이 아닌 이상 이러한 작품들이 특별히 다른 성적 묘사나 성적 암시가 동반된 작품들보다 더 높은 수준의 비난을 받을 이유는 없다. 마찬가지로 논란이 되었던 아이유의 일부 〈Chat-Shire〉 관련 화보의 경우에는 성인 여성과 소녀의 경계를 연출하는 작품들이었다. 이것은 소아성애 혹은 페도필리아와 전혀 무관하다. 무려 사과까지 한 휠라 모델의 경우는 더 억울하다. "휠라의 운동화 광고 이미지는 성인 여성이 유아틱한 컨셉의 속옷을 입고 에로틱한 분위기를 연출한다"는 비난을 받았지만 실제 이미지는 여성 운동용 핫 팬츠였고 이것이 어떻게 해서 유아용 속옷을 연상시키는지 일반인으로서는 이해하기 힘들다.[70] 오히려 논란을 일으킨 쪽이 더 음란한 시선으로 모델을 바라보고 있었던 것은 아닐까.

결국 로리타 컨셉에 대한 문제제기란 '젊은 여성의 귀여움 내지는 사랑스러움'을 어필하는 일부 대중문화 컨텐츠에 대한 불편함을 표출하는 것이겠지만, 실제로는 '젊은 여성의 사랑스러움'이라는 캐릭터를 향유하는 여성들도 존재한다. 그뿐만 아니라 '프로젝트 101'에서처럼 30대 이상의 이모팬들이 어리고 귀여운 남성 아이돌 지망생들에 열광하는 현상도 존재한다. 만일 로리타 논란과 같은 잣대를 들이댄다면 이들도 '쇼타 콤플렉스'라고 말할 수 있다.

오류 #2. 미끄러운 경사길의 오류

로리타 컨셉을 문제시하는 측은 그것이 어린 여성에 대한 가부장적(?) 선호나 소녀에 대한 남성의 성적 착취를 부추기므로 비난받아야 하며, 이것에 동참하는 여성들도 예외가 아니라고 주장한다. 심지어 로리타 컨셉이 직접적으로 아동이나 소아를 묘사하는 것이 아니더라도 여고생이나 젊은 여대생 등 나이 어린 여성에 대한 성적 선호가 소아성애로 옮아갈 위험성이 있다는 주장도 넷상에서 진지(!)하게 제기되었다. 그러나 그들이 지적하는 로리타 컨셉은 페도필리아나 소아성애와 아무 상관이 없다. 만일 상관이 있다면 그것은 다음과 같은 일련의 논증을 필요로 한다. '어린 여성에 대한 선호'는 곧 '아동에 대한 소아성애'로 이어지고 그리고 심지어 '아동성범죄'로까지 이어진다는 것이다. 어린 여성 선호→소아성애→아동성범죄와 같은 논리적 비약을 흔히들 '미끄러운 경사길의 논증' 혹은 '미끄러운 언덕의 논증'이라고 부른다. 언덕에서 한번 미끄러지면 걷잡을 수 없는 결과를 초래한다는 주장이지만 이는 대부분 논증을 가장한 논리의 비약일 뿐이다. 실제로는 나이 어린 성인 여성을 선호하면 나이 어린 성인 여성을 좋아하는 데 그칠 뿐, 아동성애로 이어지지 않는다.

그럼에도 사회 전반과 문화에 대한 규제를 통해 예산을 타내고 사회적 영향력을 행사하는 검열 당국은 자신의 존재의의를 부각시키기 위해 이러한 이런 식의 논증을 좋아하는 경향이 있다. 특히 관련 규제 기관은 모든 일상의 행위들이 범죄로 이어질 소지가 있다는 이유를 내세워 일상생활을 끊임없이 검열하는 것을 선호한다. 그것이 자신들이 예산을 더 타내고 관료사회의 영향력을 유지하는 좋은 방법이기 때문이다. 오늘날 이미 관료사회와 의회권력에도 진출한 여성주의자도 이러한 규제당국의 논리에 즐겨 호소한다. 따라서 그들이 '포비아 페미니즘'의 강력한 우군이 되는 것은 이상한 일이 아니다.

한편 현실에서 아동성범죄를 저지르는 범죄자들이 모두 아동성애 경향을 가진 것은 아니라는 점도 인지할 필요가 있다. 실제 아동성범죄 사건 중에서는 소아성애 성향이 없음에도 아동을 상대로 성범죄를 저지르는 경우가 많기 때문이다. 정 반대로 아동성애 성향이 있다고 해서 반드시 아동성범죄를 저지르는 것도 아니다. BBC의 보도에 따르면 독일의 경우 3~5%의 성인남성이 소아성애 성향을 갖고 있지만 이를 일상에서 드러내지 않는다는 연구결과가 존재한다.[71] 아동성애 행위가 현실에서 범죄임을 알기 때문에 자신의 성향을 드러내지 않는 이들을 '도덕적 소아성애자'라고 부른다. 이처럼 소아성애 성향의 성인들이라고 해서 반드시 성범죄를 일삼는 것은 아니다. 일부 연구자들은 이들의 존재 자체를 범죄시할 것이 아니라 양지로 이끌어내서 치료를 받을 수 있도록 유도하는 것이 더 효과적인 방안이라고 말한다. 결국 아동 대상 범죄의 해결책은 아동에 대한 보호의 사각지대를 줄이고 아동의 복지에 대한 일상의 관심을 늘리는 것이다. 그러나 아동보호를 명목으로 로리타 논란을 일으키는 측이 관심을 갖는 것은 그런 사항이 아니다.

오류 #3. 남성의 시선에 대한 종속?

최근 반복되었던 여성 연예인 대상의 로리타=소아성애(?) 논란을 부추기는 측이 범하곤 하는 대표적인 오류 중 하나는 소녀다움을 어필하는 일부 작가들이나 연예인들이 어린 여성을 선호하는 가부장적 시선에 종속되어 있다는 주장이다. 그러나 실제로는 그런 주장을 하는 측이야말로 여성의 자기표현 욕구와 결부된 여성의 주체성을 부정하고 있다는 점에서 심각한 자기모순을 안고 있다. 아이유의 작품도, 설리의 인스타그램 사진도 그것이 훌륭하든 구리든, 외설적이든 아니든, 기본적으로 그들 자신의 자기표현 욕구에 기초한 것이다. 작품에 대해 비평할 수 있으나 그들의 자기표현 욕구 자체를 부정할 이유는 없다.

오히려 로리타=소아성애의 논리를 끌어들이며 전혀 범죄가 아닌 그들의 표현행위를 범죄시하는 측이야말로 여성에게 자기검열을 요구하고 있다. 대중문화의 로리타 컨셉과 직접적으로 관련은 없지만 단지 이름만 비슷하다는 이유로 '로리타 드레스'라는 문화적 코드에 대해서도 비슷한 자기검열의 압력이 행사된 적이 있다. 로리타 드레스 코드는 일본의 서브컬쳐에서 시작되었고 대개 19세기 이전의 서양의 복식에서 차용된 여성스러운 프릴과 레이스로 치장된 복장을 의미한다.

대중문화의 로리타 컨셉이 그 자체로 소아성애와 아동성범죄를 조장하는 것이라는 어리석은 주장은 서브컬쳐에 대한 무지에 힘입어 마찬가지로 로리타 드레스를 입는 여성에 대한 공격으로 이어졌다. 이들 역시 소아성애와 아동성범죄를 부추긴다면서 말이다. 그러나 로리타 드레스 자체는 남성들이 선호하는 복장도 아닐 뿐만 아니라 그 드레스를 입는 사람들 역시 다수가 성인 여성이다. 또한 로리타 컨셉의 작품이나 로리타 드레스에 노출된다고 원래부터 없었던 은밀한 아동성애 성향이 생기는 것도 아니다. 로리타 컨셉 화보든 로리타 드레스든 그것은 어떤 문화적 코드나 복장 코드를 여성 측에서 재해석해서

▲ 일본에서 유행하기 시작한 로리타 컨셉의 드레스 코드(출처: 허핑턴포스트코리아)

표현할 수 있다는 것을 보여주는 대표적인 사례일 뿐이다. 일부 여성들이 과거의 복식을 연상시키는 드레스를 입는 것은 남성에게 종속되고 싶어서가 아니라 그 드레스가 풍기는 시대적·문화적 정취를 즐기고 싶기 때문이다.

이처럼 어떤 문화적 코드든 그것을 향유하는 측에 의해서 얼마든지 재해석되고 재전유될 수 있음에도 불구하고 특정 문화적 코드를 그 자체로 범죄시하는 측은 경직적인 자기검열의 논리를 자신뿐만 아니라 타인에게 강요한다. 그리고 이러한 경직된 세계관이 넷상에서 이른바 '여성주의'의 이름으로 유포되고 있다는 것은 다양한 문화적 행위 주체성을 인정하던 여성주의의 원래 이론적·문화적 기반을 생각해 볼 때 매우 유감스럽고 또한 한심한 현상이다. 이 역시 지금까지 지적해왔던, 비현실적인 공포심을 부추겨왔던 포비아 페미니즘의 구체적 폐단이기도 하다. 비현실적인 공포심은 타인에 대한 극단적인 공격충동으로 변질된다. 실제로 아래와 같이 로리타 드레스를 즐겨 입는 여성에 대해 트위터상의 넷페미니스트들이 집단으로 공격하고 조리돌림 하는 일이 만연했다. 로리타 마녀사냥의 피해자는 연예인뿐만 아니라 평범한 일반인이 될 수 있다는 것을 보여주는 단적인 사례이다.

오류 #4. 아동보호를 위한 문제제기였다?

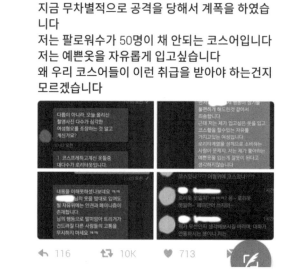

▲ 트위터상의 로리타 코스플레이어에 대한 사이버테러 피해를 호소하는 글
   (출처: 트위터)

로리타 논란의 대상이 된 여성 연예인과 유명인에 대한 악플과 사이버테러에서 문제가 되는 지점은 아무런 근거 없이 상대를 범죄자로 몰아가는 집단적인 군중심리이다. 가령 과거 수지의 화보를 그 외설성에 대한 문제제기의 차원을 넘어서 '소아성애'나 '아동성범죄'로까지 연결해서 악플을 달았더라면 그것은 충분히 고소를 당할만한 사안이다. 물론 이런 악플러들의 군중심리를 부추기는 유력한 용의자 중 하나는 문제해결보다는 공포심의 확산에서 자신의 존재의의를 찾는 포비아 페미니즘이다. 포비아 페미니즘은 공포와 혐오를 부추길뿐만 아니라 그 감정에 대한 (자기최면에 가까운) 자기정당화 기제를 탑재하고 있다. 예컨대 로리타 마녀사냥의 문제가 반복되는 근본적인 이유는 이러한 사이버테러가 자주 '공익'으로 포장되기 때문이다. 로리타 논란을 일으키는 측을 두둔하는 사람들은 이것이 공익적인 문제제기라고 말한다. 다소 과열양상을 보이는 측면은 있어도 아동의 인권보호라는 취지에서 출발한 논란이라는 것이다. 그러나 약자의 보호라는 잣대로 모든 행동이 정당화될 수 없다. 이와 관련해 SF 작가인 이서영은 로리타 드레스를 즐겨 입는 여성을 비난하는 세태에 다음과 같이 꼬집고 있다.

"엄마들에게는 아주 많은 폭력이 행해지죠. '엄마가 그래서 되겠니', '넌 엄마가 되어서 그것밖에 못하니', '그렇게 애를 키우면 어떡하니'. 그 모든 말들은 '약자'인 '아이'를 보호한다는 이유에서 발화됩니다. 그리고 세상에는 수많은 기준들이 있죠. 그런 말을 하는 건 적어도 페미니즘적이라고 불리진 않을 겁니다. '약자를 보호하기 위해서'라는 말이 전가의 보도가 아닙니다. 타인의 자유를 구속하는 망상적 피해를 만들어내지 마세요."[72]

사실 로리타 논란은 공익과 관련 없이 특정인에 대한 사소한 반감에서 출발한 집단적 위력과시와 마녀사냥을 단지 사후적으로 공익적인 행동인 양 포장한 것일 뿐이다. 그런데 더욱 큰 문제는 공익적 비판을 가장한 테러가 그 표면적 취지와 달리 실제로는 반지성적이고 반여성적인 태도를 보이고 있음에도 불구하고 여성단체들은 이런 문제를 심각하게 다루지 않는다는 점이다. 오히려 그들은 그러한 반지성적·반여성적 경향을 더 부추기고 있다. 왜냐하면 그들이 원하는 것은 사실의 전달과 문제의 해결이 아니라 공포심의 확산이기 때문이다. 그들이 원하는 것은 겁에 질린 시민들이다.

한국은 아동성범죄가 만연한 나라?

여성계가 어떻게 공포심을 조장하는지를 보여주는 다른 사례를 살펴보자. 《경향신문》은 지난 2012년 「한국의 아동성범죄 발생률 세계 4위」라는 자극적인 표제의 기사[73]를 내보낸 적이 있다. 이와 같은 헤드라인은 이후 흉흉한 아동성범죄 소식이 알려질 때마다 지속적으로 여러 커뮤니티에서 환기되곤 했다.

이 기사가 인용한 것은 여성가족부가 2010년에 발표한 「국내외 아동 성범죄 특성 분석 연구결과」였는데 실제로는 비교 대상이 된 국가가 5개 밖에 없었다. 정확히 말하면 한국의 아동성범죄 발생률은 이 5개국 중에서 4위였다는 것이다. 흥미롭게도 '로리' 캐릭터를 성상품화하는 서브컬쳐가 확산되어 있는 일본은 아동 10만 명 당 6.8건의 아동 성범죄 발생률을 보이며 5개국 중 꼴찌를 차지했다. 또한 해당 연구결과에 따르면 2008년 한국의 아동인구 대비 성범죄 발생비율(아동인구 10만 명당 발생건수)은 16.9건이었다. 이는 독일(115.2건), 영국(101.5건), 미국(59.4건)의 뒤를 이은 수치였다.[74] 수치를 제대로 살펴보면 우리나라는 비교대상이 된 선진국에 비해 크게는 7배에서 작게는 3.5배 더 적은 아동 성범죄 발생률을 보이고 있는 것이다.

한편 연구결과 상에서 우려할만한 내용은 아동 성범죄가 최근 들어 증가세를 보이고 있었다는 점이지만 그 정도로는 시민들을 겁에 질리게 할 수는 없다. 우리나라가 세계적으로 낮은 수준의 아동성범죄 발생률을 보이는 가운데 최근 아동성범죄가 증가추세를 보였다는 건조한 사실은 《경향신문》에 의해서 지금도 '우리나라가 전 세계 4위의 심각한 아동성범죄의 천국'이라는 공포스러운 메시지로 변환되었다. 이는 전형적인 포비아 페미니즘의 여론생성 방식이다.

또한 관련 연구결과를 인용 발표한 자리에서 곽금주 서울대 심리

- 각국 아동 성폭력범죄 발생 비교 분석 결과, 독일, 영국, 미국, 한국, 일본 순으로 발생 -

□ **전체적으로 볼 때, 우리나라의 아동대상 성폭력범죄 발생비**는 전체 인구 기준, 아동인구 기준 모두 5개국 중 4위로 아직까지는 **상대적으로 발생율이 낮은 수준**이었다.

○ 그러나 최근 우리나라만이 큰 폭의 증가추세를 보이고 있어(69.0%), 향후 국가별 발생비 수준에도 변화가 있을 수 있어 이에 대한 사회적 경각심을 유지할 필요가 있다고 분석되었다.

▲ 실제 연구보고서의 내용(출처: 여성가족부)

학 교수는 "음란물에 지속적으로 노출돼 웬만한 자극에 무감각해진 사람들에게는 어린아이들을 대상으로 한 포르노물이 큰 자극으로 다가온다 (중략) 자신이 본 음란물의 이미지가 머릿속에 계속 떠오르면 그들이 실제 행동으로 옮기기는 더 쉬워진다"고 덧붙였다. 이런 논리는 심지어 아동을 묘사한 것조차 아닌 성인의 화보사진과 뮤직비디오 그리고 셀카를 비난하는 근거로 차용되었다. 그러나 이것 역시 구체적인 근거를 결여한 주장일 뿐이다.

아동 대상의 포르노에 대한 문제제기는 그 자체로 정당하다. 또한 아동 대상의 음란물을 찍는 것은 그 자체로 범죄이다. 그러나 그와 별개로 이미 학계에서 포르노 시청이 실제 묘사 대상에 대한 성폭력으로 이어진다는 주장의 근거가 희박하다는 것이 여러 차례 지적되었다. 예컨대 2013년 Current Psychiatry에 실린 리뷰 논문에 따르면 포르노가 실질적으로 여성에 대한 적대감이나 범죄성향에 미치는 영향에 대한 연구근거가 부족하다는 것이 지적되었다.[75] 또한 같은 곳에서 성적 공격성과 포르노 사이의 인과관계는 긴밀하지 않으며 심지어 아동 음란물과 소아성범죄 사이의 유의한 정신과적 연관성 역시 결정적으로 밝혀진 바 없다는 사실이 지적되었다.

앞서 본 여가부가 주관한 「국내외 아동 성범죄 특성 분석 연구결과」에 따르면 성인이 아동 흉내를 내는 컨셉의 포르노와 로리 캐릭터를 성적으로 묘사한 애니메이션이 대중적으로 유통되는 일본의 경우 정작 5개국 중에서 아동 성범죄 발생률이 제일 낮았다. 가상의 묘사가 (그것을 찍는 배우에 대한 인권유린의 문제는 별개이지만) 수용자 측의 현실적인 성적 공격성으로 이어지는 것은 아니라는 또 하나의 사례로 볼 수 있는 것이다. 물론 아동을 가상세계에서라도 성적인 대상으로 묘사하는 것은 많은 사람들에게 역겨움을 불러일으킨다. 그러나 그와 별개로 그러한 묘사가 아동성범죄로 곧장 이어진다는 근거는 희박하다. 마찬가지로 성인이 출연한 포르노 역시 여성에 대한 성적 공격성으로 이어지지 않는다. 그럼에도 불구하고 문화 컨텐츠가 곧바로 현실의 범죄와 공격성으로 이어진다는, "포르노는 이론이고, 강간은 실천이다"식의 급진페미니즘의 주장이 사회 일각에서 별 다른 의심 없이 유포되곤 한다. 이러한 급진페미니즘의 과격한 주장은 역설적이게도 지극히 보수적인 관료적 개입과 통제를 옹호하는 구실로 이용되기도 한다. 이와 더불어 포르노와 무관한 성적 코드와 암시를 차용한 대중문화를 향유하는 인구의 많은 사람들마저 잠재적인 범죄자로 몰아가는 경향도 만연해 있다. 문제가 되는 현상과 대상을 제대로 구분하지 않고 싸잡아 비난하는 것을 즐기는 급진 페미니스트들의 난폭한 수사를 비춰볼 때 그런 종류의 주장을 펼치는 사람들이 평소 즐기는 문화 자체도 과연 건전한지는 매우 의심스럽다. 그들 방식의 '의심의 해석학'을 남용하자면 말이다.

02.
한국의 가사노동과
성별 임금격차에 숨겨진 진실

한국이 높은 수준의 남녀 임금격차를 보이는 이유

인터넷 커뮤니티에서 남녀임금 격차 통계는 남녀갈등의 오랜 떡밥(화제)이었다. 한국은 현재에도 명실상부한 OECD 1위의 남녀임금 격차를 기록하고 있다. 여초커뮤니티에서는 이것을 한국사회의 오랜 '여성혐오'의 방증으로 즐겨 거론하는 반면 남초 커뮤니티에서는 이 통계를 아예 부정하거나 임금 격차는 여성의 자발적인 선택의 결과라는 주장을 심심찮게 볼 수 있다. 가령 여성이 고임금을 받는 이공계를 기피하고 쉽고 편한 일만 선택하기 때문에 여성이 저임금을 받는 것은 이상하지 않다는 주장을 디시인사이드 주식갤러리 등의 남초 커뮤니티에서 흔히 볼 수 있다. 그러나 결론부터 말하자면 이것은 완전히 옳은 주장이라고 볼 수 없다.

물론 젊은 여성들의 이공계 진학률이 여전히 저조한 것은 사실이고 또 남성과 비교하면 3D 업종을 기피하는 것도 사실이다. 실제로 2011년 기준의 OECD 보고서(Closing the Gender Gap: ACT NOW)에 따르면 2009년부터 여성의 대학 진학률이 남성을 앞지르고 있음에도 컴퓨터와 공학 분야 졸업생 중 5분의 1 미만이 여성이었다. 일부 여성주의자들 역시 일자리 전반의 성평등(가정과 일터에서 남녀 모두 각자 힘들고 고된 일을 얼만큼 나누어 가지는가)보다는 일부 관리직과 전문직의 여성 진출 여부를 성 평등의 척도로 삼는 위선적인 노동관을 가지고 있다. 그러나 이러한 사항들을 다 인정한다 하더라도 최근의 직종과 전공의 선택경향은 현재까지 한국에서 누적된 압도적인 남녀임금 격차를 다 설명해주지는 못한다.

예를 들어 2013년을 기준으로 보면 한국은 여전히 남녀임금 격차에 있어서 압도적인 OECD 1위를 차지하고 있다. 더 구체적으로 보면 전일제 임금근로자 중위소득을 기준으로 볼 때 OECD 국가들의 남성이 여성보다 15.3% 더 임금을 받는다면 한국은 OECD 평균의 무려 2배를 넘는 36.6%를 더 받는 것으로 나타났다. 한편 같은 기간 한국의 '고용형태별 근로실태조사'에 따르면 남성은 평균적으로 여성보다 약 29.5% 더 많은 월급을 받는다.[76]

이러한 임금격차 통계를 해석할 때 주의점이 있다. 미국 등 일부 선진국에도 존재하는 임금격차는 많은 부분 여성의 직종선택, 노동시간, 근속연수, 근로형태 등에 의해 설명된다. 미국의 노동시장조사 관련 전문업체인 페이스케일(Payscale)에 따르면 미국의 경우 2015년 남성이 여성보다 평균 24% 더 많은 임금을 받았다. 그러나 근속연수와 교육정도 그리고 직종 선택 등의 변수가 임금에 미치는 영향력을 통제하고 나면 남녀 간의 순수한 격차는 불과 3% 밖에 나지 않는다는 결과가 나온다.[77] 같은 직종이라 하더라도 남성이 노동시간이 더 길고 노동강도가 강한 영역에 종사함으로써 생기는 임금격차 역시 존재한다. 예컨대 같은 의사라 하더라도 야근과 격무에 시달리는 분야에서는 남성의사의 비율이 상대적으로 높다. 이처럼 언론에 보도되곤 하는 남녀 평균 임금격차 통계를 볼 때 이 격차가 순수성별로 인한 임금차별이 아니라 다른 차이에 의해 설명되는 임금격차도 포함하고 있다는 점에 주의해야 한다. 그리고 이것은 경제학계에서도 잘 알려진 사실이다. 가령 2014년에 노동경제학 분야의 전문가인 클라우디아 골딘과 로렌스 카츠는 성별 임금격차가 여성의 노동력으로는 대체불가능한 장시간노동 직군에서 집중적으로 발생한다는 견해를 밝혔다. 그들의 또 다른 연구에 따르면 시카고 대학 MBA 졸업생들 중에서 평균 29% 가량 차이가 나던 남녀 소득격차는 노동시간과 직종선택 등의 설명변수를 통제한 결과 불과 4% 수준으로 낮아지는 것으로 나타났다.[78] 남녀 임금격차의 또 다른 원인으로 흔히 거론되곤 하는 것은 여성이 임금협상에서 남성보다 소극적이라는 사실이다. 실제로 미국과 같이 고용인과 피고용인 사이의 개별적인 임금협상 관행이 정착된 나라에서는 이것이 여성의 임금상승에 부정적인 영향을 끼치는 것으로 알려져 있다. 이 문제를 해결하기 위해서 일부 선진국에서는 동료 간의 연봉을 공개하도록 하는 법안을 추진하기도 했다.[79]

이처럼 성별 임금격차는 그 자체로는 여성이라는 이유만으로 임금을 덜 주기 때문이 아니라 일부는 여성이 노동시장에서 보이는 특성에서 비롯된다. 나중에 이 문제로 다시 돌아가겠지만, 상대적으로 남성이 승진과 추가적인 임금을 위해 고리스크의 장시간 노동을 마다하지 않는 것으로 보고되고 있다. 반면 여성은 남성보다 상대적으로 리스크 회피 성향이 강하다. 물론 일부 여성주의자들은 여성의 직종·노동시간 등의 선택과 위험 선호조차도 사악한 가부장제의 보이지 않는 시선과 손길이 개입한 결과라고 주장하겠지만 말이다.

아무튼 앞서 본 대로 지표상으로 나타나는 남녀의 평균적인 임금격차는 그 자체로 여성차별의 결과로 해석하기에는 무리가 있다. 그러나 한국의 경우 문제는 합리적 요인으로 설명될 수 없는 임금 격차가 외국에 비해 여전히 '너무 크다'는 것이다. 가령 한국의 임금격차는 젊은 여성 일부가 이공계 등 일부 직종을 기피하는 현상으로만 설명할 수 있는 수준이 아니다.

한국고용정보원의 2014년 10월 「고용동향 브리프」에 따르면 남녀 임금격차는 일부분 '근속연수의 차이'와 '사업체의 규모 차이' 그리고 '고등교육의 이수여부'와 '정규직 여부' 등으로 설명될 수 있다. 그런데

이 모든 변수들을 합치고 봐도 이들은 임금 격차의 52.1%만 설명할 뿐이다. 나머지 47.9%는 합리적인 요인으로 설명되지 않는 임금격차라는 것이다. 비슷한 시기 여성정책연구원의 비슷한 연구는 설명될 수 없는 격차의 비중을 훨씬 크게 보았다(62.2%). 반면 과거의 다른 연구에 따르면 지난 20년간 60~85%의 남녀 임금격차가 남녀 간의 생산성 격차에서 비롯된 것으로 보고되었다.[80][81] 이처럼 어떤 소득 자료를 기준으로 잡고 어떤 설명변수를 포함하고 어떤 모형으로 임금격차의 원인을 추정하느냐에 따라 합리적으로 설명될 수 없는 순수 남녀 임금격차의 추정치는 널뛰기를 한다. 그리고 대개 그 중 높은 것이 주로 언론에 보도된다. 하지만 추정치가 어찌되었든 합리적으로 설명할 수 없는 임금격차의 비중이 꽤 크다는 것은 사실이다.

그런데 언론 및 논자들이 남녀임금 격차 통계를 인용할 때 다수가 거론하지 않는 변수가 있다. 그것은 바로 '세대' 그리고 'IMF 외환위기' 이후 경제구조 변화라는 변수이다. 이들을 하나씩 살펴보자.

OECD와 UN 그리고 EU 등 대부분의 국제기구 보고서를 보면 연령대가 높아질수록 남녀 임금 격차가 늘어나는 것은 만국 공통의 현상이다. 그런데 한국의 경우는 그 정도가 유독 더 심하다. OECD의 2013년 임금격차 보고서(Closing the Gender Gap: ACT NOW)에 따르면 한국은 OECD 국가 중에서 남녀임금 격차가 가장 높은 국가일 뿐만 아니라 동시에 세대별로 남녀임금 격차가 크게 벌어지는 나라이기도 했다. 25~29세의 연령을 기준으로 볼 때 조사대상이 된 18개국 중

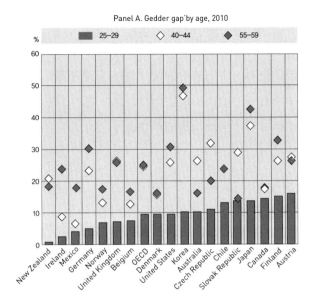

Panel A. Gedder gap'by age, 2010

▲ 세대별 남녀 임금격차 국가비교(출처: OECD)

에서 한국의 남녀임금 격차는 OECD 9위로 중위권을 차지했다. 이러한 20대 중후반 연령대에서 한국의 남녀 임금격차는 캐나다나 핀란드보다 더 적다. 한편 40~44세 그리고 55~59세의 기준으로 볼 때 남녀 임금격차는 명실상부한 세계 1위였다. 결국 한국의 남녀임금 격차를 볼 때 주의해야 할 변수 중 하나는 바로 세대인 셈이다.

또한 고용노동부의 고용형태별 근로실태 조사도 비슷한 결과를 보여준다. 2016년 '연령별 남녀 평균임금' 추이를 살펴보면 고연령 세대가 될수록 남녀의 임금격차가 더욱 벌어진다는 사실을 확인할 수 있

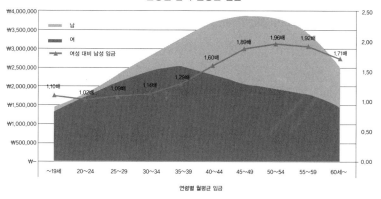

연령별 남녀 월평균 임금

▲ 2016년 연령별 남녀 월평균 임금(출처: 고용형태별 근로실태 조사)

다. 특히 30대 후반 구간에서부터 남녀임금 격차가 급속하게 증가한다는 사실을 확인할 수 있다. 이처럼 연령이 증가할수록 남녀 임금 격차가 증가하는 현상의 주요 원인은 여성의 결혼·출산·육아에 의한 경력단절이다. 앞서 본 「고용동향 브리프」에서도 성별 임금격차는 주로 경력단절을 경험한 여성들이 임금이 낮고 고용이 불안정한 비정규직 고용형태로 노동시장에 재진입하게 되면서 발생하는 것으로 나타났다.[82]

또한 2016년 기준 남녀 경제활동참가율 통계를 볼 때 여성의 경제활동참가율이 30대 이후 급락하다가 40대 이후 다시 증가하는 M자형 곡선을 그리는 것을 확인할 수 있다. 결혼·출산·육아에 따른 경력단절이 여전히 심각하다는 방증이며, 동시에 퇴직 이후 생계의 어려움

멈춰서 생각하기

등으로 가계소득을 보전하기 위해 노동시장에 재진입하는 여성이 그만큼 많다는 의미이기도 하다.

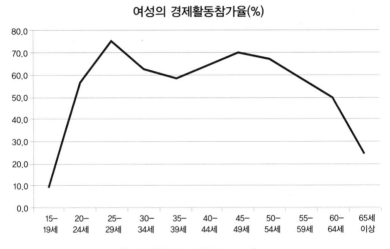

여성의 경제활동참가율(%)

▲ 2016년 여성의 연령별 경제활동참가율(출처: 경제활동인구조사)

현재에도 사정이 이러한데 과거에는 경력단절의 문제가 더욱더 심각했으리라는 것은 명약관화하다. 과거에는 아무리 커리어 여성이라 하더라도 자신보다 더 능력이 있는 남성과 결혼하는 것을 선호했고, 일단 한 번 결혼하면 대부분 여성은 자신의 직장과 커리어를 완전히 포기했다. 예컨대 80년대 당시 여성으로서는 희소했던 컴퓨터 프로그래머로 진로를 잡았던 (필자가 아는) S씨도 결혼과 출산 이후 자신의 커리어를 포기해야만 했다. 그는 그런 것이 당연했던 시대를 살았기 때문이다.

　그렇다면 왜 S씨는 프로그래머로서의 커리어를 추구하는 대신 가정주부를 선택했을까? 그것을 설명하는 것이 소위 말하는 '가족임금제도'이다. 가족임금제도란 성인남성이 자신의 처자식을 부양할 수 있다고 기대할 수 있는 평균임금을 받는 정규 노동시장 제도를 의미한다. 물론 여성주의자들은 가족임금제도가 여성에 대한 차별과 억압이었다고 보겠지만 그것은 동시에 남성에게도 노동시장과 가정 양자에서 가장으로서의 책임을 부과하는 제도였다는 사실을 잊으면 안 된다. 예컨대 결혼하는 남성의 경제적 부양능력은 '당연하게' 기대되었으며, 이에 따라 정규 노동시장에 진출하고 그 안에서 경쟁할 것을 강하게 요구받았다. 이런 가족임금제도는 고도성장기 당시의 가부장제를 유지시킨 일종의 경제적 형태의 '사회계약'이었다고도 할 수 있다. 물론 여성주의자들은 가부장제가 여성을 일방적으로 억압한 제도라고 생각하겠지만 그것은 일방적인 억압구조라기보다는 실제로는 기혼남녀 간의 제도화된 트레이드 오프(trade-off) 관계에 더 가깝다.

　그런데 가부장제의 물적토대가 되었던 가족임금제가 깨진 본격적인 계기는 바로 IMF 외환 위기였다. 이때부터 본격적인 고용 유연화가 시행되었고 비정규직이 보편화되었으며 기혼남성이 여성을 비롯한 처자식의 생계를 책임진다는 가부장적 계약은 무의미해졌다. 특히 이때 결혼 이후 노동시장으로부터 단절되었던 여성인구가 대규모로 취업 시장에 다시 유입되었다는 점에 주목할 필요가 있다. 다시 전직 프로그래머였던 S씨의 이야기로 돌아가 보자. 그는 결혼과 출산 이후 가계의 살림이 어려워지자 학습지 교사로 재취업을 했다. 당연한 이야기이지만 보수와 근무환경은 대기업 프로그래머로 일했을 때보다 더 형편없었다. 오랜 기간 노동시장으로부터 단절된 다수의 여성인구가 새로이 노동시장에 유입된 만큼 그들의 임금과 처우는 열악했고 따라서 전반적인 남녀 임금 격차 지표 역시 악화될 수밖에 없었다.

지금 대다수 성인남녀는 바로 이 IMF 이후 가족임금제도가 와해된 이후의 시대를 살아가고 있다. 한국의 경우 오랫동안 남녀임금 격차에 관한 지수가 개선되지 못한 것도 IMF 직후 일어난 사회적 구조단절의 후유증을 여전히 겪고 있는 데서 연유한다. 또한 다음과 같은 사항도 무시해서는 안 된다. 이를테면 한국은 1차 세계대전 이전부터 산업화를 겪었던 OECD 상당수의 나라와 달리 60~70년대부터 본격적인 산업화를 경험했다. 애초에 남성과 여성이 동등한 자격으로 노동시장에 참가하게 된 역사가 다른 나라에 비해서도 절대적으로 짧기도 하다. 따라서 OECD 수준으로 임금격차를 줄이기 위해서는 '시간'이 필요할 수밖에 없는데, 관건은 이 시간을 어떻게 최대한 단축시키느냐이다. 일례로 국내에서 측정된 2009년 남녀 간 임금격차가 32% 수준이었다면 2013년에는 29.5%로 하락했다.[83] 이 하락추세의 속도를 더 빠르게 하는 것이 필요하다.

남녀대립으로 비화된 임금격차 문제

현재 한국의 젊은 남성들이 한국이 OECD 기준 최악의 남녀임금 격차에 대한 명약관화한 통계를 납득하지 못하는 이유는 그것이 그들 자신의 현재의 경험을 '설명' 해주지 못하고 있기 때문이다. 앞서 말했듯이 한국은 OECD 기준 최고의 남녀임금 격차를 기록하는 나라인 동시에 세대별로 남녀 임금격차의 차이가 가장 많이 벌어지는 나라이기도 하다. 그것을 반대로 뒤집어 말하자면 한국은 지금까지 누적된 남녀임금 격차에 비해 젊은 세대의 남녀임금 격차가 훨씬 적다는 의미이기도 하다. 이러한 상황에서 젊은 남성의 경우 자신들이 과거부터 누적되어왔던 남녀 임금 격차의 책임을 자신이 전가 받는 것이 부당하다고 생각한다. 왜냐하면 젊은 남성의 경우 자신들이 남녀 임금 격차를 초래한 책임이 없다고 생각하며 그들이 예민하게 받아들이는 비교 대상은 자신들의 어머니나 이모가 아닌 또래 여성이기 때문이다. 따라서 예컨대 일부 고소득 직종에서 여성할당제를 시행하자는 여성계의 제안에 대해서 젊은 남성들은 매우 강하게 반발할 수밖에 없는 것이다. 반면 젊은 여성의 경우 자신의 비교대상은 바로 자신의 어머니나 이모 그리고 언니들이기 때문에 성별 임금격차 지표를 민감하게 받아들인다. 앞선 세대가 겪었던 (결혼과 임신 그리고 출산으로 인한) 경력 단절이 자신에게도 닥쳐올 경우 임금과 평생소득의 하락이 자신에게도 해당되는 문제가 되기 때문이다. 이렇듯 젊은 남녀는 임금격차 문제에 관해서 전혀 다른 곳을 바라보고 있는 셈이다.

또한, 현재 남녀임금 격차에 대한 젊은 남녀 간의 대립이 끊이지 않는 다른 이유 중 하나는 '문제해결'에 대한 논의보다는 남성 전체를 싸잡아 고발하는 형태의 논의가 이어졌기 때문이다. 확실히 한국의 남녀 임금 격차 문제는 국제적으로 심각한 수준이다. 그러나 이것은 남녀 간의 대결 구도로 해결할 수 없다. 특히 남녀임금 격차를 해소하는 데 있어서 관건은 과거부터 누적되고 대물림됐던 경력단절의 관행을 어떻게 깨느냐는 데 있다. 게다가 이 관행은 남성들의 여성을 향한 음모보다는 고도성장 기간 동안 정착된 장시간·고강도 노동관행과 이와 연계된 승진 및 보상체계 때문에 생겨난 것이었다. 그리고 이것은 심지어 남성에게 일방적으로 유리한 것조차 아니다. 많은 여성주의자들은 이러한 승진과 보상체계조차도 남성 위주로 짜인 가부장제 사회구조의 탓이라고 이야기하겠지만 그러한 구조 속에서 과연 남성 자신들이 행복했느냐를 돌아볼 필요가 있다. 왜냐하면 장시간·고강도의 노동 및 그 보상과 승진체계에 묶여있음으로 인한 산업재해나 살인적인 노동환경의 피해는 주로 남성에 고스란히 전가되었기 때문이다.

일례로 고용노동부에 따르면 2015년 발생한 (공식적으로 인정된) 전체 산업재해 피해자 중 남성이 80%로 집계되었다. 한편 산업재해 사망자 중 남성 비율은 96%였다. 또 승진에서 탈락한 남성의 경우에는 가계소득의 하락의 주범이자 무능한 가장이라는 낙인이 찍혔다. IMF 경제위기 이후 40~60대 남성의 자살률이 급속도로 증가하기 시작했다. 2017년 기준 지난 25년 간 자살률이 3배로 급증한 데에는 40~60대 남성의 자살률이 주된 원인(증가율에 59.6% 기여)으로 작용했다.[84] 설사 장시간·고강도 노동관행이 가부장제에서 비롯된 것이라 해도 그것은 이론상 그 수혜자(?)가 되어야 할 남성에게 정작 리스크가 너무 큰 시스템인 것이다.

한편 여성의 경력단절 문제를 해소하는 것은 이미 가족임금제도의 관행에서 단절된 남성들에게도 중요한 문제이다. 젊은 남성들은 자신이 미래에도 배우자와 가족의 생계를 홀로 책임진다는 가부장적 의식에서 탈피하기 시작했다. 이런 상황에서 남성이 결혼을 통해 가계를 구성할 경우 가계의 평생소득을 늘리고 생애 전체에 걸쳐 안정적인 소득흐름을 유지하기 위해서는 배우자의 소득이 늘어야 하며 또 배우자의 불의의 퇴직을 방지해야 한다. 왜냐하면 여성의 경력단절은 젊은 부부로 이뤄진 노동자 가계에 커다란 소득 변동 리스크를 가져오며 역으로 남성에게 고강도·장시간 노동을 강요하기 때문이다.

이처럼 남녀가 임금격차에 관해서 같은 문제의식을 공유할 수 있는 방법은 얼마든지 있다. 그러나 지금까지 일부 언론과 여성주의자들은 남녀 임금 격차의 문제를 전달할 때 문제의 원인과 해결방안에 초점을 맞추기보다는 남녀 대립구도에 초점을 맞추며 여성을 무차별적인 피해자와 희생자로 부각시키는 데 더 큰 관심을 두었다. 그러나 실제로 기존의 가부장제라는 것도 여성 일방의 희생에 기초한 것이 아니라 남성에게도 경제적 부양의무와 과도한 책임을 씌워왔던 구조였다는 점을 잊어서는 안 된다.

한편 그러한 사실에서 눈을 돌리고 피해자·약자로서의 인정투쟁에 매몰되는 것 역시 포비아 페미니즘의 폐단이다. 앞서 보았듯이 일부 여성주의자들은 임금격차마저도 '여성혐오'의 결과라고 주장한다. 그러나 임금격차는 경제구조 및 가족구조의 변화와 관련이 있을 뿐 여성혐오와는 전혀 관계가 없다. 그것은 사회구조의 문제를 개인의 의도와 내적성향의 문제로 귀속시키는 오류에 지나지 않는다. 이렇듯 공포와 두려움을 확산시키는 것에서 자신의 존재의의를 발견하는 담론은 실제 문제해결과 대안제시에는 관심이 적은 법이다. 결국, 성별 임금 격차에 대해(애초에 누구를 대상으로 투쟁해야 하는 건지도 불분명한) '분노와 투쟁의 서사'에 몰입하는 다수의 페미니스트들은 노동소득의 양성평등 실현이 남녀 모두에게 가져올 이득에 주목하게 만드는 데 실패한 셈이다.

가사노동시간 격차와 노동시간 격차

이번에는 가사노동시간 분담에 대한 통계를 다뤄보도록 하자. 한국의 기혼남녀 가사노동 분담률도 성별 임금 격차만큼 OECD 국가 중에서 최악이다. 이를 다룬 《오마이뉴스》 기사를 보자.[85] 2011년에 발간된 OECD 「한눈에 보는 사회상」을 언급한 기사이다. 실제로 여기서도 남녀 사이에 극심한 가사노동시간 격차가 드러난다. OECD 국가의 남성 평균(가사노동을 포함한) 무급근로시간은 하루에 2시간 11분이지만 한국 맞벌이 남성의 가사노동시간은 45분으로 꼴찌였다고 한다. 반면 한국 맞벌이 기혼여성의 하루 평균 가사노동 시간은 3시간 47분이었다. 5배 이상의 격차가 나는 셈이다. 이 기사는 이러한 가사노동시간 격차에 관해서 독자들에게 '분노'할 것을 주문하고 있다. 하지만 누구

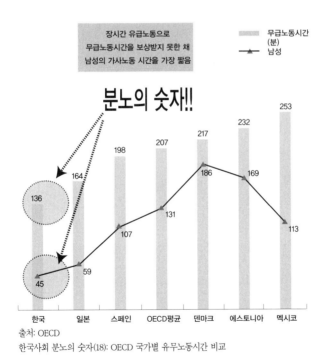

▲ 《오마이뉴스》에 게재된 국가 간 남성 가사노동시간 비교(출처: 오마이뉴스)

멈춰서 생각하기

를 상대로? 분노하기 이전에 생각을 먼저 해볼 필요가 있지 않을까.

기사가 언급한 통계를 더 자세히 들여다보자. 기사는 5년 주기로 작성되는 통계청의 '생활시간조사'에서 관찰된 2009년 가사노동시간을 다른 OECD 국가의 통계와 비교하고 있다. 한편 기사가 언급한 남녀 간 가사노동부담 격차는 지금도 현재 진행형이다. 통계청의 '생활시간 조사'에 의하면 2014년에도 20세 이상 기혼여성의 가사노동시간(가정관리와 가족 보살피기 노동)은 하루 평균 3시간 58분이지만 기혼남성의 가사노동시간은 53분에 지나지 않았다. 여전히 4배 가까운 격차를 보이고 있으며 절대적인 시간으로 볼 때 여성이 남성보다 3시간 더 가사노동을 하는 셈이다. 한편 이 통계가 말하지 않는 또 다른 사항이 있다. 당연한 이야기지만, 가사노동시간 격차의 이면에는 경제적 노동시간의 격차가 존재한다.

2014년 생활시간 조사에 따르면 20세 이상 기혼 남녀 인구를 기준으로 볼 때, 남성의 경우 하루 평균(휴일 포함) 5시간 2분을 일한다면 20세 이상 기혼여성의 경우 2시간 32분을 일한다. 이에 더해서 출퇴근을 포함한 이동시간(남성은 1시간 52분 여성은 1시간 24분)까지 고려하면 남녀 격차는 세 시간 가까이 벌어진다. 앞서 본 가사노동시간 격차에 맞먹는 수치이다. 참고로 이동시간 역시 학습시간과 더불어 일 그리고 가사노동과 함께 '여가'에 대비되는 '의무생활시간'으로 산정된다(통계로 보는 여성의 삶, 2015). 한편 남녀 간 경제적 노동시간 격차가 이토록 크다는 것은 같이 맞벌이를 하는 부부라 하더라도 경제활동에 참여하는 여성이 남성보다 파트타임(시간제) 근로를 하는 비중이 더 높다는 방증이기도 하다. 이처럼 가정과 일터에서의 남성의 삶이 마냥 행복한 것은 결코 아니다. 남성 역시 가계소득을 벌충하기 위해서는 결국 여성의 몫만큼 혹은 그 이상으로 근로를 해야 하기 때문이다.

다시 노동환경의 문제로 눈을 돌리자. 잘 알려져 있듯이 한국은 장시간 노동시간에 시달리는 나라이다. 이미 보았듯이 장시간 노동시간은 결혼·임신·출산 후 여성이 직장을 그만두게끔 하는 경력단절 문제의 주된 원인 중 하나이기도 하다. 2015년 기준 한국의 연평균 노동시간은 2113시간으로 멕시코에 이어 OECD 2위를 기록하고 있다. 이를 반영하기라도 하듯이 한국은 가사노동시간 자체도 남녀불문 OECD 국가들보다 짧은 편이다. 즉, 남녀 모두 여가는 물론이고 가정을 돌볼 절대적 시간이 적다는 소리이다. 결국, 한국 기혼남녀의 생활상을 요약하자면, OECD 선진국에 비해 남녀 모두에게 장시간의 노동시간이 부과되고, 남녀 모두에게 짧은 여가시간이 허용되며, 가사노동은 여성에게 전가되고 야근·잔업·철야 등의 장시간의 경제적 노동은 남성에게 전가되는 양상을 볼 수 있다. 여기서는 남녀 누구도 행복하지 않다. 물론 많은 언론과 여성계는 이 중에서 여성의 불행만을 말하는 경향이 있다.

사회문제에 대한 근시안적 접근

앞서 단편적인 통계 일부만을 인용한《오마이뉴스》기사가 주문한 대로 여기서 우리가 '분노'해야 한다면, 그것은 결국 가사를 제대로 분담하지 않는 남성들을 상대로 '분노'하고 '투쟁'하고 그들을 '계몽' 시키라는 이야기 밖에 되지 않는다. 그러나 이미 보았듯이 현실은 그렇게 단순하지 않다. 여성에게 가사노동이 전가되는 것만큼 남성에게도 야근·잔업·철야 등 장시간의 경제적 노동이 부과되기 때문이다. 실제로 경기도여성능력개발센터가 주관한 2013년의 설문조사에 따르면 직장인 남성의 63.3%가 '직장 내 성차별을 경험했다'고 대답하며 그 중 절반 이상이 '여자에게는 애초에 기대도 안 하고 남자는 당연히 야근을 해야' 하는 직장 내 관행을 가장 큰 이유로 들었다. 반면 다수의 여성주의자들은 마치 이러한 야근 관행이 가부장제의 남성들이 여성을 배제하기 위해 고안한 사악한 음모인 것처럼 묘사하며 현장과 매우 동떨어진 현실인식을 보여준다. 물론 나중에 보겠지만 이런 직장 내 관행은 단순히 일방의 의식의 계몽만으로 해결될 수 없다. 그럼에도 일부 페미니스트들은 남녀격차를 보여주는 일련의 통계를 으레 여성에 대한 일방적인 차별과 억압의 증거라고 거론하곤 하며 격분을 표시하곤 한다. 그리고 그들이 대개 대안과 해법으로 가져오는 것은 고작 계몽된 자신들의 가르침을 받고 반성을 하라는 것이다. 그러나 계몽된 그들이 그 근거로 가져오는 통계들은 전반적인 진실을 보여주기에는 지나치게 취사선택되어 있는 경우들이 많으며 어떤 기준으로 작성된 통계인지에 대해서 명확하게 말하는 경우도 드물다.

여성주의자들이 통계에 접근하는 근시안적 태도를 보여주는 대표적인 사례가 여성의 날 벌어진 조기퇴근 운동이다. 2017년 3월 8일 여성의 날 오후 3시, 광화문 광장에서 한국의 성별임금격차를 해소한다는 명분으로 '조기퇴근시위 3시 STOP' 행사가 열린 바 있다. 이 같은 퍼포먼스에는 여러 가지 상징적인 의미가 있지만 가장 큰 것은 '여성이 여성이라는 이유만으로 임금을 덜 받기 때문에 그만큼 일도 덜 하겠다'는 항의의 메시지였다. 그러나 실제로 다수의 일터에서는 여성이라는 이유만으로 여성에게 임금을 덜 주지 않는다. 게다가 이미 보았듯이 20~30대 여성의 경우 남성과의 임금격차는 크게 나지 않는다. 생애주기 상에서 여성의 평균임금이 하락하는 주된 이유는 경력단절이며 이마저도 전적으로 여성에 대한 차별적·혐오적 인식에서 비롯된 것이라기보다는 장시간 노동과 일감 몰아주기 등의 근로관행이 사회 전반적으로 횡행하고 있기 때문이다. 또한 장시간 노동에 대한 보상이 필수적일 수밖에 없는 일부 직종에서는 여성의 노동력이 남성을 100% 대체하기는 힘들다. 따라서 조기퇴근 운동이라는 것은 그것이 아무리 상징적 퍼포먼스라 해도 실제의 상황인식과 문제해결의 방법과는 괴리되어 있다. 이처럼 자신의 성 그 자체에 대한 혐오 및 차별로 인해 임금을 차등지급한다는 주장은 사실과 다를 뿐만 아니라 그것은 자신의 정체성을 향한 사회적 적대감에 대한 허구적 공포심을 부추기고 분노를 자극하는 전형적인 포비아 페미니즘의 레토릭이기도 하다.

페미니스트들은 으레 페미니즘이 성 평등을 추구하는 것이므로 남성에게도 좋다고 말한다. 예를 들어 2016년 메갈리아 사태 때 한 사람이 '페미니즘 그거 남자한테 참 좋은데'라는 피켓을 들면서 여성주의에 귀의할 것을 권유한 걸 본 적이 있다. 아마도 조롱이 아닌 선의에 입각한 주장이겠지만 그것은 막연한 선언적 주장에 불과하다. 또 많은 이들에게 이들의 선언은 액면 그대로 받아들여진다기보다는 일종의 '화전양면전술'로 받아들여진다. 왜냐하면 상당수의 페미니스트들은 (1) 여성에게 지워진 부담을 나눠 가지는 만큼 그것이 남성에게도 무엇이 좋은지, 그리고 (2) 여성에게 지워진 부담의 반대편에서 다른 누군가 어떤 부담을 가져왔는지, 그것을 대개 구체적으로 말하지 않기 때문이다. 그것을 말하지 않는 이유는 절대다수의 페미니스트들이 기존의 가부장제가 여성에 대한 일방적인 착취와 억압에 기초한 사회구조라는 신념을 견지하고 있기 때문이다. 그렇기 때문에 다수의 페미니스트들은 젠더이슈에 관해서 윈윈(win-win) 전략보다는 남녀 간의 계급투쟁론을 끌고 들어오곤 한다. 가사노동시간 격차나 임금 격차는 그중 몇 가지 사례에 불과하다.

물론 페미니즘이 문제제기하는 현실을 개선하는 것이 남녀 모두에게 이롭다는 것을 설득할 방법은 분명히 있다. 단지 남녀 간의 투쟁 서사와 분노를 자극하는 프레임에 몰입하느라 그것에 무관심할 뿐이다.

게다가 이미 임금 격차 통계에서도 살펴보았듯이, 한국에서의 남녀 간의 격차를 보여주는 각종 지표는 다른 나라에 비해서도 연령별로 크게 달라지며 언뜻 보기에는 남녀 간의 뚜렷한 대립 전선도 젊은 세대로 내려갈수록 점점 희미해진다. 가령 가사노동의 경우에도 임금 격차의 경우와 똑같이 연령이 높아질수록 남녀 간의 격차가 급격하게 벌어진다는 것을 볼 수 있다. 이처럼 남녀 격차에 대한 통계를 볼 때 불과 한 세대 전만 해도 당연했던 가부장제 구조가 연령별로 빠른 속도로 해체되고 있음에도 바로 그 빠른 속도 때문에 과거의 정체된 모습이 여전히 통계적으로 강하게 대표되고 있다는 사항을 유념해야 한다.

결국, 관건은 변화의 '방향'과 '사회적 설득'이다. 임금 격차를 줄이는 것은 그저 남녀 간의 격차만을 줄이는 데 그치는 것이 아니라 가구의 평생소득을 늘리는 방향으로 나아가야 한다. 또한 남녀격차의 감소가 가구소득의 변동 리스크를 줄이는 방향이라는 것을 사회 전반에 납득시키는 것이 중요하다. 더 나아가 남녀 간의 평균임금 격차도 문제이지만 여성 내에서도 계층 간의 임금 및 소득격차가 심화되고 있다는 사실에도 유의할 필요가 있다. 상위 10%의 임금소득자가 하위 10%보다 몇 배의 임금을 받는지를 보여주는 임금 10분위 배율을 보면 여성 임금 10분위 배율은 1992년 2.42배에서 2014년에는 3.64배로 늘어났다.[86]

누차 이야기했듯이 남녀 간의 불평등한 가사노동 부담과 임금 격차를 부추기는 주범 중 하나는 장시간의 노동관행이다. 각자에게 돌아가는 절대적인 노동시간을 줄이고 유연·탄력 근무제를 허용하며 일자리를 나누는 것이 여성의 경제활동참여율을 높이고 가사노동의 공평한 부담을 가능하게 한다. 그리고 일자리 나누기와 더불어 시간당 임금의 상승이 남녀 근로자 모두에게 동반 되어야 노동계급의 남녀 모두에게 윈윈의 결과를 가져올 수 있다. 나아가 경력단절 이후에도 여성의 취업과 직업훈련에 대한 사회적 지원이 있어야 하며 그동안의 경력에 대한 보상이 제대로 주어질 수 있도록 하는 제도를 마련해야 한다. 무엇보다 육아와 가사의 공평한 분담을 유도하기 위해서는 육아휴직제도의 범위를 여성에게서 남성으로도 넓혀야 한다. 한편 육아휴직제도를 남성에게도 확대하는 것은 고용의 단계에서 남성을 선호하는 일부 기업의 관행을 개선할 수 있다. 나는 이러한 조치들을 만일 '페미니즘'이라고 부른다면 나는 그런 종류의 페미니즘에 대해서 100% 찬성이다. 앞서 말했듯이 이것은 남성 측에게 손해 볼 일도 아니며 이러한 정책을 추구하는 것은 남녀 문제 이전에 일하는 계급 전체의 이해와 일치하기 때문이다.

한편 정치적 올바름에 집착하는 사람들이 흔히 그러하듯, 이러한 변화가 자신의 계몽된 의식을 과시하는 것을 통해 단번에 일어날 것이라고 기대하는 것은 금물이다. 사실 의식의 변화는 이미 현재 진행 중이다. 특히 앞서 보았듯 가족임금제도가 깨어진 IMF 이후, 가부장제라는 것은 젊은 남성에게 성가시고 불리한 속박에 지나지 않게 되었다. 사람들의 정치적·사회적 의식을 변화시키는 주된 기제 중에는 도덕적 당위에 대한 호소도 있지만, 궁극적으로 사람들을 변화시키는 것은 경제적·심리적 보상 및 유인이다. 여성주의자는 물론이고 많은 급진주의자들은 이러한 자명한 사실을 때로는 무시하곤 한다. 젠더이슈에 접근할 때 언론과 관련기관도 단순히 '여성의 삶을 개선한다'라는 프레임을 넘어서 그것이 남녀 모두의 삶에 어떤 개선을 가져오는지를 분명하게 말해야 한다.

60~70년대부터 비로소 본격적인 산업화를 겪은 한국에서의 의식의 변화와 계몽은 (흔히 비교 대상이 되곤 하는) 20세기 초반부터 산업화를 겪었던 다른 선진국보다 빠른 속도로 일어났고 또 앞으로도 지속될 것이다. 구미 선진국에서는 1차 세계대전과 2차 세계대전을 겪으면서 일어난 사회변화가 한국에서는 불과 한 세대 사이에 일어났다. 앞서 보았듯이 관건은 이 변화를 어떻게 남녀 모두에게 더 바람직한 방향으로 이끌고 갈 것인가이다.

03.
UNDP와 WEF의
성평등 순위

2015년 당시 두 가지 상반된 한국의 성불평등 지수가 발표되어 논란이 일어난 바 있다. 먼저 UNDP(유엔개발계획)에서 발표한 한국의 성불평등지수(GII)는 2014년 기준 전 세계 23위로 발표되었다. 반면 비슷한 시기 WEF(세계경제포럼)에서 발표한 성격차지수(GGI)는 115위로 우리나라는 일부 저개발 이슬람 국가와 어깨를 나란히 했다. 이것은 우리나라뿐만 아니라 많은 주요 선진국의 입장에서도 직관적으로 이해하기 어려운 결과였다. 예를 들어 WEF 기준으로 보았을 때 성격차지수에서 상위 20위권을 차지하는 국가들을 순서대로 보면 아이슬란드, 노르웨이 핀란드, 스웨덴, 아일랜드, 르완다, 필리핀, 스위스, 슬로베니아, 뉴질랜드, 독일, 니카라과, 네덜란드, 덴마크, 프랑스, 나미비아, 남아프리카 공화국, 영국, 벨기에, 라트비아가 있다.

이처럼 흔히 저개발국가 혹은 개발도상국으로 분류되는 르완다(6위), 필리핀(7위), 니카라과(9위), 나미비아(16위), 남아공(17위) 등이 당당하게 상위권의 성평등한 나라들 중 하나로 랭크되어 있는 것을 볼수 있다. 재밌는 것은 이들 국가는 UNDP 기준에서는 성불평등지수에서 하위권을 차지하고 있다는 점이다(르완다 80위, 나미비아 81위, 니카라과 95위, 남아공 83위, 필리핀 89위). 한편 WEF 순위에서는 선진국으로 분류되는 일부 국가가 하위권에 랭크되어 있는 것도 특징적이다. 예를 들어 WEF 순위에서 일본은 64위인 반면 UNDP 기준으로 26위였다. 한국뿐만 아니라 여러 나라들 사이에서 저 두 가지 순위에 이토록 극명한 격차가 존재하는 것을 가만히 들여다보면, 결국 불평등을 측정하는 방법론의 차이가 핵심이라는 것을 알 수 있다. 이것은 여러 언론 기사[87]에서 다루어진 적이 있는 문제이므로 여기서는 핵심만 간단하게 요약하겠다.

이 두 가지 지표를 보면 UNDP와 WEF의 통계치의 차이는 결국 '수준과 격차'의 차이라는 것을 볼 수 있다. 간단하게 정리하면 성평등을 측정할 때 영향을 미치는 두 가지 변수가 있는 데 첫 번째는 수준 효과이고 두 번째는 상대적 격차효과이다. WEF의 공식적인 설명을 보자. 자신들이 고안한 젠더격차지표(GGI)는 '(여성이 누리는) 자원과 기회의 절대적 수준이 아닌 성별격차를 측정하는 데 목적이 있다'고 설명하고 있다(Measuring the Global Gender Gap, 2015). 즉 해당 국가들의 개발 정도, 그리고 그와 연관된 여성의 건강, 교육, 소득 등 삶의 수준 (level)보다는 남녀 간의 격차(gap)에 관심을 두었다는 것이다. 예를 들어서 소득수준과 개발정도가 높은 국가일수록 일반적으로 여성의 교육수준과 보건수준은 높아진다. 그런데 WEF의 성격차지수는 이러한 수준효과를 최대한 배제하고 남녀의 순수한 상대적 격차만을 측정하기 위해 고안된 수치라는 설명이다.[88] WEF의 성격차지수는 경제참여 기회, 교육, 보건, 정치 참여 분야 등의 14개 지표에서 남녀 간에 존재하는 이러한 상대적 격차들을 측정하고 나름의 방법으로 가중치를 부여한다.

물론 세간의 오해와 달리 WEF의 성격차지수는 남성에게 불리한 항목에 가중치를 부여하지는 않는다. 그러나 그렇다 하더라도 WEF 산정방식의 본질은 변하지 않는다. WEF 방식을 따르면 여성과 남성의 삶의 질과 수준이 낮은 국가라 하더라도, 즉 모두가 불행한 나라라고 해도 그 둘의 상대적 격차가 적다면 보다 더 높은 순위가 매겨진다. 물론 이러한 측정방식에는 그 나름대로의 의의(국가의 개발수준과 별개로 순수한 상대적 격차만을 본다는 것)가 있지만 현실의 체감과 동떨어져 있다는 비판이 나올 수 있다. 특히 WEF의 방식은 사회의 질적인 차이도 제대로 반영하기 어렵다. 가령 저개발 전자본주의 사회의 특성을 강하게 띄는 국가일수록 통계에 잡히기 어려운 가부장적 사회관계의 특성(여성할례, 명예살인 및 부부간의 허용 등등)이 나타난다. 그런데 국가 간의 일률적 비교를 위해 고안된 성평등 지표에서는 이러한 부분들이 제대로 반영되지 않는다. 그렇기 때문에 여성에 대한 명예살인이 사회적으로 잔존하는 일부 국가들이 일부 선진국보다 더 성평등한 나라로 나오는 웃지 못할 결과가 나타나기도 한다. 또한 WEF의 지표는 고등교육 진학률을 측정하는 방식에서 한계를 보이고 있으며[89] 임금격차를 측정하는 데 있어서 더 나은 방법을 놔두고 서베이(여론조사)에 의존하는 방법도 비판의 여지를 남겨두고 있다. 그러나 이는 이미 여러 차례 언론에 소개된 비판이므로 생략한다.

그렇다면 이제는 한국이 2014년 상대적으로 양호한 순위인 23위를 기록한 UNDP의 성불평등지수(GII) 산정방식을 보도록 하자. GII는 인적개발의 수준을 보여주는 건강(산모사망률, 미성년자 출산율), 권한(중등교육진학률, 의회비중), 노동시장참가율 등 다섯 가지 지표상에서의 남녀의 격차를 비교한다. GII 역시 남녀의 상대적 격차를 측정한다는 점에서 GGI와 공통점을 지니지만, 앞서 본 이 다섯 가지 지표 모두 국가의 개발수준 및 소득수준에 강한 영향을 받는 변수들이라고 볼 수 있다. 즉 국가의 인적개발정도가 높은 선진국일수록 일반적으로 성불평등지수는 개선되는 경향을 보인다. 예를 들어서 GII에는 '산모사망률'과 '미성년자 출산율'이 반영되어 있는데 이 역시도 국가의 일반적인 발전수준에 영향을 받는 대표적인 변수이다.

한국 역시 상당한 수준으로 개발된 국가이고 소득수준도 상위권이기 때문에 (비록 GII가 국가의 소득수준을 명시적 변수로 고려하지는 않으나) 일부 그 영향으로 UNDP 성평등지수에서 상위권을 기록했다. 특

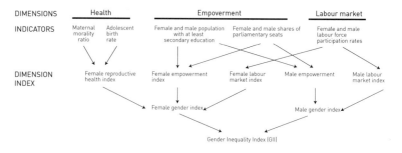

▲ GII 산정방식(출처: UNDP, 2015)

히 미성년자 출산율(한국은 1000명 당 2.2명이며 GII 기준 1위인 슬로베니아의 경우 7명)이 세계적으로 낮은 수준이라는 점이 점수를 끌어올린 것으로 보인다. 그러나 UNDP 지표상에서 페널티를 받은 항목도 있는데, 그것은 바로 여성의 의회점유율(16.3%)과 여성의 노동시장참가율(50.1%)이다. 물론 이 지표는 WEF 지표에서도 한국의 순위를 떨어뜨린 주범 중 하나이다.

UNDP와 WEF 두 가지 지표의 비교를 한 마디로 요약하자면 결국 둘의 정책적 관심 자체가 다르다는 것이다. 따라서 서로 다른 두 지표 사이에서 무엇이 더 '우월하냐'는 논의는 무의미하다. 가령 WEF의 GGI 순위는 이미 보았듯이 여성의 삶의 수준을 반영하지 않기 때문에 전일적인 국가 간의 순위 매기기에는 별 효용이 없고 차라리 인적자원개발이 비슷한 수준으로 이뤄진 국가군이나 OECD 가입여부를 기준으로 한 국가군 사이에서 상대적 격차를 비교하는 '보조지표'

로 활용하는 편이 더 낫다고 생각된다. 이처럼 성격차지수를 어떻게 사용하느냐는 정책당국과 연구자의 관심사에 따라 달라진다. 한편 이 지표들은 국가 간 순위 매기기를 좋아하는 언론 및 대중의 관심사와 맞물려 지표가 개발된 실제 목적과 무관한 불필요한 정치적 논쟁을 낳았다. 특히 WEF의 지표는 일련의 선정적인 보도를 낳았다. 예를 들어 당시 이 통계를 보도한 《한겨레신문》은 다음과 같은 표제로 기사를 냈다. "여성이 남성 임금 받는데 118년 걸려…한국 양성평등 115위"[90] 물론 이 기사에는 해당지표에서 "한국, 필리핀 르완다 부르키나파소보다 낮은 순위"를 기록한 이유는 제대로 설명되어 있지 않다. 지금도 여성단체들은 여러 해 100위권을 기록한 한국의 WEF 지수를 별다른 설명 없이 문건과 성명서에서 전가의 보도로 인용하곤 한다. 또한 여성주의 매체 '일다'에서도 "성평등지수 115위, 그래도 여성전용주차장이 부럽니?"라는 제목으로 성격차지수와는 전혀 관련이 없는 여성전용주차장을 화제로 끌어들이고 있다.[91] 물론 젠더이슈 논쟁에서 여성전용주차장을 끌고 오는 남성 네티즌들을 비판하고 양성불평등에 관심을 환기하고 싶은 의도이겠지만 이 칼럼 자체도 그러한 네티즌들의 갑론을박과 똑같은 수준으로 퇴행하고 있다.

이와 달리 정용인 기자의 주간경향 기사는 성격차지수에 걸려 있는 쟁점을 비교적 정확하게 짚고 있음에도 불구하고, 뜬금없이 이 통계에 반발하며 '꼴페미'와 '여성가족부'를 비난하는 남성 악플러들을 소환한다.[92] 남성 네티즌들의 비판의 대상이 되어버린 여성가족부는 정작 한국이 100위권을 기록한 이 WEF 통계를 보도자료 등을 통해 반박한 바 있다면서 말이다. 한편 여성가족부가 한국에 불리한 WEF 통계를 반박하는 조치를 취한 것은 어찌 보면 당연한 일이다. 여성주의를 떠나 관료적 입장에서 보면 국제적으로 최악의 지표가 발표된 것은 국회 국정감사 등의 자리에서 질책을 받을 수 있는 민감한 사안이기 때문이다(그리고 실제로 질책을 받았다). 오히려 '재밌는 것은' WEF의 발표에 대한 남성 네티즌들의 반발만이 아니라 여성계의 양가적인 태도이다. WEF 지표는 '운동진영'의 경우 한국이 얼마나 여성에게 열악한 사회인지(그러나 실제로 WEF의 지표는 여성의 삶의 열악한 정도를 비교하는 지표는 아니다)를 선전할 수 있는 좋은 소재인 동시에 '관료적 입장'에서 보면 여성 관련 부처의 정책수행능력을 의문에 부칠 수 있는 사안이기도 하다. 그렇기 때문에 여성운동단체와 달리 여성가족부에서는 WEF에 대해 적극적인 반론보도와 정정요청을 행한 것이다. 이러한 일련의 해프닝 자체는 지금까지 누적되어 온 국가 간 절대적 순위 비교에 지나치게 집착하는 사회적 경향과 통계에 대한 편의적 해석이 만연한 문제에서 비롯된 것이다.

다른 한편으로는 이런 해프닝을 통해 '평등'이라는 관념 자체에 대해서도 돌아볼 필요가 있다. 이를테면 다 같이 못 살고 불행한 국가의 평등과 어느 정도 삶의 수준이 개선된 국가에서의 불평등을 일률적으로 비교하는 것은 어렵다. 한국의 경우는 50년도 채 안 되는 짧은 기간 동안 급속히 진행된 소득, 교육, 보건의 발전수준에서 이제는 어떻게 사회적 자원과 기회를 성별, 계층별, 연령별로 공평하게 배분할 것인지를 고민하는 입장이다. 그런 점에서 저개발 국가들과 한데 묶어 한국의 WEF 성격차지수가 전 세계 100위권이라고 운운하는 것은 그 자체로는 별로 큰 의미가 없으며, 사실 이러한 식의 전일적인 순위매기기에 집착하는 태도는 GDP와 국민소득 등의 단일지표로 국가들의 우열을 나누는 것을 비판해왔던 진보진영 일각의 평소 모습과 괴리되는 부분이기도 하다.

한편 최근에는 성평등 지수에 관해 흥미로운 소식이 전해졌다. 우리나라가 최근 UN 산하기구인 UNDP 성불평등지수(GII)에서 2015년 기준 세계 10위의 성평등 국가라는 결과가 나온 것이다. 2014년의 23위에서 13계단 뛰어오른 것이다. 확실히 고무적인 결과이다. 하지만 세부적인 사항을 보면 우리나라가 100위권으로 일부 이슬람 국가만큼 성평등 지수가 낮은 나라라는 세계경제포럼(WEF)의 조사결과만큼이나 거르고 봐야 할 부분이 있다. 앞서 보았듯이 UNDP의 성불평등 지수는 1. 산모사망률 2. 청소년출산율 3. 여성의 의회비중 4. 여성의 중등교육 진학률 5. 여성의 노동시장참가율이라는 다섯 가지 지표로 남성과 여성의 격차를 비교한다. 사실 우리나라가 UNDP 기준 상위권에 랭크된 것은 상당부분 청소년 출산율이 전 세계 1위로 압도적으로 낮은 데서 연유한다('14년 1000명 당 2.2명에서 '15년 1.6명으로 감소). 물론 이건 분명 의미가 있는 수치이다. 그만큼 여성청소년이 교육의 기회를 어느 선진국보다 더 잘 보장받는다는 의미이기 때문이다. 우리

나라 특유의 교육열에서 비롯된 현상이다. 그리고 산모사망율도 전 세계적으로 낮다('14년 10만 명당 27명에서 '15년 11명으로 감소). 무엇보다 중등교육 이상을 받은 인구비율도 눈에 띄게 증가했다('14년 여성 77.0%에서 '15년 여성 88.8%). 그러나 나머지 여성의 의회비중(16.3%), 노동시장 참가율(50%) 격차 이 두 가지 지표는 여전히 낮은 수준이다. 아직 갈 길이 멀다는 방증이다.

여기서도 GGI이든 GII이든 두 지표를 볼 때 통계해석의 주의점이 있다. 예컨대 우리나라가 원래 약세를 보였던 일부 지표들은 당장 가시적인 순위의 변동을 기대하기 어렵다. 예를 들자면 여성의 대학 이상의 고등교육 진학률은 현재에도 세계적으로 높은 수준은 아니며 이는 WEF 순위에서도 페널티로 작용한다. 하지만 매년 발표되는 대한민국 교육기본통계에 따르면 2009년부터 여성의 대학 진학률이 남성을 앞지르게 되었다. 물론 이러한 최근의 추세가 그동안 누적된 남녀 고등교육 격차를 역전시키기에는 역부족이다. 현존하는 중·고졸 여성을 전부 대학에 입학시키지 않는 한 말이다. 누차 이야기했듯이 남녀가 동등한 자격으로 노동시장이나 사회정치적 영역에 참가한 역사가 불과 70년 남짓한 우리나라와 그 역사가 100~200년에 걸쳐 누적된 선진국과 절대적 수치에서 단순 순위비교를 하는 건 무리이다. 간혹 사회과학자들이 이미 누적된 절대적인 수준을 제거하고 어떻게 그동안의 지표가 상대적으로 개선되거나 악화되었는지를 비교하기 위해 통계의 변화량이나 변화율을 비교하는 이유도 여기에 있다.

4장
포비아 페미니즘의
결과
Phobia Feminism

01.
정의로운(?) 검열과
공론장의 사유화

중식의 밴드의 여성혐오 논란

2016년 말 중식이밴드의 리드보컬 정중식이 쓴 페이스북의 개인적 견해가 SNS에서 논란이 된 적이 있다. 중식이밴드는 가난한 젊은 남성의 밑바닥 정서를 솔직하게 그려내는 가사로 유명했고 이와 관련하여 2016년 4월 총선국면에서 정의당 테마송 협약을 맺은 바 있다. 그런데 그 이후 그들의 일부 가사 내용이 '여성혐오' 논란에 휩싸였다.[93] 문제가 된 가사 내용은 유출된 야동에서 등장한 전 여자친구를 보며 느낀 복잡한 감상이라든지, 여유가 없는 상황에서 아이를 낳고 싶다는 여자친구에 대한 푸념이라든지, 홍등가의 여성의 처지와 자신을 동일시하며 연민한다든지, 가난한 자신을 사랑해주지 않는 여성에 대한 원망 등이 담겨 있다. 물론 해당 가사 내용은 남성으로서 자신의 성적 판타지라든가 자기연민 그리고 여성에 대한 이런저런 콤플렉스를 가감 없이 드러내고 있다. 이 논란 때문에 중식이밴드는 정의당과의 테마송 협약에서 중도하차하고 자숙기간을 보냈다.

잠시 나의 눈을 의심했어, 네가 앞에 나타나니까. 잠시 커버렸던
나의 그것도 고개를 숙이며 울었어.
첨엔 네가 아닐 거란 생각에, 멍하니 널 쳐다보다가 유두 옆쪽에
큰 점이 있더군.
맞아 기억나는데, 너의 유방 삼국지. 나의 전 여자친구의 야동.

-야동을 보다가 中

아이를 낳고 싶다니, 그 무슨 말이 그러니? 너 요즘 추세 모르니?
헤어지잔 말이 아니야. 나 지금 네가 무서워. 너 우리 상황 모르니?
난 재주도 없고 재수도 없어.
집안도 가난하지, 머리도 멍청하지, 모아 둔 재산도 없지.
아기를 낳고 결혼도 하잔 말이지? 학교도 보내잔 말이지?
나는 고졸이고 너는 지방대야, 계산을 좀 해 봐.
너랑 나 지금도 먹고살기 힘들어. 뭐, 애만 없으면 돼.
이대로 우리는 계속 사랑하며 살기로 해.

－아이를 낳고 싶다니 中

친구야, 꿈이 있고 가난한 청년에겐 사랑이란 어쩌면 사치다.

나는 힘없는 노동자의 자식, 낭만이란 내겐 무거운 사치다.

...

빚까지 내서 대학 보낸 우리 아버지, 졸업해도 취직 못 하는 자식.

오늘도 피시방 야간 알바를 하러 간다. 식대는 컵라면 한 그릇.

...

빚까지 내서 성형하는 소녀들, 빚 갚으려 꿈 파는 소녀들,

빨간 집 붉은빛이 나를 울리네.

－선데이 서울 中

너에게 밥을 사고 술을 사도, 거 아무 소용도 없을 것 같다.

넌 내게 맘을 절대 안 줄 것 같다.

너에게 꽃을 주고 반지를 줘도 아무 소용도 없을 것 같다.

넌 내게 맘을 절대 안 줄 것 같다.

넌 비싸 보이기 위해 치장을 하고 싸구려가 아니라 말한다.

난 말이 통하게 명품을 줘도 쉬운 여자 아니라 말한다.

－좀 더 서쪽으로

한편 일부 여성주의자는 이러한 남성 측의 자기연민과 여성에 대

한 심리적 콤플렉스 자체가 '미소지니(여성혐오)'의 징후라고 주장한다. 미소지니와 별개로 위 가사에서 드러나는 젊은 남성의 자기연민 정서 자체가 싫다는 반응도 있었다. 중식이 밴드를 비판하는 한 논자는 위 가사 내용들이 전부 여성혐오 성향을 내포하고 있는지에 대해서는 조심스럽게 선을 그으면서도 다음과 같이 말하고 있다.

> "나는 중식이를 비판하는 화살들 일부의 표적 범위가 너무 크다고 생각하지만, 작품을 비판하는 사람들이 어떤 지점을 비판하는지는 다른 사람들도 좀 알았으면 한다. 중식이의 곡들이 비판받는 이유 중 하나는, 오랫동안 여성주의자들이 지적해온 것처럼, 그간 모든 예술 작품에서처럼 남자들이 유독 자신만을 연민하던 모습 그대로란 점 때문이다."[94]

그러나 왜 대중문화의 영역에서 남성이든 여성이든 화자의 자기연민이 비판의 대상이 되는지 상당수의 독자들은 납득하기 힘들 것이다. 오히려 페미니즘 서적이야말로 여성의 자기연민으로 가득 차 있지 않은가? 또 남성 측의 찌질한 자기연민을 노래하는 가사가 있다면 여성 측의 자기연민과 찌질함을 그려내는 〈미지의 세계〉와 같은 웹툰과 〈미쓰 홍당무〉 같은 영화도 있지 않은가? 전자가 비판의 대상이 된다면 후자는 비판의 대상이 왜 되어서는 안 되는가? 자신이 공감할 수 없는 타인의 나르시즘적 자기연민은 물론 불쾌하게 느껴질 수 있다. 그러나 단지 그것만이 비판의 이유가 된다면 그것은 대중문화를 향유하는 모두를 향한 비판이 될 수밖에 없다. 대중문화의 주된 특징 중 하나가 나르시즘과 자기연민의 소비이기 때문이다. 그럼에도 불구하고 일부 페미니스트들은 남성이 자신의 삶이 힘들다고 불평하거나, 혹은 역으로 차별받고 있다고 말하거나, 아니면 자신의 처지를 연민하는 것 자체에 대해서 과도하게 격분하는 경향이 있다.

이런 가사의 내용 자체의 적절성 여부와 별개로 중식이밴드가 정의당과 협약을 맺은 것이 적절한지에 대해서 논란이 일어날 수는 있다. 왜냐하면 정의당은 기본적으로 진보성향의 '이념정당'이며, 그런 이념집단일수록 남녀 문제에 있어서 남성 측의 표현을 억압하는 것이 일종의 미덕으로 통용되기 때문이다. 따라서 중식이밴드의 노래나 중식이밴드 자체가 자신들의 진보적 가치를 대변하는 밴드가 아니라는 이의제기가 충분히 이뤄질 수 있다. 이러한 이의제기에 대해서 중식이밴드가 가져갈 수 있는 선택지는 두 가지이다. 첫 번째, 진보이념 따위에 연연하지 않고 원래의 자신의 세계관에 부합하는 창작활동을 한다. 두 번째, 진보이념에 대한 보다 더 철저한(?) 학습 뒤에 이념적 기준에서 합격점을 받을 수 있는 창작활동을 한다.

2016년 4월경의 가사 논란 이후 중식이밴드의 보컬이 공식적으로 표명한 입장은 후자에 해당된다. 그는 논란 이후 "요즘 페미니즘 공부합니다"라는 근황을 페이스북 상에서 알려왔다. 그런데 문제는 그 이후부터 생겨났다. 그는 페이스북에서 최근까지도 익명의 항의로 인해 자신이 설 공연 무대를 잃는 일에 대한 불만을 토로하면서 자신을 변화의 과정에서의 '희생자'로 놓는 글을 써 다시 한 번 논란의 대상이 되었다.

그는 여기서도 다시 한 번, 자신이 노래하는 가사 내용이 '보통의 찌질한 남성에 대한 노래이며, 이것이 누구에 대한 비하나 혐오를 함축하는 것이 아니다'는 원래의 태도를 고수했다. 가사의 내용을 보면 그것이 실제 진실에 부합한다. 그럼에도 그의 페이스북 댓글 창은 '페미니즘 공부를 더 하라'는 비판자와 이를 반박하는 옹호자들로 뒤엉켜 난장판이 된 바 있다. 설상가상으로 《경향신문》 최민영 기자는 이에 관해 정중식에게 페미니즘을 더 배워야 한다는 취지의 기사를 올리며 공개지면 상에서 훈수를 두었다.[95] 그러나 정의당 테마송 논란에서 하차한 것은 그렇다 쳐도 언론사의 기자까지 나선 이러한 조리돌림은 상식적으로 이해하기가 힘들다. 해당 기사에서 최민영 기자는 다음과 같이 말하고 있다.

"정중식씨는 자신의 글을 비판한 페미니스트의 글을 지난 10일 자신의 페이스북에 공유하면서 대화 의지를 보이기도 했다. 그는 지난여름 "페미니즘 공부를 시작했다"고 단비뉴스와의 인터뷰에서 밝힌 적이 있지만, 누군가에게는 생존과 직결된 문제임을 배우기까지는 아직 시간이 더 필요한 듯하다."

이것은 말 그대로 주제 넘는 비판이다. 최민영 기자는 리벤지 포르노(revenge porn)가 피해자의 생존과 직결된 문제이므로 그 문제를 가볍게 봐서는 안 된다고 말하고 싶겠지만, 여기서는 초점에서 빗나간 진술이다. 리벤지 포르노 피해자가 생존의 문제를 겪는 것과 마찬가지로 정중식 보컬이 호소한 것도 마찬가지의 생존의 문제였다. 여성혐오 논란 이후 자성의 태도에도 불구하고 여전히 지속된 보이콧 및 압력행사로 인해 생계를 위협받았기 때문이다. 게다가 중식이밴드의 가사가 '리벤지 포르노에 대한 정당화 내지는 미화'라는 사건규정 자체가 개념의 자의적 규정을 남발하는 페미니즘 진영의 오랜 언어습관을 보여주고 있다. 먼저 중식이밴드의 가사만을 보고서 화자가 보는 야동이 소위 말하는 복수심 때문에 일부러 유출된 '리벤지 포르노'인지, 제3자에 의해 악의적으로 찍힌 '몰카'인지, 아니면 '제3자에 의해 유출된 성관계 영상'인지는 알 수 없다. 이러한 상황을 확정할 수 없음에도 불구하고 중식이 밴드의 노래는 리벤지 포르노를 즐기는 남성의 추악한 모습을 미화하는 가사로 낙인 찍혔다. 물론 가사의 화자가 본 야동이 어느 쪽이든 상관없이 사적 관계에서 유출된 영상을 관음하는 것 자체가 도덕적·정치적으로 올바르지 않다. 하지만 그러한 상황을 가사에 담는 것마저 비난받아야 하는지 여부는 또 다른 문제이다. 만일 사회적으로 지탄받는 행위를 노래나, 영화나, 애니메이션 등에 담는 것 자체가 비난의 대상이 되어야 한다면 그것은 앞으로도 보겠지만 도덕적·윤리적으로 논란의 여지가 있는 모든 작품과 표현에 대한 검열을 허용하는 논리로 이어질 수밖에 없다.

한편 흥미로운 것은 진보성향의 네티즌들 사이에서 일어난 중식이밴드를 둘러싼 논쟁의 입장이 비판이든 옹호든 대부분 이념적 잣대를 가져갔다는 것이다. 혹자는 중식이밴드가 '노동자계급'이기 때문에 대부분의 빈곤청년이 철저한 이념학습과 고민을 할 여유 따위는 없는 세태를 솔직하게 다루었을 뿐이라고 변호한다. 일종의 동정론이다. 그러나 애초에 중식이밴드가 노동계급의 빈곤청년인지 아닌지는 여기서는 별로 중요한 쟁점이 아니다. 그의 처지에 대한 동정론이나 이념적 기준에 의한 비난이 아닌, 비평적 잣대의 일관성을 가져가는 제3의 선택지도 있다. 이에 중식이밴드를 둘러싼 지난날의 논쟁을 몇 가지 키워드를 통해 다시 정리할 필요가 있다.

키워드 #1. 정치적으로 올바른 예술?

과거 권위주의 정권 아래서 이뤄진 검열과 별개로 최근에는 '정치적 올바름'을 잣대로 삼은 일부 예술작품들을 둘러싼 검열논란이 일어나곤 한다. 미국 컬럼비아 대학의 한 문학 강좌에서 가르친 오비디우스의 『변신 이야기』에 겁탈에 대한 묘사가 등장한다는 이유로 성폭력 피해 경험이 있다고 주장한 학생이 항의를 한 일이 있었다. 결국 문학강좌의 교수는 대학 당국으로부터 성 인지(양성평등) 감수성 훈련 강좌를 듣도록 권고 받았다. 비슷한 논란은 해외 대중문화의 영역에서도 일어났다. 일부 북유럽 국가에서는 영화 〈E.T.〉가 부모와 아이의 관계를 부정적으로 묘사해서 아이들의 정서에 악영향을 줄 수 있다며 상영 금지 처분을 내렸다. 최근 SNS에서도 『B사감과 러브레터』나 『장화홍련전』 같은 문학작품이 여성혐오 성향을 담고 있으므로 교육 현장에서 규제해야 한다는 주장이 나온 적이 있다.

참고로 앞의 오비디우스 논란에 대해 제리 코인이라는 시카고 대학 교수는 다음과 같이 대학의 결정을 꼬집고 있다.

"폭력과 혐오로 말할 것 같으면, 그건 어디에나 있다. 그것은 삶의 일부인 것만큼이나 문학의 일부다. 『죄와 벌』? 자극적인 내용이 있으니 주의하시오. 『위대한 개츠비』? 자극적인 내용이 있으니 주의하시오 ⋯⋯"[96]

오늘날 정치적 올바름의 잣대로 이뤄지는 작품에 대한 검열의 논리는 결국 다음과 같은 패러독스로 귀결된다. '존속살해나 묻지마 범죄를 겪은 피해자에게 도스토예프스키의 『죄와 벌』 그리고 『카라마조프가의 형제들』 같은 작품은 트라우마를 다시 자극할 수 있지 않을까?' '『보바리 부인』과 『안나 카레니나』는 불륜으로 인해 가정파탄을 겪은 피해자들에게 나쁜 기억을 떠올리게 만들지 않을까?' 이 같은 방식의 논란에서 되짚어 봐야 할 첫 번째 지점은 **과연 정치적으로 올바른 예술작품이라는 것이 처음부터 성립할 수 있느냐**는 것이다. 제리 코인 교수가 적절히 지적했듯이 예술은 어떤 의미에서는 폭력과 혐오 그리고 차별을 '포함'한 유해한 현실을 반영한다. 그리고 그것이 예술의 본질적 기능 중 하나이다. 물론 거기에는 해로운 요소들이 있고 트라우마를 자극하는 내용이 있다. 문학계에서의 가장 극단적인 사례는 사도마조히즘이라는 표현을 유행시킨 소설 『소돔 120일』[97]과 『모피를 입은 비너스』[98] 등이다.

그리고 여기서 두 번째 지점을 생각해 볼 필요가 있다. 만일 예술의 불쾌한 내용들을 '유해성'이라는 기준으로 검열한다면 과연 처음부터 '비평'이라는 것이 가능할까. 애초에 중식이 밴드에 대한 여성주의적 비평 혹은 비판이라는 것이 가능한 것도 그들의 가사가 비평가들이 문제를 제기하는 해로운 '현실'을 포함하고 있었기 때문이다. 같은 이야기를 일본 근대문학 남성들에 대한 정신분석적 비평으로 가득 찬 우에노의 『여성혐오를 혐오한다』에 대해서 되물을 수 있다.

교양이 결핍된 검열 시도가 자아낸 코미디는 다음과 같은 에피소드에서도 확인된다. 서적 판매업체인 알라딘의 한 오프라인 매장 벽화에 일군의 문학 작가들과 더불어 김훈[99]의 초상이 올라가게 되었다. 이를 본 한 여성이 평소 페미니즘에 대해 비판적이었던 '김훈' 작가가 여성혐오주의자라고 주장하면서 해당 벽화의 초상을 내릴 것을 요구했다. 이후 알라딘 측에서는 벽화가 새롭게 교체될 예정이라고 알려왔는데 거기에는 '어니스트 헤밍웨이'의 초상이 포함되어 있었다. 그리고 놀랍게도 아무도 거기에 대해 항의하는 사람은 없었다. 어니스트 헤밍웨이는 미국이 낳은 위대한 근대문학 작가인 동시에 문학사적으로 마초 이미지로 유명한 작가이다.

키워드 #2. 퇴행적 진보

'퇴행적 진보'(regressive left)라는 용어는 미소지니라는 말 만큼이나 보편적으로 합의된 용어는 아니다. 하지만 굳이 소개하자면 퇴행적 진보란 다음과 같은 것을 의미한다. 진보진영은 그동안 사회적 편견에 맞서 싸우면서 개인의 권리와 자유 특히 '표현의 자유'를 옹호해왔다. 하지만 개인의 자유를 법적으로 보장하는 것이 점차 세계적인 추세가 되고 그것만으로 이념적 차별성을 주장할 수 없게 되자, 진보진영에서는 정반대로 정치적 올바름을 잣대로 사회적 검열권을 요구하는 형태의 캠페인을 벌이기 시작했다. 가령 2014년 북미권에서 일어났던 이른바 '게이머즈 게이트' 와중에 이와 유사한 형태의 또 다른 논란이 일어난 바 있다. 아나타 사키시안과 같은 일부 급진 페미니스트는 성인 게임에서의 폭력에 대한 묘사가 여성과 사회적 약자에 대한 혐오와 폭력을 부추긴다는 문제제기를 한 바 있다. 이와 더불어 비디오 게임산업에 대한 광범위한 규제를 요구하는 성난 목소리가 페미니즘의 이름을 빌려 일어났다. 그러나 당시 북미에서는 이와 비슷한 논란을 과거에 한 번 겪은 적이 있다.

1990~2000년대 초반에도 종교계와 학부모단체를 중심으로 게임

과 대중문화 내의 폭력묘사가 학생과 어린아이들의 모방범죄로 이어진다며 검열을 촉구하는 주장이 일어났고 이것에 대해 이미 학계가 사실관계를 정리한 적이 있다.[100] 실제로 비디오 게임 등의 가상매체가 현실의 폭력을 부추긴다는 근거는 없다. 또한 과거 진보진영도 〈볼링 포 콜롬바인〉과 같은 영화를 통해 학생들 사이에서 일어난 총기난사 사건의 원인으로 비디오 게임 중독의 문제를 끌고 오는 보수언론의 보도행태를 비판한 적이 있다. 그 같은 행태가 총기규제의 완화 등 현실의 진짜 폭력 문제에서 사람들의 눈을 돌리기 위한 술책이라고 비판하면서 말이다. 그러나 최근에는 입장이 완전히 역전된 것으로 보인다. 진보진영이 오히려 검열을 옹호하고 정당화하는 입장으로 돌아선 것이다. 이처럼 이념적 선명성을 드러내기 위해 과거에 이미 스스로 합의한 상식과 사실관계를 무위로 돌려버리는 것을 퇴행적 진보라고 부른다.

다시 중식이 밴드의 문제로 돌아가 보자. 정의당과의 협약의 적절성과 별개로, 뮤지션으로서의 생계유지의 어려움을 토로하는 개인의 SNS 계정에 찾아가 과거의 여혐논란을 상기하며 낙인찍고 조리돌림하는 일군의 십자군들과 이를 비판 없이 받아 적는 진보언론 역시 이러한 '퇴행적 진보'의 증상을 보여준다고 할 수 있다. 앞서 본 중식이 밴드의 '야동을 보다가'에는 확실히 유출된 몰카 야동의 피해자인 전 여자친구를 보고 느낀 관음증적인 감정(관음적 쾌락 그리고 전 여자친구에 대한 연민 등이 뒤섞인 감정)을 화자가 노래하고 있다. 혹자는 이것이 이른바 '리벤지 포르노'를 '정당화'하거나 '미화'한다며 비판한다. 이 것은 현실의 행위와 이를 가상에 반영한 것의 차이를 전혀 두지 않는 비판이다. 이것은 마치 『죄와 벌』이 묻지마 범죄를 정당화하고 『보바리 부인』이 불륜을 조장한다는 것과 마찬가지로 어처구니없는 주장일 뿐이다. 확실히 몰카 유출은 범죄이며 개인 사이에서 유출된 몰카를 본다는 행위 역시 윤리적으로 비판받을 일이다. 그런데 이보다 더 나아가 그런 상황을 노래하는 것 자체가 사회적으로 몰카 유출 범죄와 리벤지 포르노를 '정당화'하고 '부추긴다'는 주장으로까지 나아간다면 살인과 불륜을 묘사하는 가사와 문학작품도 바로 똑같은 기준으로 비난받아야 한다. 중식이밴드의 가사가 리벤지 포르노를 정당화한다고 주장하는 사람이라면, 대중문화를 검열하고 '건전가요'를 권장했던 과거 군사정권의 행위도 그 고상한 혹은 괴상한 윤리적 민감성을 십분 발휘해서 공감해줘야 한다. 가령, 불륜을 묘사하는 작품들은 가정파탄으로 고통 받은 사람들의 트라우마를 자극할 수 있지 않은가? 그것을 마치 있을 법한 일인 것처럼 묘사하는 것마저 윤리적으로 나쁘지 않은가? 그것 역시 누군가에게는 '생존의 문제'만큼 절박한 일일 수 있지 않은가?

과거 불건전한 음란문학을 썼다는 이유로 형사처분에 이른 장정일이나 마광수 사건에 관해, 그런 이유로 작품과 작가를 검열해서는 안된다고 이미 예전에 진보진영 스스로가 주장했고 또 그것이 진영 내부에서 합의됐던 시금석이었다. 포비아 페미니즘에 중독된 일부 진보인사와 언론인들은 이러한 합의를 무위로 돌리고 다시 과거로 퇴행한다.

키워드 #3. 이중잣대

이처럼 퇴행적 진보는 이중잣대의 문제와도 이어져 있다. 혹자는 각자가 '불편한 것에 노출되지 않을 권리'가 있다며 정치적 올바름을 잣대로 행해지는 검열을 옹호하기도 한다. 물론 불편한 것을 보지 않을 권리는 소비자 운동의 맥락에서는 유효할 수 있다. 굳이 돈을 내고서 자신이 싫은 것, 불편한 것을 볼 이유는 없기 때문이다. 그 동안 페미니즘은 '페미니즘은 돈이 된다'는 구호로 많은 기업과 제품에 대한 불매운동을 벌이기도 했다.

그런 의미에서 중식이밴드에 대한 비판자들은 2016년 여름 메갈리아 옹호 논란이 일었던 김자연 성우에 대해 〈클로저스〉 게임 유저들이 게임을 보이콧 한 것을 비난해서는 안 된다. 당시의 게임 유저들은 메갈리아든 메갈리아4든 혐오집단을 옹호하는 성우의 목소리를 게임에서 듣고 싶지 않다는 의사를 피력한 것일 뿐이다. 일종의 소비자 보이콧 운동이다. 메갈리아와 메갈리아4가 다르다는 주장에 대한 반박은 이미 『혐오의 미러링』에 충분히 해 놓았으니 더 길게 언급하지는 않겠다. 정치적 맥락에서 일부 정의당 당원들이 중식이밴드가 자기 정당의 이념을 대표하는 것이 싫다면 마찬가지로 클로저스 게이머 역시 그 나름의 이유로 게임을 거부할 권리가 있다. 한편 김자연 성우도 그렇고 중식이밴드가 어디에서 누구를 상대로 작품활동을 하며 생계를 유지할지는 본인들이 판단할 문제이지 타인이 간섭할 문제가 아니다. 가령 성우가 게임에서 하차한 이후에도 해당 게임 유저들이 그를 집요하게 쫓아다니며 그의 사상을 검열하고 다른 생계유지 활동을 방해한다면 그것은 주제넘은 짓이다. 바로 그런 짓이 중식이밴드에게 행해졌다는 것이 문제의 핵심이었다.

DJ DOC의 여성혐오 논란과 공론장의 사유화

정치적으로 올바른 검열을 요구하는 태도는 최근 집회 현장 등의 민주적 공론장이라고 불리는 곳에서도 두드러지고 있다. 그러나 민주주의 사회에서 집회 현장이나 공론장은 여러 정치·사회세력이 자신의 주관을 표명하는 자리이며 누군가 특정인을 검열하거나 몰아낼 권리는 없다. 만일 자신이 다수라는 이유에서 타인을 검열할 권리가 자신에게 있다고 생각한다면 언젠가 스스로 자기모순에 부딪힐 수밖에 없다.

예를 들어 말하자면, 지난 2016년 11월에 그룹 DJ DOC가 발표한 박근혜 정권 풍자 시국비판가요 '수취인분명'에서 나온 '미스박'이라는 표현과 '멘붕 세뇨리땅, 하도 (주사로) 찔러대서 얼굴이 빵빵'이라는 표현이 '여성혐오'라는 논란에 휘말린 적이 있다. 이 일로 26일에 예정됐던 이들의 광화문 촛불집회 문화공연 출연이 무산된 적이 있다. DJ

DOC는 이러한 논란에 담담히 대처하면서 개인자격으로 촛불집회에 참여하고 이후 길거리 공연을 열게 되었다. 당시 많은 사람들은 '미스 박'이나 '세뇨리땅', '얼굴빵빵' 등의 표현이 그 자체로는 여성혐오와 무관하다고 생각하며 공연 취소를 공지한 주최 측의 결정에 의문을 표했다. 가사의 내용을 여성에 대한 혐오가 아니라 정치인에 대한 풍자로 받아들여야 한다고 많은 사람들이 생각했다.

사실 과거 '쥐명박'이라든지 '쥐새X'라는 남성 대통령 대상의 비하발언에서 엿볼 수 있듯이 외모비하가 동반된 정치인 조롱은 과거 집회 현장에도 존재했다. 그리고 이것은 후일 진보진영에 대해 일종의 미러링을 한다고 주장하는 집단, 즉 '과거에 너희들도 그러지 않았느냐'며 김대중 대통령과 고 노무현 대통령을 넷상에서 조롱하고 능욕하는 일베를 낳은 계기가 되었다(『일베의 사상』, 2013). 이처럼 외모비하나 정치인에 대한 조롱과 야유는 진짜 문제가 되는 정치적 쟁점에 대한 비판의 초점을 흐리게 하며, 혐오의 악순환을 가져오기 때문에 문제가 있다. 그러나 여성주의자들의 생각과 달리 그것이 여성정치인에게 행해졌다고 해서 그것이 여성일반에 대한 혐오를 의미한다고 볼 수 없다. DJ DOC의 가사 내용도 여성이 피부 관리를 받는 일을 야유하는 것이 아니라 국정농단을 자행했다는 것이 드러난 상황에서 부각된 성형주사 의혹을 풍자의 대상으로 삼은 것이다.

물론 정치인에 대한 외모 등의 비하발언에 의존해서 시국을 풍자하는 것이 오히려 사태의 본질을 흐린다는 지적은 경청할 수 있다. DJ

DOC 역시 그러한 비판을 수용하면서 가사의 내용을 수정해서 국회의 탄핵안 가결 이후의 촛불집회 무대에 올랐다. 가사의 수정 역시 의미 있는 논의의 결과이지만 《여성신문》을 비롯한 여성단체들은 이 주최 측의 결정에 대해서도 반발했다. 여성신문은 "DJ DOC, 가사 수정해 주말 광장에 선다 … '여혐' 비판 무색"이라는 표제로 이를 비판하며 "여성혐오와 민주주의는 함께 갈 수 없다"는 요지의 기사를 실었다.[101] 한 마디로 '꼴도 보기 싫으니 아예 무대에도 오르지 말라'는 이러한 식의 막무가내의 태도는 겉으로는 다양한 소수의 의견도 경청해야 한다고 말하지만, 실제로는 일방향의 개념규정과 소통 그리고 일방향의 요구만이 존재하는 페미니즘 일각의 민낯을 고스란히 보여준다.

DJ DOC를 무대에서 내리도록 압력을 가한 이들은 DJ DOC의 존재가 평소부터 불편했으며 집회 현장에서 이들을 보고 싶지 않다고 생각할 수 있다. 그렇다면 마찬가지로 이렇게 생각할 수 있지 않을까. 당시 촛불집회 현장에서 박근혜 전 대통령의 하야 및 탄핵에 동조한 수많은 시민 중에는 이석기의 석방과 통진당 해산 무효를 주장하는 사람들이 불편하며 이들을 집회 현장에서 보고 싶지 않다고 생각한 사람도 있었다. 또한, 마찬가지로 촛불집회 현장에서 끼워 팔기 식으로 들어간 (과거 폭력시위를 기획하고 주도했다는 혐의로 구속된) 한상균 민주노총 위원장의 석방요구 구호와 민주노총의 민중총궐기 요구사항들이 부당하다고 생각하는 사람들도 있다. 그러한 사람들조차도 촛불시위 내의 차이와 불편함을 감내하면서 거리와 광장에 모였다. 반면 집회 현장에서 '불편해할 권리'를 말하며 사실상의 사회적 검열권을 요구하는 상당수의 사람은 단순히 불편함을 말할 권리를 넘어서 공론장과 광장을 사유화하려고 시도했다. 이들은 지난 2008년 촛불시위 때 특정 정치단체가 마음에 들지 않는다는 이유로 깃발을 내릴 것을 강요했던 이들과 크게 다르지 않다. 이런 행위들은 공론장에서의 의견의 다양성을 인정하지 않고 시민사회를 일종의 자신의 '나와바리'라고 간주하는 조폭적 의식과도 일맥상통한다.

앞서 신문매체를 빌려 SNS 상의 조리돌림에 동참했던 기자를 포함해서 타인에 대해 이념적 학습을 권하는 사람치고는 사건과 개념의 디테일에 대해 예민하게 고민하는 경우는 그리 많지 않다. 더 나아가 이들은 자신이 가져가는 잣대의 일관성을 깊이 고민하는 경우도 드물다. 물론 혹자는 이런저런 이유에서 검열과 규제를 정당화할 수도 있다. 그렇다면 그로 인한 자기모순에 대한 비난(퇴행적 진보) 역시 자기 스스로 감당해야 한다. 무엇보다 어떤 작품이나 노래 가사 자체가 여성혐오라고 주장하는 사람들은 일단 미소지니 개념 자체가 제대로 정립된 개념이 아니라는 사실에 유념할 필요가 있다. 물론 그들이 문제제기하고 싶은 현실의 불평등, 차별, 폭력 등은 분명 어딘가에 존재한다. 그러나 동시에 그것의 상당수는 인신공양과 거짓 폭로와 강요된 고백의 형태로 해결될 수 없는 문제이다. 개인의 의식을 개선한다는 명분 아래 시민 개개인의 내면과 양심에 개입하려 드는 검열당국과 교정당국을 모방함으로써 사회를 더 나은 것으로 만들 수 있다고 믿는 종교인들이야말로 자신의 의식이 어떠한지 스스로 비추는 거울이 필요하다.

02.
셀레브리티 페미니즘과
전체주의적 여론형성

언론의 천박한 오지랖

2017년에 있었던 제67회 베를린 영화제에서 〈밤의 해변에서 혼자〉로 여우주연상을 받은 배우 김민희의 발언이 '논란'이 되었다. 정확히 말해서는 논란이라기보다는 언론과 SNS 상에서 '제조된' 논란이었다. 현지에서 행한 짧은 30초짜리 인터뷰 영상에서 배우 김민희는 "저는 여성으로서 뭔가 다른 차별은 느끼지 못하고 굉장히 좋은 여성, 여배우들이 많고 남성 영화가 많으므로 남자 배우들이 더 두드러지게 보이는 거라고 생각하고요. 그냥 그거는 주어진 사회나 상황에 어쩔 수 없이 그냥 별로 그렇게 크게 불만을 느끼고 있진 않습니다"라고 발언했다.

이 발언이 언론과 SNS를 통해 전해지면서 김민희 배우에 대한 비판이 SNS 상에서 크게 일었다. 확실히 김민희의 발언은 최근 영화계의 여성이슈 관련 발언들과 궤를 달리한다. 김민희의 발언이 있기 얼마 전 여성민우회 주최로 영화계 내 여성차별에 대한 대담회가 열린바 있었고, 모 배우는 '여배우'라는 표현이 여혐이라는 주장을 SNS에서 제기하며 논란을 일으킨 적이 있다. 또한 할리우드 여성 배우들이 영화계에 임금차별과 유리천장이 존재한다고 주장하며 자신의 페미니즘에 대한 소신을 드러내는 경우도 적지 않다. 한편 SNS에서의 비판과 더불어 일부 언론은 김민희의 발언이 최근 '영화계에서의 성차별과 여성혐오에 대한 공론화'에 찬물을 뿌리는 발언이라는 식의 논조로 보도했다. 《한겨레》 신문의 기사에서는 배우 김민희의 발언을 '베를린 현지 인터뷰 논란'이라고 전하면서 네티즌들의 비판 위주로 보도하고 있다.[102] 특히 세계정상급 배우들이 성차별 해소에 앞장서고 있는 사실을 거론하며 김민희의 인터뷰가 몰지각하다는 인상을 주고 있다. 배우 김민희의 "필모그래피엔 여성주의 성격이 강한 영화"가 많이 담겨있음에도, 여성주의와 관련이 먼 발언을 한 것은 이상하다는 식의 내용도 담겨 있다.

한겨레 기사는 그나마 양반이다. 《노컷뉴스》 유원정 기자의 기사는 이보다 더 노골적이다.[103] 거기서 기자는 케이트 블란쳇과 공효진 등 국내외 배우들이 성차별 문제에 대한 공개적 발언을 한 것을 길게 열거하며 "영화계 내 여성 차별과 치열하게 싸워 온 김민희 또래의 동료 배우들에게는 참으로 힘 빠지는 발언이 아닐 수 없다"라는 기자 자신의 코멘트를 덧붙여 놓았다. 그러면서 김민희와 영화 〈아가씨〉에 함께 출연해 '2016 올해의 여성영화인상'을 받은 배우 김태리의 수상 소감과 대비하기까지 한다. 김태리는 개념배우이지만 김민희는 그렇지 않다는 논조이다. 이쯤 되면 기사인지 칼럼인지 분간이 가지 않을 지경이다. 김민희의 동료배우의 머릿속에 빙의하면서까지 김민희를 비판하려는 기자의 의지가 돋보인다.

페미니즘에 대한 개인의 소신과 별개로 배우 김민희에 대한 이러한 보도 태도는 언론의 '오지랖'에 가깝다. 개인이 느낀 주관적인 체험에 대해서 '사실 너는 여성으로서 차별받고 있는데 너는 정작 여성이면서도 그것을 왜 알지 못하니'라며 답답해하면서 보채는 꼴이다. 사실 이것은 유명인사들의 소신 발언에 대한 최근의 페미니즘적 의미부여의 문제점이기도 하다. 셀레브리티의 발언을 근거로 개개인에게, '엠마 왓슨도 저렇게 용기 있는 발언을 하는데 너는 왜 못하니'라는 식으로 신앙고백을 강요하는 방식이 만연해 있는 것이다. 유명인사도 저렇게 생각하는데 너도 그렇게 생각해야 한다는 식의 사고는 오히려 무비판적·반지성적 사고에 가깝다. 일부 네티즌들은 유명 연예인으로부터 페미니즘에 대한 우호적인 발언을 이끌어내기 위해 압력을 가하고, 그러한 발언이 나올 경우 전리품을 얻은 것인 양 의기양양해 하거나 혹은 기대에 못 미칠 경우 과도하게 실망하곤 한다. '개념 배우', '개념 아이돌'을 띄우는 방식으로 사상과 정치적 신념을 일종의 패션으로서 소비하는 페미니즘인 것이다. 그러나 정작 중요한 것은 유명배우가 어떻게 생각하는지가 아니다.

언론과 일부 네티즌들은 개인이 자신의 체험에 대해 느낀 단순한 감상을 꼬집기 이전에 애초에 배우가 어떤 이념이나 사상에 대한 확고한 신념을 가져야 하는 직업인지를 되물을 필요가 있다. 특히 개인의 내면까지 간섭하고 통제하려는 것은 최근 페미니즘 조류가 드러내고 있는 전체주의적 여론형성의 방식과 맞닿아 있기도 하다. 김민희는 배우라는 직업인으로서 본인의 개인적 견해를 밝힌 것일 뿐이다. 어쩌면 당시 사생활 논란을 겪은 국내의 배우에 대해 한국의 언론이 더욱 엄격한 잣대를 들이댄 것은 아닌지 모르겠다. 한편 셀레브리티 페미니즘을 앞세워서 개인의 신앙고백과 사상검증을 강요하는 언론의 보도태도와 SNS의 페미니즘 소비행태는 비단 우리나라만의 문제는 아니었다.

할리웃 셀레브리티 페미니즘의 명암

최근 할리우드 유명인사들 전부가 페미니즘에 대한 지지 발언을 한 것도 아니다. 내친김에 그 사례들을 열거해 보자. 〈택시〉, 〈퓨리아〉, 〈러브 미 이프 유 데어〉 등에서 열연한 마리옹 꼬띠아르는 영화계의 유리천장 논란을 겨냥하며 "평등은 가령 영화 10편 중 5편은 남자, 5편은 여자가 연출하는 식으로 (기계적으로) 만들어지는 것은 아니다. 오히려 그런 행위는 분열이다. 내가 하고 싶은 말은 내가 나 자신을 페미니스트라 생각하지 않는다는 것이다"라고 발언했다.[104] 겉보기의 평등을 추구하는 페미니즘과 선을 그은 것이다.

메릴 스트립은 여성 참정권 운동을 다룬 영화 〈서프러제트〉 관련 인터뷰에서 "당신은 페미니스트입니까"라는 질문에 대해 "저는 휴머니스트입니다"라고 대답하며 페미니스트라는 자기규정을 완곡하게 거부한 바 있다. 그가 페미니즘을 거부했다는 논란이 일자 메릴 스트립은 다른 인터뷰에서 재차 다음과 같이 해명했다. "아세요? 저는 어머니입니다. 저는 한 아들의 어머니이고 한 남자와 결혼했습니다. 저는 남자들을 사랑합니다. 페미니즘이 역사적으로 의미해왔던 것이 아니라 페미니즘이 젊은 여자들에게 의미하게 된 것, 바로 그것이 그들로 하여금 페미니즘은 그들을 그들이 삶 속에서 사랑하는 사람들로부터 소외시킨다고 느끼도록 만듭니다. 그게 저를 어지럽히지요."[105] 최근의 페미니즘 조류를 둘러싼 논의를 완곡하게 비판한 것으로 볼 수 있다. 더불어 스트립은 "나를 페미니즘에 대한 자기정체화(self-identification)가 아니라 페미니즘적 행동으로 평가해 달라"고 부탁했다. 이념에 대한 자기규정이 사실상 큰 의미가 없다는 발언은 노배우로서의 연륜이 묻어나오는 대목이다.

또한 〈스노든〉 등에 출연한 쉐일린 우들리는 한 인터뷰에서 '당신은 페미니스트입니까?'라는 질문에 대해서 다음과 같이 대답했다. "전 남자를 사랑하니까, 아닙니다. 여성이 권력을 가지고 남자에게서 힘을 뺏는다는 생각은 절대 통하지 않습니다. 밸런스가 필요하니까요."[106]

한편 〈뱀파이어와의 인터뷰〉와 〈마리 앙투아네트〉에 출연했던 커스틴 던스트는 한 인터뷰에서 다음과 같이 말하고 있다. "'여성성'이 조금 폄하되어온 느낌이 있습니다. 우린 직업을 갖고 돈을 벌어야죠. 하지만 집에서 돌보고, 어머니가 되고, 요리하는 것, 이건 제 어머니가 창조한 가치 있는 것들입니다 (중략) 때로 당신은 빛나는 갑옷을 입은 기사를 필요로 할 때가 있습니다. 남자가 남자답고, 여자가 여자다워야 할 때가 있습니다. 그게 관계가 작동하는 방식이죠." 이 같은 발언에 대해서 커스틴 던스트가 '전통적인 성역할을 옹호한다'는 여성계의 비난이 쏟아진 것은 물론이다. '커스틴 던스트는 젠더 이론가가 아니기 때문에 젠더 문제에 대해 멍청한 건 이상한 일이 아니다'는 비아냥도 있었다.[107] 논란이 확산되자 자신의 발언에 대해 해명하느라 던스트는 진땀을 흘려야 했다.

앞서 언급한 페미니즘의 일부 조류를 비판하거나 페미니즘과 거리 두기를 한 여배우들의 발언은 많은 논란에 휩싸였다. 심지어 던스트의 경우처럼 페미니즘에 대한 공격이 아닌 인터뷰 발언조차 페미니즘 이슈로 논란이 되기도 했다. 나아가 앞서 본 메릴 스트립에 대해서 '페미니즘을 배신했다'는 식의 비난이 쏟아지는 웃지 못 할 해프닝이 벌어졌다.[108] 그가 평소 영화계 내 성차별에 대해 문제제기를 했던 '개념배우'라는 사실을 염두에 둔 일종의 배신감이었다. 그러나 배신감을 느끼는 사람들이 오히려 이상하다. 애초에 한 배우가 어느 순간 급진적 페미니스트 투사가 되었다가 또 어느 순간 자신의 견해를 솔직하게 말했다는 이유로 배신자로 규정되는 것 자체가 우스운 현상일 뿐이다.

게다가 배우 개인이 어떤 사상을 갖느냐의 문제를 떠나, 남녀 간의 평등한 권리를 주장하고 차별을 시정하라는 목소리를 냈다고 해서 그가 반드시 페미니스트가 되어야 하는 것은 아니다. 마치 누군가 노동자의 노동권을 주장한다고 해서 그가 반드시 사회주의자나 마르크스주의자인 것은 아닌 것처럼 말이다.

사실 사회주의나 마르크스주의라는 이념은 단순히 노동자의 권리를 보장한다는 것 '이상'을 말하는 사상이듯이, 페미니즘 이데올로기 역시 단지 성평등을 추구한다는 것 '이상'을 말하는 사상이라는 것을 정직하게 말할 필요가 있다. 그러나 정직함을 발휘해야 할 대목에서 대부분의 페미니스트는 자기기만에 빠져든다. '페미니즘은 성평등을 추구하는 사상이므로, 우리 모두가 페미니스트가 되어야 한다'라는 레토릭이 페미니스트의 단골 메뉴이다. 그러나 그것은 실제로는 자기 스스로도 믿지 않는 이야기이다. 성평등을 추구하는 방법론에서 페미니즘은 논란의 소지를 안는 투쟁과 표현의 수단을 종종 선택해왔기 때문이다. 그렇기 때문에 성차별에 반대하는 여배우나 셀레브리티 중에서도 종종 페미니즘이라는 규정에 완곡하게 거리를 두는 사람이 생기는 것은 전혀 이상한 일이 아니다.

결국 배우들의 발언 하나 하나에 페미니즘이냐 안티페미니즘이냐는 사상검증 소동이 벌어진 이러한 일련의 해프닝들은 허구적인 진영 논리에 중독되어 있는 세태를 보여준다. 또한 이것은 스스로도 정확히 그 외연을 정의할 수조차 없는 페미니즘이라는 사상에 영문을 알 수 없는 도덕적 우월성을 부여한 채, 그것을 편을 가르는 잣대로 제 멋대로 휘둘렀다는 것을 보여준다. 나아가 이것은 전체주의적인 여론형성을 강요하는 것에 동참해 놓고서도 스스로 문제의식조차 못 느끼는 지적 불감증의 징후이기도 하다.

냉정하게 말하자면, 배우 한명 한명의 발언에 페미니스트이든 안티페미니스트이든 일희일비할 필요는 없다. 배우든 연예인이든 각자의 생각과 사상이라는 것이 있을 따름이다. 특히 메릴 스트립의 경우처럼, 영화계의 차별에 대해 문제제기를 한 배우조차 페미니즘이라는 자기규정에 집착하지 않는다는 사실은 많은 것을 시사한다. 그리고 다음과 같은 사실을 직시할 필요가 있다. 셀레브리티의 페미니즘 선언에 환호성을 지르곤 했던 사람들이 생각하는 것과 달리 페미니즘은 여전히 논란이 많은 주제이다. 그리고 어떤 사람에게 페미니즘은 언급하는 것조차 꺼려지는 민감한 주제일 수밖에 없다. 그 이유는 앞서 본 것처럼 개개인의 솔직한 발언을 검열하고 사상검증의 잣대를 들이대면서 무수한 논란을 만들어내는 광신적 태도가 잘 설명해준다. 페미니스트들은 페미니스트 선언이 누군가에게 낙인을 불러들인다고 불평하지만, 바로 그만큼 페미니즘 일각이 다수의 남성과 여성에게 낙인을 가해왔다는 사실을 인지하는 데는 아무래도 시간이 더 필요한 것 같다.

03.
페미니즘의
혐오 마케팅

혐오발언과 여성에 대한 낭만적 환상

최근 페미니즘 진영이 일으킨 가장 뜨거운 논쟁 중 하나는 단연코 메갈리아·워마드 평가 논쟁일 것이다. 메갈리아·워마드는 여초 인터넷 커뮤니티로서 인터넷 공간에서 한남충·김치남·씹치남 등의 발언으로 대표되는 각종 남성혐오 언어를 쏟아내면서 사회적 논란이 된 바 있다. 그동안 페미니스트들은 메갈리아 신드롬이 기본적으로 인터넷에 만연했던 여성혐오에 화가 난 여성들이 복수심에 저지른 일이라고 믿으며, 그들의 행동을 옹호하거나 혹은 방조해왔다. 그러나 누차 지적했듯이 메갈리아가 남성의 혐오발언에 대한 일종의 여성 측의 '대항운동'이라거나 '충격요법'이라는 평가는 외부의 관찰자들의 의미부여에 불과하다. 『혐오의 미러링』에서 이미 해명했듯이 메갈리아는 원래 혐오발언과 사이버폭력을 즐겨왔던 디시인사이드(dcinside.com) 여초갤 일부에서 사용해왔던 언어들을 페미니즘으로 포장한 것뿐이다. 또한 메갈리아 신드롬은 평소에 재미삼아 일베 말투를 모방하던 여성 유저들이 디시인사이드의 메르스 갤러리를 점령하고 (초기에 메르스를 확산시켰다고 알려진) 남성 노인에 대한 혐오발언을 쏟아내면서 시작된 현상이다. 지금도 메갈리아 신드롬에 대한 대다수 언론과 여성계의 인식은 지나치게 단순하다 못해 순진하다고 해야 할 지경이다.

사실 인터넷상의 혐오발언과 사이버 폭력은 예전부터 존재해왔던 심각한 문제이다. 그러나 거기에 존재하는 모든 혐오표현 내지는 차별적 표현이 페미니스트들이 믿는 것처럼 여성혐오라는 형태로만 존재해왔던 것은 아니다. 2000년대 중후반 인터넷 커뮤니티 문화와 SNS에 다수의 여성들이 유입되면서 혐오표현은 더 이상 남성의 전유물이 아니게 되었다. 여성 측의 혐오발언은 본래 여초커뮤니티 내부에서 일상적으로 이뤄지고 있었으며 특히 아이들 팬덤 간의 사이버 폭력과 커뮤니티 내의 집단 괴롭힘의 경우에는 남초 커뮤니티 이상으로 심각했다. 예를 들어, 올해 초 한 다음 여초 커뮤니티에서는 운영진이 자신이 좋아하지 않는 프로젝트 101 남자 아이돌을 추종하는 팬들의 신상 정보를 엑셀에 담아 수집한 정황이 폭로되어 운영진이 교체되는 해프닝이 벌어지기도 했다.

한편 사람들은 메갈리아 신드롬에서 흔히 일베 용어를 패러디한 것처럼 보이는 김치남, 한남 등의 표현에만 주목하곤 하지만 실은 게이나 트렌스젠더에 대한 혐오발언(ex 똥꼬충)도 그 이전부터 여초커뮤니티에서 유행했다는 사실은 잘 알려져 있지 않다. 심지어 디시인사이드의 여초 게시판(남자연예인 갤러리)에서는 메갈리아가 등장하기 한참 이전부터 전라도에 대한 비하(라도, 홍어)와 고인에 대한 능욕(노무노무, 운지) 그리고 일베 말투(이기야)가 놀이처럼 유행했다. 이처럼 여성 네티즌들이 혐오 발언의 문제와 책임에서 면제된 순진한 존재라는 것은 완전한 환상이다. 여성의 혐오발언은 남성에게 저항하기 위한 수단도 아니었고, 자신을 방어하기 위한 무기도 아니다. 그것은 어느 인터넷 혐오발언과 마찬가지로 평소 뒷담화의 대상이 되었거나 싫어하는 타자에 대해 단지 재미있다는 이유로 이뤄진 것이었다. 특히 넷용어로 '찰짐'이라고도 표현되는 혐오발언의 '미학'(『일베의 사상』)은 남성이나 여성 모두를 혐오발언에 중독 시킬 위험을 안고 있다.

한편 여성주의자들은 인터넷의 혐오발언을 마치 남성의 전유물인 것처럼, 그리고 여성의 혐오발언은 마치 그것에 대한 저항운동인 것처럼 본다는 점에서 심각한 인식상의 결함을 안고 있다. 그것은 사실과 다를 뿐만 아니라 심지어 혐오발언의 심각성에 무지한 발언이기도 하다. 예를 들어 메갈리아·워마드에서 유행했던 발언을 그대로 옮겨 적자면, 게이를 똥꼬충이라고 부르는 것, 트랜스젠더를 젠신병자라고 부르는 것, 장애인을 장애한남이라거나 윽엑이라고 부르는 것, 산업재해

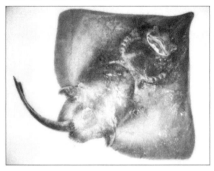

▲ 2014년 당시(메갈리아의 출현 이전) 디시인사이드 여초 게시판 남자연예인 갤러리에 올라온 일베
말투의 글(출처: 디시인사이드)

의 사망자에 대해 고 전태일 열사를 비꼬아 태일해라고 부르는 것, 이
것이 평소의 피해에 대한 저항이거나 충격요법이라고 보기 힘들다. 이
러한 발언들은 평소대로의 인터넷 혐오발언의 관행과 미학을 답습한
행위일 뿐이다.

　메갈리아·워마드가 평소의 여성혐오에 대한 저항운동이거나 혹
은 충격요법이라는 어처구니없는 주장이 가능했던 가장 큰 이유는, 평
소 페미니즘이 여성을 (먼저 혐오발언을 하지 않는) 선한 약자, 순진한 피
해자 프레임으로 가둬놓고 있었기 때문이다. 그리고 이러한 피해자·
약자 프레임은 여성을 자신의 발언과 행동에 대한 도덕적·정치적 책
임을 지는 주체로서 대우하는 것과 거리가 한참 멀다. 눈 먼 피해자·

약자 프레임은 자칭 피해자·약자를 그 도덕적·정치적 책임으로부터 면제시키며 도덕적 퇴행과 정치적 유아화를 양산한다는 점에서 문제적이다. 한남패치 등의 SNS 계정에서 몰카유출 범죄를 저지른 여성이 경찰에 붙잡히자, 이것이 여성에 대한 공권력의 탄압이자 표적수사라고 거세게 반발한 여초커뮤니티 유저들이 대표적인 사례이다. 몰카유출 여성 가해자가 평소 약자이자 피해자였기 때문에 그 같은 범죄를 '미러링'할 수밖에 없었다는 자기최면 없이는 불가능한 해프닝이다.

페미니즘의 혐오 마케팅

이러한 집단적인 도덕적·정치적 퇴행을 부추긴 데에는 페미니스트 자신들의 책임도 있다. 왜냐하면 본인들도 메갈리아·워마드 혐오 신드롬에서 파생된 여성커뮤니티 일각의 혐오문화에 편승하는 모습을 보였기 때문이다. 이러한 '혐오 마케팅'은 특히 페미니즘 이슈를 전파하는 대중 강연이나 세미나 등지에서 찾아 볼 수 있다. 국내 대표 여성학자인 정희진은 페미니즘 특강에서 '한남과의 사랑은 가능한가'라는 표제를 가져간 적이 있다. '김치녀와의 연애는 가능한가'라는 제목의 강연이 주류사회에서 용납이 되는지를 돌이켜 보면, 이것 역시 전형적인 혐오 마케팅이라고 볼 수 있다. 나아가 한국여성민우회는 2017년 3월 경 페미니즘 특강을 여는 소식을 알리는 기사에서 다음과 같이 말하고 있다. "나라를 망치는 '한남' 정치에 문제제기하고 싶다면, 여성들이 광장에 나오면서 정치가 어떻게 바뀌었는지 살피고 싶다면 강의를 들으러 오라."[109] 불과 얼마 전까지 박근혜에 대한 DJ DOC의 풍자 노래에서 박근혜의 여성성(세뇨리땅 등의 발언)을 거론하는 것이 여성에 대한 혐오라고 비난했던 것에 비춰보면 표리부동한 발언이다. 이들은 결국 혐오 문제를 혐오 문제 그 자체로 보지 않는다. 어디까지나 자신에게 유리한 방식으로 정치 이슈화시킬 수 있는 혐오 문제만이 진정한 혐오 문제라고 생각하는 것이다.

▲ 여성학자 정희진의 특강 포스터

물론 이들이 명백한 자기모순을 감수하면서까지 혐오 마케팅에 호소하는 이유는 분명하다. 혐오는 사람들의 '관심'을 끌어들일 수 있는 자극적인 소재이자 '돈'이기도 하기 때문이다. 실제로 많은 SNS 계정과 여초 커뮤니티 유저들은 여전히 한남충, 씹치 등의 젠더 혐오표현을 즐겨 쓴다. 그리고 강단 페미니스트들이 '지지'와 '후원'을 구하는 마케팅 표적은 바로 이러한 인터넷 일각의 놀이화·일상화된 혐오문화이다. 그렇기 때문에 강단 페미니즘조차 이러한 혐오문화에 대한 비판은커녕 메갈리아·워마드발(發) 혐오발언을 정당화하는 데 열을 올리곤 한다. 메갈리아·워마드 신드롬에 관해서 '일부 과격한 여성주의자'와 '다수의 건전한 여성주의자'들을 구분하는 것은 그런 의미에서 사실상 무의미하다. 이들 모두가 포비아 페미니즘의 방식에 중독되어 있기 때문이다.

포비아 페미니즘의 문제는 '혐오 마케팅'의 문제뿐만 아니라 '공포 마케팅'의 문제와도 겹쳐져 있다. 앞서 본 한국여성민우회는 강남역 살인사건 당시에도 사회적 공포를 확대재생산하는 데 일조했다. 해당 단체는 "학교 가는 길에 어떤 남성이 급하게 휴대폰을 빌려달라고 했는데, '너도 운이 좋아서 산거야'라는 메모가 떠 있었다"는 강남역 사건 당시의 도시괴담을 SNS 계정에서 공유했다. 이미 보았듯이 여성 대상의 범죄 문제에 대한 통계왜곡과 더불어 공포심을 자극하는 괴담을 자작하고 유포하는 방식은 '포비아 페미니즘'의 전형이다. 더욱이 이러한 혐오 및 공포 마케팅은 여성계가 자신의 이슈를 확산시키는 단순히 자극적인 수단으로만 그치지 않는다. 공포와 혐오 마케팅은 이미 여러 차례 보아왔듯이 사람들의 이성을 마비시키며 혐오발언뿐만 아니라 집단의 폭력을 도덕적으로 정당화하는 데 기여한다. 그것은 이하에 보다시피 일상에서 제3자의 피해를 낳았다.

04.
인터넷과
일상의 피해사례

정의로운 인신공양

2006년 경희대 서울캠퍼스에서 교수 성폭력 논란이 터졌다. 당시 경희대 국문학과 교수이자 무속 연구에도 깊은 관심을 기울였던 고 서정범 교수가 가해자로 지목되었다. 서정범 교수는 40년 동안 3000여 명의 무속인을 만나며 『무녀별곡』을 출판한 적이 있다. 이때 서정범 교수가 자문을 구하는 과정에서 '성폭행'을 당했다고 주장한 여성 무속인 권모씨가 나타난 것이다. 이러한 폭로사건이 터지자 조사도 채 이뤄지지 않은 상태에서 당시 경희대 총여학생회는 공개적으로 해당 교수를 성폭행 가해자로 지목하며 사과와 교수직 사퇴를 요구했다. 초기에 사건의 경과를 지켜보자는 입장이었던 경희대학교 측은 총여학생회의 시위가 언론에 보도되고 기사화되자 2007년 초 서교수에게 직위해제 처분을 내렸다. 그런데 결국 무속인 권모씨가 증거로 제출한 녹취록과 정액 샘플이 가짜라는 사실이 들통 났다. 그러자 무속인 권모씨가 무고죄로 기소되었다. 알고 보니 평소 흠모하던 교수가 자신의 마음을 받아주지 않자 앙심을 품고 허위로 고소한 것이다.

이 사실이 알려지자 총여학생회가 사건에 대해 제대로 조사가 이뤄지기도 전에 섣불리 무고한 이를 성폭력 가해자로 지목했다는 비판을 받는 등 여론의 역풍이 불어 닥쳤다. 하지만 총여학생회 측은 다음과 같은 이유에서 사과 요구를 일축했다. 자신들의 '성폭력 문제에 대한 문제제기 자체는 정당'했으며 여전히 '이 사회에는 성폭력의 문제가 만연하다'는 등의 이유였다. 물론 이것은 변명에 불과하다. 그들의 행동에서 문제가 되었던 것은 단순히 이 사회의 성폭력 문제를 공론화하고 이슈화한 것을 넘어서 한 개인을 근거 없이 성폭력 가해자로 몰고 간 것이기 때문이다. 한편 고 서정범 교수는 성폭력 혐의를 벗은 이후에도 끝내 교단에 복귀하는 것을 거부하다가 2009년 별세했다.[110] 대학가에서는 종종 이러한 사건들이 일어나곤 한다. 2017년에도 부산 모 대학에서 한 교수 H가 제자를 성추행했다는 누명을 쓴 채 스스로 목숨을 끊은 일이 있었다. 알고 보니 다른 교수가 저지른 성추행 사건의 누명을 H 교수에게 씌우기 위해 다른 동료 교수가 자신의 제자에게 H 교수를 성추행범으로 몰아가는 대자보를 쓰도록 종용한 사건이었다.[111] 이런 억울한 일들은 종종 일어난다. 그럼에도 여전히 여성계는 성폭력 고발사건에서는 여성에 대한 무고죄를 폐지하거나 유예해야 한다는 주장을 내세우곤 한다. 그리고 여성계는 성폭력 사건에서는 고발당한 측에 대한 무죄추정의 원칙을 져버리는 동시에, 무고혐의가 있는 여성에 대해서는 무죄추정을 넘어선 무죄확정의 원칙을 가져가는 이중잣대를 휘두르곤 한다.

박유천이라는 전 동방신기 멤버를 성폭력으로 고소한 여성이 무고죄로 기소된 사건이 있었다. 이때에도 《여성신문》은 "법정공방도 거치지 않았는데, 고소 여성의 말이 전부 허위라고요?"라는 기사제목으로 여성의 죄를 기정사실화하는 언론의 보도태도를 비판한 바 있다.[112] 한마디로 말해서 판결이 나기 전까지 무죄추정의 원칙을 가져가야 한다는 것이다. 나는 이 기사를 읽자마자 실소를 금할 수 없었다. 《여성신문》은 얼마 전까지만 해도 (박유천에 대한 검찰의 기소여부가 결정되기도 전에) 박유천을 성폭력 가해자로 단정 짓는 기사를 여러 차례 내보냈기 때문이다. 이처럼 성별에 따라 선택적으로 무죄추정의 원칙을 적용하는 관행이 여성계에서는 만연하다.

이러한 불행한 사건들을 굳이 언급하는 이유는, 사회에 어떤 문제가 만연하다는 사실 하나를 근거 삼아 특정인을 범죄자로 낙인찍고 사회적으로 매장시키는 일을 정당화하는 일이 관행처럼 되었기 때문이다. 이러한 이슈화의 방식은 서정범 교수 무고사건처럼 실제 공익적인 취지와 무관한 개인의 공명심과 사적 원한관계에서 비롯된 일이었음이 종종 드러난다. 그리고 그것은 돌이킬 수 없는 피해를 낳는다.

성폭력 문제제기도 결국 잘못된 사회구조 속에서 개인의 희생을 방지하자는 취지에서 출발한다. 그렇다면 성폭력 이슈화와 더불어 그 과정에서 일어날 수 있는 부당한 피해사례를 구제하고 고발당한 측 역시 반론권을 보장할 수 있는 방법에 대한 논의 역시 동반되어야 한다. 만일 사법기관을 믿지 못한다면 이른바 '공동체적'이거나 '사회적'인 해결책에는 그러한 방법이 포함되어 있어야 한다. 그러나 대부분의 여성계의 반성폭력 담론에는 그러한 논의는 전혀 존재하지 않는다. 그 결과 서정범 교수 무고사건에 동참했던 총여학생회 구성원들처럼 '사회에서 많은 여성들이 고통 받고 있기 때문에 다른 누군가는 희생되어도 상관없다'는 막무가내의 태도를 견지하는 것이다. 그러나 사회에 성폭력 문제가 만연하다는 문제와 어떤 사람이 실제로 성폭력 가해자냐의 여부는 전혀 다른 문제이다. 그럼에도 일상의 담론에서 이러한 문제는 제대로 구분되어 생각되지 않는다. 그렇기 때문에 어떤 사회문제가 오랫동안 지속되었다는 이유로 때때로 누군가 일종의 희생양 격으로 이 문제에 대한 사회적·도덕적 비난을 전가 받는 것을 요구받는 일들이 비일비재하다. 특히 그런 방식으로 한 개인의 반론권 자체를 사회 내에서 완전히 짓밟아버리는 경우들이 정치적 올바름의 이념 아래 일어난다. 이것은 실제로는 사회문제 해결에 이르는 길이기보다는 일종의 주술적인 인신공양에 불과하다.

SNS의 해쉬태그 운동

2016년 말에 트위터 상에서 #문화예술계_성폭력이라는 해시태그가 크게 유행하며 언론에도 보도된 적이 있었다. 국내 문학, 영화, 미술 등 예술계 내부의 성폭력 폭로를 SNS 상에서 릴레이로 고발하는 사건이었다. 성폭력 문제는 민감하고 선정적인 주제이기 때문에 이 같은 해쉬태그는 SNS를 넘어 언론에서도 다루는 큰 '유행'이 되었다. 한편 폭로자들의 내용을 아무런 검증 없이 언론이 그대로 받아 적으면서 다른 불의의 피해자들이 발생했다. 한 국내 미술평론가가 제보한 내용이다.

"미술계도 SNS에서 #성폭력 태그로 많은 남성 미술인들의 실명이 검증없이 성폭력 가해자 명단에 포함되었죠. 정치적 올바름을 앞세운 폭로인 만큼, 함부로 간섭하거나 이견을 내기 어려운 분위기였어요. 너무 무서웠으니까요. 피해 여성이 가해 내용을 주장하면 익명 트위터리언들이 무수히 리트윗하면서 폭로 내용이 곧 기정사실인양 확산되는 폭로 방식이었거든요.

가해자로 지목된 남성 미술인들은 대부분 겁에 질려 사과문을 올렸지만, 거의 하루도 지나지 않아 '너무 무서워서 사과문을 올린 것'이라며 다시 자세한 해명문을 올리곤 했습니다. 해명 내용으로 보건 또는 내가 직접 만나본 타칭 '가해자들'의 진술로 보건,

폭로의 실상은 성폭력과는 무관한 단순한 이성문제였어요. 가령 교제하다 헤어진 걸 강간처럼 폭로하거나, 삼각관계의 파탄을 마치 강제추행처럼 주장한 경우가 대부분이었죠. 실제로 가해자로 지목된 남성 미술인들이 해명문을 하나 둘씩 올리자, 폭로 여성 가운데 남성 쪽에 조용히 연락해 오히려 사과를 하거나 사태를 무마하려 한 예도 여러 건 있었습니다. 또는 자기 계정을 폭파하고 종적을 감추거나. 이처럼 SNS 성폭력 폭로는 거창하게 시작했으되, 사건의 실체 또는 후일담은 대개 외부에 알려져 있지 않습니다. 하지만 시간이 흐르면서 미술계 내부에서도 성폭력 폭로 중 상당수가 부풀려졌거나 거짓이라는 인식이 확산됐죠. 그렇지만 SNS 상의 성폭력 폭로가 뜨거웠던 때, 무고하게 가해자 명단에 오른 남성 미술인 중에는 정신적으로나 금전적으로나 돌이킬 수 없이 큰 상처를 입은 이들이 많았어요. 급기야 자살을 시도해 몸이 크게 다친 경우도 있었으니까요.

작년 성폭력 폭로의 근본적인 문제는 아무 검증 없이 여성이 지목했다는 이유로 특정 남성의 실명이 가해자 명단에 올라 웹에서 떠 돌았으며, 그런 무책임한 폭로의 뒷감당을 누구도 하지 않는 구조였던 점에 있어요. 시간이 많이 지난 후에야 당시의 폭로가 공포 분위기를 만들었다고 털어놓는 미술인들이 남녀 할 것 없이 많았죠. 진짜 문화혁명기의 중국 홍위병의 행패랑 다를 게 없었으니까요.

제가 평론가이다보니 〈MBC PD수첩〉에서 미술계 성폭력 폭로를 어떻게 봐야할지 인터뷰 요청을 해왔습니다. 저는 당시 폭로 방식의 문제점에 집중해서 인터뷰를 했어요. 설마 위계를 이용한 성희롱이 미술계 안에 왜 없겠어요? 그렇지만 2016년 미술계 성폭력 폭로 방식은 무고한 남성 미술인이 대중의 공분에 의해 성폭력 가해자인양 쉽게 낙인찍히는 구조였어요.

2016년 말 문화예술계를 뒤엎은 #문화예술계_성폭력 사태 중에, 최소한 미술계 사건의 경우는 상당수가 성폭력과 상관없는 데이트 실패나 삼각관계의 파국 등이 경중과 상관없이 도매금으로 '성폭력'으로 묶인 사태였죠. 작년 폭로의 문제점은 정작 위계를 이용한 진짜 가해자를 적출하지 못하고 애먼 사람들을 가해자로 낙인찍었다는 겁니다. 하지만 그보다 더 큰 문제는 그런 무책임한 폭로에 아무도 책임지지 않는다는 거죠. 죄다 익명의 가면 뒤에 숨었거나 계정을 폭파하고 사라지면 그만이니까요".

과거 마광수나 장정일과 같은 문학인도 소설을 둘러싼 외설시비로 인해 기소당한 적이 있다. 하지만 #문화예술계_성폭력 논란은 이른바 성폭력의 개념을 무한히 확장하는 여론재판이 자의적인 법률적 처벌만큼이나 더 무참히 개인의 삶을 파괴할 수 있다는 것을 여실히 보여준다.

이러한 당시의 해쉬태그 운동은 유명인과 거리가 먼 일반인 그리고 심지어 여성에 대한 집단폭력으로도 이어졌다는 점에서 큰 문제가 있었다. 당시의 문학계, 미술계에 이어 오타쿠계라는 서브컬쳐의 영역에서도 #오타쿠_내_성폭력 해쉬태그 운동이 유행처럼 번져나갔다. 그 과정에서 'D대학의 애니메이션/만화 동아리가 성폭력을 은폐했다'는 고발이 트위터 상에서 무한RT가 된 적이 있다. 이 일로 해당 동아리의 구성원들이 싸잡혀서 비난을 받는 등 심한 홍역을 치렀다. 이것은 2016년 10월부터 2017년 1월까지 이어졌던 사건이다. 그런데 이 사건을 제보해온 해당 동아리의 여성회원 E가 알려온 진실은 이렇다. 우선, 당시 동아리 내에 과거 성희롱 사건이 있었던 것은 사실이다. 그리고 해당 사건은 피해자였던 F가 공론화를 원하지 않았기 때문에 동아리 연합회 내에서 관련 가해자들을 제명하고 징계하는 조치로 마무리되었다. 한편 동아리 내 성희롱 사건과 별개로 동아리의 일부 여성 구성원들이 단톡방 조리돌림을 저지른 사건이 따로 있었다. 이들은 평소 메갈리아 유행어를 사용하면서 동아리 내 다른 남성 구성원들을 성적으로 희화화하고 조롱했다. 단톡방과 그들만의 오프라인 모임에서 지속된 이러한 언행을 견디다 못한 내부 구성원에 의해 이 일이 동아리에서 폭로되자, 관련된 단톡방 참여자들에 대한 징계논의가 있었다. 단톡방 조리돌림 참가자들은 자신의 행동이 평소 동아리의 성폭력 문화에 대한 문제의식(?)에서 비롯되었다는 취지로 자신의 행동을 정당화했다. 그러나 이들이 단톡방에서 했던 "**한남충**" "**또라이 집단**" "**좆 뽑아버리고 싶다**" 등의 동아리 남성 구성원 전반을 향한 무차별적 언행은

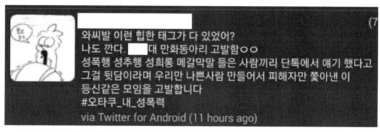

(7

와씨발 이런 힙한 태그가 다 있었어?
나도 깐다. ▮▮대 만화동아리 고발함○○
성폭행 성추행 성희롱 메갈막말 들은 사람끼리 단톡에서 얘기 했다고
그걸 뒷담이라며 우리만 나쁜사람 만들어서 피해자만 쫓아낸 이
등신같은 모임을 고발합니다
#오타쿠_내_성폭력
via Twitter for Android (11 hours ago)

▲ #오타쿠_내_성폭력 해쉬태그 운동 당시의 허위폭로글(출처: 피해 제보자)

용납되지 않았고 결국 그들은 동아리에서 나가게 되었다.

진짜 문제는 여기서부터 시작된다. SNS 상에서 #문화계_성폭력 해쉬태그가 유행하자 단톡방 조리돌림 참가자들 역시 여기에 편승해서 당시의 동아리가 성폭력에 대한 자신의 문제제기를 가로막기 위해 자신들을 내쫓았다는 허위 주장을 제기한 것이다. "성추행, 성차별, 폭력행사 등에 대해서 여학우들이 이야기하는 단체톡방이 있었는데 그것을 동아리 내 분란조장이라며 탈퇴 징계를 내렸다"는 주장이다. 사실과 전혀 다른 이러한 주장은 SNS를 통해 널리 확산되었을 뿐만 아니라 교내 언론을 통해 기사화되었다. 그러자 단톡방 내의 조리돌림과 성희롱에 대해 항의했던 당시의 동아리 구성원 남녀 모두가 졸지에 '성폭력을 은폐하고 동조한' 사람들로 몰리게 된 것이다. 이들은 학내 인터넷 게시판 상에서도 구설수에 오르게 되었다. 해당 여성 제보자 E는 다음과 같이 자신의 당시 느꼈던 고충을 토로했다.

"해당 기사의 가장 큰 피해자는 기사에 성희롱 피해자로 실렸

던 F였습니다. F는 힘든 일을 겪었으나 지금까지도 동아리 내에서 활동을 가장 열심히 하고 있는 부원 중 하나로, 자신이 과거에 겪었던 일에 대해서는 그 누구와도 얘기하고 싶어 하지 않으며 언급되는 걸 꺼렸습니다. 즉, 트위터에서 단톡방 조리돌림 가해자들은 '여성 인권'을 주장하며 '한남충'을 혐오했지만, 정작 자신들은 애꿎은 성희롱 피해자였던 F를 자신들의 주장에 대한 근거와 무기로 삼아 트위터 상에서 휘두르고 다녔다는 것입니다. 제가 이 일련의 사건 전개 과정에서 동아리 내외에서 여러 학우들과 이야기를 나눠보고 느낀 점은 하나였습니다. 트위터 페미니스트들은 비겁하다는 것입니다. 한국 남자들을 두고 '강약약강(강한 자에게 약하고 약한 자에게 강하다)'이라고 비방했습니다만 사실은 그들이 강약약강의 전형이었습니다."

이 사건은 공익을 명분을 삼은 폭로가 실제로는 엉뚱한 동기에서 출발한 것일 수 있다는 점을 보여줄 뿐만 아니라 정치적 올바름을 명분으로 한 익명의 폭로가 단지 유명인뿐만 아니라 일반인의 삶 역시 파괴할 수 있다는 것을 여실히 보여준다. 이는 익명의 폭로와 조리돌림을 통해 생길 수 있는 불의의 피해에 대한 감수성 함양과 피해구제에 대한 논의가 필요한 이유이기도 하다. 이성이 결여된 정치적 올바름은 부당한 권력관계에 대한 문제제기를 빙자해서 일상의 생활세계마저 파괴할 수 있다.

SJ 레스토랑 사건

공포와 혐오의 확산에 의존한 폭로방식이 보통 사람의 삶을 파괴한 최근의 가장 비극적인 사례는 경기도 이천시에 소재했던 양식 전문업체인 SJ 레스토랑 사건이다. 2016년 여름 뜨겁게 달아오르던 메갈리아·워마드 논쟁이 식어갈 무렵 트위터 상에서 한 사건이 발생했다. 10월 21일경 SJ 레스토랑 트위터 계정에 올라온 '일베 메갈 워마드 친일후손은 출입을 제한합니다' 공지가 올라온 것이다. 이를 본 인근 친메갈리아 성향의 일부 청강대 학생과 트위터리언들(트위터는 평소 일명 트페미를 주축으로 메갈리아 옹호성향이 강한 집단이 상주했던 SNS이다)이 강하게 반발하며 SJ 레스토랑 불매운동이 벌어졌다. 그 와중에 '가게의 위생상태가 엉망', 사장이 '알바생에게 임금을 제대로 지급하지 않았다', '성희롱을 당했다'는 주장이 가게에서 일했던 일부 아르바이트생들로부터 나왔다. SJ 레스토랑은 이것이 사실이 아니라고 반박하며 트위터에서 피해자라고 주장한 아르바이트생 두 명에 대한 법적 대응 의사를 밝혔다.

한편 이후 이 사건에 알바노조(청년좌파라는 운동권 집단의 외곽단체)라는 조직이 개입하면서 사건은 더욱 커졌다. 알바노조는 알바생의 주장을 그대로 공론화하며 SJ 레스토랑이 알바생에게 일부러 주휴수당을 주지 않기 위해 근로시간을 적게 산정하는 꼼수를 부렸다는 의혹을 제기했으나 실제로는 이에 대한 근거는 전혀 없었다. 반면 사장은 인터뷰에서 분 단위로 기록된 출퇴근 기록장부를 관리하고 있었고 평소 근로계약서에 명시된 내용대로 알바생에게 임금을 지불했으며 그 이상의 복지와 편의를 제공했다고 밝혔다. 또한 그는 알바생에 대한 성희롱 행위는 일체 없었으며 문제가 된 알바생 중 한명의 불성실한 서빙업무에 대한 질책이 폭로사건에 있어서 원한관계로 작용했다고 주장했다.[113]

　　양측의 입장이 팽팽히 맞서자 알바노조는 SJ 레스토랑 사장의 사과와 아르바이트생에 대한 고소취하를 요구하면서 성희롱과 임금 체불 의혹을 가지고 국가인권위원회에 진정을 넣었고 나아가 레스토랑 인근에서 기자회견 형식의 시위를 벌였다. 시간이 몇 개월 흐른 후 자칭 '피해자'라고 호소한 아르바이트생의 글은 전부 지워졌으며 일부 악플러는 사법처리 된 것으로 알려졌다. 하지만 사장을 성희롱과 노동 착취를 일삼은 악덕 업주로 규정한 공지사항이 2017년 4월 기준으로 여전히 알바노조의 홈페이지에 걸려 있는 상황이다. 결국 SJ 레스토랑에 대한 성희롱과 임금체불 논란은 알바노조의 기자회견을 통해 언론에 퍼졌고 여러 매체에서 기사화됐다. SJ 레스토랑 사건을 보도한 《한겨레》 신문 기사에는 여성의 엉덩이를 만지는 손을 묘사한 일러스트가 실려 있었고[114], KBS 뉴스에서는 알바생에 대한 성희롱 문제를 보도하는 뉴스코너에 자료화면으로 SJ 레스토랑이 띄워졌다. SJ 레스토랑 사장은 졸지에 성희롱 악덕업주의 '전형'으로 전국에 낙인 찍힌 것이다. 하지만 어느 기사나 보도에서도 정작 온라인에서 여러 정황과

물증으로 폭로를 반박하며 억울함을 호소한 사장의 입장은 제대로 담겨 있지 않았다. 사장은 필자와의 인터뷰에서 분 단위로 기록되어 있는 출근기록부와 근로계약서 그리고 평소 성희롱 등의 문제행동이 없었다는 다른 아르바이트생들의 진술서를 제시했다. 그리고 그는 그 일부를 온라인에 공개했다. 하지만 여전히 남아 있는 기사 대부분은 '자칭' 피해자의 주장만 담겨 있는 내용이었다.

사건을 공론화한 알바노조는 SJ 레스토랑 사장이 여전히 억울함을 호소하자 'SJ 레스토랑 사장으로부터 피해를 받은 사람들의 제보를 받는다'는 공지사항을 올리며 여론몰이를 유도하는 방식으로 사장을 더욱 압박했다. 그리고 그 와중에 그들은 성명서에 다음과 같은 내용을 실었다. "눈치를 보고 자기검열을 할 사람은 바로 가해자인 사장님이다." 하지만 정말로 가해자로 지목된 측의 "자기검열"과 "침묵"이 능사일까. 나아가 알바노조는 레스토랑 인근 기자회견 자리에서 사장에게 "피해자 코스프레"를 하지 말라고 조롱했다. 그러나 해당 사장이 일방적인 사건보도와 언론화를 통해 "피해"를 본 것은 사실이다. SJ 레스토랑 사장은 가게 근처에서 있었던 기자회견으로 인해 지역사회에서까지 성희롱 사장으로 몰리게 된 후 자살 상담센터와 여러 번 상담을 받아야 했고, 결국 신경정신과에 입원하게 되었다. 병세가 악화되자 그는 결국 레스토랑을 폐업하게 되었다.

언론과 SNS에서 '악덕 업주의 전형'으로 몰린 SJ 레스토랑 사장은 실제로는 강자도 악당도 아닌 평범한 자영업자에 지나지 않는다.

그는 일부 인터넷 커뮤니티와 개인 SNS 계정에 간간이 글을 올리는 식으로밖에 반론권을 행사할 수 없었다. 강자는 곧 가해자이고 아르바이트생은 약자이므로 당연히 아르바이트생이 피해자일 것이라는 프레임 아래 사건의 당사자인 사장의 입장을 언론이 완전히 외면했기 때문이다. 여기서도 되짚어야 할 사항은 '약자는 항상 진실을 말하는가(약자의 진실성 문제)', '조직과 언론을 상대로 외롭게 항변해야 하는 개인도 약자가 아니냐(약자의 절대성 문제)'는 문제이다. 이러한 문제는, 다시 한 번, 사회구조의 문제를 특정 개인의 정체성에 대한 공포심과 혐오감을 자극하는 방식으로 이슈화하곤 했던 정체성 정치의 문제와도 연결된다. 정체성 정치는 어떤 정체성이 사회적 약자이고 소외된 위치에 놓여 있다는 이유로 그들의 주장과 담론에 특권을 부여하며 약자됨의 위치를 절대화하는 습관에 젖어 있다.

이와 비슷한 사례들을 무궁무진하게 생각할 수 있다. 사회에는 인종차별의 문제가 만연하기 때문에 흑인인 내가 진보 정치인의 선거유세를 방해하고 발언권을 독점할 권리가 있다… 히스패닉 여성 정치인이 당선되지 않으면 그것은 지역사회에 인종주의와 여성혐오가 만연해 있다는 증거이다… 남성인 당신이 젠더이슈에 대해 여성인 나에게 반론하는 것은 젠더이슈의 피해자인 나에게는 지나치게 공격적이다… 기타 등등. 또한 이러한 정체성 정치의 논리는 포비아 페미니즘으로 향하는 지름길이기도 하다. 앞서 보았듯이 포비아 페미니즘은 여성에 대한 사회경제적 차별과 성폭력 문제에 대한 여성 측의 우려를 발판

삼아 여성이라는 성정체성에 대한 사회적 적개심과 공격성이 만연해 있다는 위협으로 비약한다.

넷페미니즘의 사이버폭력

포비아 페미니즘의 또 다른 문제는 이들이 부추긴 공포가 (메갈리아·워마드의 사례에서처럼) 다른 이들의 정체성에 대한 공격과 증오로 손쉽게 전이된다는 점이다. 2016년 10월 경 워마드 게시판에서는 트랜스젠더에 대해 '젠신병자(트랜젠더+정신병자)'라고 부르는 유행어를 퍼뜨리기 시작했다. 젠신병자란 '남성으로 태어났으면서 자신이 여성이라고 착각하는 정신병자'라고 트랜스젠더를 조롱하는 의미이다. 이 용어가 본격 유행하자 워마드 유저들 사이에서 트랜스젠더 커뮤니티 내의 사진을 무단으로 유출하고 이를 자기들 내부의 게시판과 다른 커뮤니티에 옮겨 놓으며 조롱하는 행위가 확산되었다. 이러한 유행은 지금도 현재진행형이다. 참고로 젠신병자라는 유행어는 2015년 12월 메갈리아 내부 자유게시판에서도 확인된다. 다음은 당시 사건을 증언하는 한 트랜스젠더 제보자의 증언이다.

"그들은 트랜스젠더 커뮤니티로 들어와서 트랜스젠더들의 사진을 외부 사이트로 퍼나르고 있습니다. 꽤 전에 봤는데 아마 지금도 하고 있을 겁니다. 아무도 그것으로 고소하지 못하고 당할 수밖에 없는 처지에 있었거든요. 그 때문에 한동안 모든 트랜스젠더 커뮤니티가 신규회원을 받지 않는 상황까지 갔습니다. 자기들 커뮤니티에 크로스드레서나 트랜스젠더 사진이 포함된 게시물을 복사해오는 게시판을 따로 만들어서 자기들끼리 올려서 비웃거나, 아니면 아예 관계없는 다른 카페로 퍼가기도 하는 것을 봤습니다. 제가 워마드에 가입되어있지 않아서 어디로 주로 퍼날랐는지는 정확히 모르지만 다음카페 '쥐X뽀개기'에 퍼간 것을 실제로 확인했었습니다."

물론 이러한 파행적인 행위들은 여성주의 이념으로 정당화되거나 설명되기 힘든 여성우월주의적 남성혐오 정서에서 비롯된다. 또한 앞서 본 성소수자에 대한 테러행위는 메갈리아 평가논쟁에서 "내가 아는 한, 그 어떤 여자도, 폭력적 어휘를 오래 난사하면서 기쁠 수 없다"고 주장한 목수정 작가의 낭만적인 견해와 배치되는 사례이기도 하다. 그럼에도 다수 페미니스트들은 메갈리아·워마드 신드롬에 대해 '그것은 약자와 피억압자의 정당한 저항행위이거나 일종의 쇼크요법'이라는 자기 최면에 몰두했다. 이때 그들이 가져간 순진한 전제 중 하나는 표면상의 고상한 명분을 내세우기만 한다면 혐오발언이 무해하고 부작용이 없는 저항의 무기로'만' 사용될 것이라는 기대였다. 그러한 기대가 메갈리아·워마드의 언행이 순수한 미러링이었다는 변호론을 가져왔다.

보지선망의정신병을갖고있너서 젠신병자아니었노

00:32
트젠 + 정신병자

  00:32
  아알ㅋㅋㅋㅋㅋㅋ이해했다 ㄱㅅ

00:33
어제 탄생한 단어다이기ㅋㅋ

00:35
젠신병자 단어가 놈 웃기노ㅋㅋㅋㅋㅋㅋㅋㅋㅋㅋㅋ 젠신
병자란 보지가 되고싶은 자지가 자기의 정신은 여자라 우
기며 보지수술한 정신맛간 ㅎㅌㅊ인 자지를 뜻하노

  00:35
  트젠글에 정신병자라고 댓싸고나니 나
  젠신병자라고하고있길래 붕리둥절했디
  ㅋㅋㅋㅋ 앞으론 젠신병자써야겠노

▲ 트랜스젠더에 대한 비하발언이 담겨 있는 워마드 게시글(출처: 워마드)

그러나 타인의 정체성에 대한 혐오발언은 여성이든 남성이든 그 누구에 의해서든 어떠한 명분과도 관련 없이 자기충족적인 방식으로 남용될 수 있다.[115] 게다가 이미 보았듯이 애초에 인터넷의 혐오발언이 남성의 전유물이었다는 것도 인터넷 커뮤니티의 역사와 여초 커뮤니티의 실상에 무지한 백면서생(白面書生)들의 환상에 지나지 않는다.

게다가 미러링 타령을 즐겨 하는 사람들은 **혐오발언이 '본래' 왜곡된 거울반사(미러링)의 구조를 가지고 있다는 사실**을 간과한다. 혐오발언은 타인의 정체성과 성향에 대한 자신의 극대화된 공포심을 비추는 거울이다. 성소수자와 어린이 그리고 장애인에 대한 혐오발언을 하는 메갈리아·워마드 유저들이 자신의 행동에 대한 질문을 받으면 그들은 그 행동이 정당화될 수 있는지 여부를 이야기하기보다는 자신이 평소에 여성으로서 얼마나 두려움에 빠져 살았는지에 대한 자기서사를 길게 늘어놓는다. 남성들의 몰카와 허위 신상정보를 SNS에 유출시킨 범죄를 저질렀던 한남패치, 성병패치, 재기패치 등을 운영했던 여성 범죄자들도 줄줄이 수사기관에 검거되자 '평소 성매매하는 남성들이 싫어서', 혹은 '과거에 불행한 일을 겪어서'와 같은 변명을 늘어놓았다. (인터넷 용어를 빌리자면) 쓸데없이 긴 '썰(Ssul)'을 풀어가면서 자신의 불행을 서사화하는 것은 네오나치들도 재특회[116]도 일베도 다 하는 행동이다. 사실관계도 불분명한 이러한 변명을 곧이곧대로 믿은 일부 여초커뮤니티에서는 이 어리석은 행동을 한 범죄자들을 검거한 사건들조차 '이 사회에 여혐이 만연하다'는 증거로 받아들이고 '여성이기 때문에 표적수사를 당했다'고 항의에 나선 바 있다. 이러한 일련의 해프닝들이 잘 보여주듯이 **혐오발언이란 원래 항상 사후적인 정당화를 동반하기 마련이고, 특히 타인에 대한 공포심과 혐오감을 왜곡해서 난반사하는 거울구조를 지닌다.** 그런 의미에서 주어진 통계와 사실관계를 왜곡하고 괴담을 유포하며 기존의 개념을 왜곡하면서까지 타인의 정체성에 대한 집단적·상상적 공포와 피해의식을 부추겼던 그동안의 '포비아 페미니즘' 담론도 사실 메갈리아·워마드 신드롬의 공범이라 할 수 있다.

또한 이러한 포비아 페미니즘이 부추긴 공포와 혐오감은 소수 인터넷 커뮤니티의 외연을 넘어서 SNS 전반에서의 집요한 괴롭힘을 낳기도 했다. 많은 독자들은 이미 알고 있겠지만 SNS에서는 젠더이슈에 관한 과열된 논쟁이 자주 일어난다. 그리고 이러한 논쟁은 사이버 괴롭힘과 스토킹으로까지 비화된다. 문제는 이러한 사이버 폭력의 대상이 남녀를 가리지 않는다는 것이다. 페이스북의 한 여성 회원은 평소 몇 가지 젠더이슈에 대해 여성주의에 동의할 수 없다는 글을 쓴 이유로 큰 곤욕을 치렀다. 넷페미니스트가 운영하는 것으로 추정되는 한 페이스북 계정에 자신과 남자친구가 함께 찍은 사진이 조롱조로 '박제'된 것이다.[117] 해당 게시물에는 자신과 남자친구에 대한 외모비하 발언이 잇달았던 것은 물론이다. 과거 메갈리아 성향의 유저가 운영했던 신상털이 목적의 '한남패치'와 유사한 성격의 계정이었던 것이다. 2017년 4월 기준 현재에도 페이스북에는 페미니즘에 동의하지 않는 유저들을 대상으로 한 신상털이 목적의 계정들이 다수 개설되어 있는 상황이다.

다른 여성은 자신의 얼굴이 나온 프로필 사진을 메갈리아 용어를 즐겨 사용하는 SNS 가계정 유저에게 도용당했다는 사실을 뒤늦게 알게 되었다. 사진도용에 대해 항의하자 해당 가해자는 "여자이면서 왜 여성주의를 패냐"며 되려 적반하장으로 피해자를 비난했다. 결국 피해

유겨울님이 새로운 사진 2장을 추가했습니다.

월요일 오후 10:27 · 🌐

와 추종자들이 부들부들 대더니 결국 겨울이를 재기시켰습니다 껄껄
하지만 계정이야 새로 파면 되는것이구-⭐️
계정활성화좀 시키고 다시 살리면 바로　　사진 들고
활동시작합니다 까룩

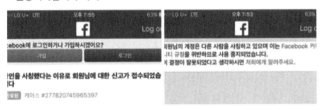

▲ 페미니즘에 대해 비판적인 여성의 사진을 도용했던 유저가 자신의 행동이 발각되
자, '계정 활성화 시키면 다시 사진을 도용하겠다'고 피해자를 비웃는 모습.
(출처: 피해 제보자)

자가 사진도용 피해를 페이스북에 제보한 후 가해자의 가계정이 정지
됐지만 가해자는 '계정이 다시 활성화되면 다시 사진을 도용해주겠다'
며 되려 비웃었다.

　또 다른 여성은 SNS에서 젠더이슈에 관한 언쟁을 벌이다가 난데
없이 협박을 당하는 황당한 일을 겪었다. 그는 다음과 같이 증언했다.
"우연히 페미니스트와 언쟁을 벌이다가, 밤늦게 12시에 메신저로 톡이 왔습
니다. 저의 과거를 폭로하겠다면서요. 알고 보니 저의 불우한 시절을 알고
있던 과거의 학창시절 친구였습니다." 협박의 가해자는 이후에도 지속적
으로 조롱을 이어가면서, 페미니즘에 대한 비판을 지속하면 해당 페
이스북 회원의 가족 중 한 명이 과거 징역살이를 한 가족사를 폭로하

겠다고 협박했다. 다른 신상털이용 페이스북 계정에 '너의 신상정보와 프로필을 있는 그대로 공개하겠다'고 위협하면서 말이다.

이와 같은 사례들에는 필자가 『일베의 사상』을 썼을 때만 해도 일베 유저들이 사용했던 사이버 폭력의 수단들이 고스란히 다 담겨져 있다. 게다가 일종의 놀이화된 사이버 폭력이라는 점에서도 일베의 행태와 유사하다. 그럼에도 많은 사람들은 여전히 사이버 폭력이나 혐오발언의 문제를 남성의 전유물인 줄로만 알고 있다. 이미 여러 차례 이야기했듯이 사이버 폭력과 혐오발언의 문제는 특정성별의 문제가 아니다. 혐오발언과 사이버 폭력에 관해서만큼은 여성도 남성 못지않게, 그리고 여성도 같은 여성에게 얼마든지 폭력적이고 반사회적일 수 있다. 그리고 이것은 기본적으로 성별의 문제가 아니라 인성의 문제이자 그러한 인성을 부추기는 커뮤니티와 넷공간의 환경 문제이다. 메갈리아와 워마드 그리고 넷페미니스트들이 그동안의 혐오발언을 지적당할 때 흔히 행했던 반론 중 하나는 다음과 같은 것이었다. '여성이 일베처럼 현실에서 범죄를 저질렀냐'는 것이다. 보다시피 많이 저질렀고 지금도 그 범죄는 이어지고 있다. 협박이나 명의도용을 통한 고의적인 명예훼손도 엄연한 범죄이다. 하다못해 민사소송의 대상이 될 수 있다. 그리고 일베의 경우도 그들이 저지른 범죄의 절대다수가 그와 비슷한 종류(명예훼손, 명의도용, 협박, 등등)이다.

불행한 과거를 다시 복기하자면, 페미니스트들은 강남역 사건 당시 남성 일반에 대해서 사건에 대한 연대책임 의식과 부채감을 느끼기를 요구했다.

　반면 그들은 페미니즘의 이름을 직접적으로 빌린 일상의 폭력과 집단적 퇴행현상에 대해서는 그들이 평소 요구해왔던 것의 백분의 일만큼의 책임의식을 발휘하지 않는다. 물론 앞서 언급한 사례들이 페미니스트 개개인이 직접적으로 책임 질 수 있는 문제가 아니기 때문에 페미니즘 일각이 하는 전형적인 방식대로 개개인에게 일어난 불행한 일에 대해 집단 전체가 무조건적으로 반성하고, 사죄하고, 죄악감을 느끼고, 책임의식을 표명하라고 요구할 수는 없다. 그러나 적어도 왜곡된 형태의 공포심을 부추기는 포비아 페미니즘의 논리가 일상의 폭력에 대한 또 다른 정당화 기제로 작동하고 있다는 점을 주의 깊게 인식할 필요가 있다.

5장
페미니즘의 통념에
도전하기
Phobia Feminism

정희진의 유명한 저서『페미니즘의 도전』이라는 책은 그동안의 남성우위의 가부장제 사회 속에서 당연하게 생각했던 통념들을 깨 나가는 작업들을 해 나간다. 나 역시 대학생 시절 때 인상 깊게 읽었던 기억이 난다. 예컨대 페미니즘 관점에서 군대문제를 다시 바라볼 수 있다. 2000년대 초반에 헌법재판소에 의해 군가산점제가 폐지되었고 이것이 군필자들을 필두로 여성계에 대한 격렬한 반발심을 낳았다. 이 사건은 지금도 인터넷 상에서 페미니즘에 대한 비판의 소재가 된다. 그러나 군가산점제 논란은 과연 남성과 여성의 대결구도로 가져가야 하는 문제일까? 군가산점제의 문제는 단순히 남자와 여자의 문제가 아니라 병역의무를 수행할 수 없는 각종 질환을 가진 사람과 장애인 등의 문제이기도 하다.[118] 따라서 헌법재판소는 누군가 병역을 수행할 수 없었다는 이유만으로 공직에 진출하는 데 불이익을 가하는 것은 차별이라는 판결을 내린 것이다. 이처럼 여성주의자들은 남자와 여자라는 대립구도를 넘어서 소수자와 약자에 대한 감수성을 길러야 한다고 주장한다. 그리고 이것은 평소 정희진의 지론이기도 하다.

한편 군 문제에 관해서도 여성주의자들이 침묵하는 지점이 있다. 군가산점 위헌판결은 신체의 자유와 정치적·사회적 권리를 심각하게 제약받는 군장병들의 처우문제를 남겨두고 있다. 군대에 다녀오는 남성이 지불하는 기회비용에 대한 보상조차 제대로 이뤄지지 못하고 있다. 대한민국의 병역제도는 심각한 인권침해적 요소를 안고 있기 때문에 프랑스에서 병역거부를 망명사유로 인정해 주는 일이 있을 정도이다. 군가산점제가 역차별의 소지를 안고 있어 폐지해야 했다면 반대로 병역의무 이행자들에게는 어떤 대우와 인센티브를 줘야하는지의 문제로 눈을 돌리려 한다. 그러나 이 문제는 페미니스트에게는 그다지 인상적이고 매력적인 주제가 아니다. 그들의 눈에 군대란 여전히 남성 중심의 가부장적 문화를 재생산하는 수상쩍은 곳으로 비춰지고 있기 때문이다. 그렇기 때문에 다수의 여성주의자들은 남성의 군대 처우 문제에 대해서 침묵하거나 군대와 징병제 자체가 나쁘다는 식의 '초월적인' 비판으로 비약하곤 한다. 그러므로 '징병제라는 틀' 안에서 군필자의 처우는 어떻게 개선할 것인가, 그 안에서 군인의 시민권은 어떻게 보장받을 것인가라는 보다 현실적인 논의는 여성주의의 관심사에서 상대적으로 멀리 떨어져 있다. 심지어 '애초에 그것은 남성의 문제이므로 다룰 필요가 없다'고 생각하는 사람들도 있다. 물론 군대가 '모든' 남성이 아닌 '일부' 남성의 문제라고 하더라도 군가산점제 폐지 이후 남겨진 이 '일부' 남성의 문제를 외면하는 모습은 '여성의 문제를 남성 모두가 공감해줘야 한다'고 요구해온 태도나 '페미니즘은 모두에게 좋은 것'이라고 선언해온 관행에 비해 무언가 모순적이지 않은가?

한편 페미니스트의 이러한 논의의 공백 속에서, 여성징병제나 군인처우개선 등의 문제를 사회적으로 논의해야 한다고 주장하는 일군의 젊은 남성들에 대해서는 '찌질한 남성', '루저', '여성혐오주의자들'이라는 조롱 어린 욕설이 돌아오는 경우가 다반사이다. 게다가 그들을 담론적으로 대변할 논객도 정치인도 존재하지 않는다. 이러한 기울어진 운동장 구도 속에서 여성주의자들은 무엇을 놓치고 있을까?

이번 장에서는 군가산점 문제를 남녀대결구도로 몰아가면 안 된다고 주장한 일부 페미니스트의 주장을 페미니스즘의 다른 주장 전반에 그대로 적용하는 일을 해보고자 한다. 왜냐하면 그들 자신부터가 많은 사회적 문제들을 남녀 대결 구도로 몰고 갔기 때문이다. 과연 그들이 문제제기하는 여러 사회문제들, 이를테면 임금격차, 유리천장, 부부와 연인 간 폭력의 문제들이 정말로 '가부장제'라든가 '여성혐오'와 같은 성별대립구도로 온전히 설명될 수 있는지를 따져볼 필요가 있는 것이다. 어떤 사회 문제를 잘못된 이론으로 설명하고서도 비판에서 면제되어온 것은 분명 페미니즘이 그 동안 가져간 부당한 담론적 특권이라 할 수 있다.

주류사회에도 통념과 고정관념이 있듯이 페미니즘에게도 전형적인 고정관념이 있다. 한때 페미니즘은 소수자와 약자의 관점에서 사회의 문제를 다시 보는, 주류사회의 통념에 대한 신선한 도전이라고 생각되었다. 그러나 페미니즘이 대중화되면서 정작 페미니즘 내부에서도 무비판적으로 통용되는 고정관념과 선입견들이 생겨났다. 그럼에도 페미니즘 내부에는 자신들의 이견에 대해서는 서로 간의 날선 비판을 자제하는 문화가 있을 뿐만 아니라 기타 운동권 집단과 같이 외부의 비판에 대해서는 귀를 닫거나 아니면 인신공격으로 응수하는 경향마저 있다. 가령 과거 운동권이 외부로부터 비판을 받을 때, '너는 어차피의 체제(기득권)의 편이니까'라는 반응을 보였듯이 페미니스트 역시 사실에 기반한 비판적 논점을 제기해도 '여성혐오'라든가 '가부장제의 전형적인 논리'라는 식으로 응수하며 제대로 응답하지 않는 것을 볼 수 있다. 설상가상으로 영(young)페미 사이에서는 타인의 반론에 대해 반박하기보다는 모욕과 조롱으로 응수하는 것이 일종의 쿨(cool)한 태도로 여겨진다. 일례로 『입이 트이는 페미니즘』이라는 책에서 저자는 병역부담의 불평등을 문제제기하는 남성에 대해서 '군무새(군대 이야기를 앵무새처럼 한다)'라고 조롱한다든가, '군대 누가 보냈어? 말해봐', '그건 가부장제가 만들었으니까 거기에다 대고 말해'와 같이 응수할 것을 권하고 있다.[119] 또한 그들은 설명하고 논증을 하는 것보다는 신조어를 만들고 기존의 개념의 의미를 변형하거나 무한히 확장하는 것을 더 좋아한다. 그래서 이들과 논쟁하는 것은 대개 별 소용이 없다. 그런데 문제는 페미니즘이 설파하는 통념과 고정관념들이 언론·대중매체를 통해 일반인들 사이에서 무비판적으로 통용되기 시작했다는 점이

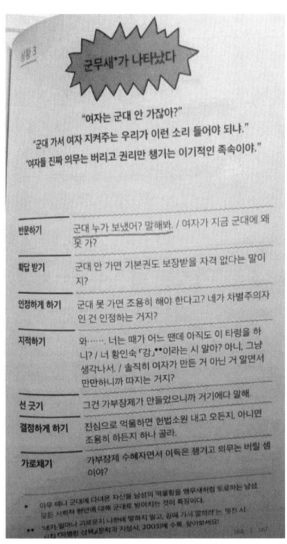

상황 3

군무새*가 나타났다

"여자는 군대 안 가잖아?"

"군대 가서 여자 지켜주는 우리가 이런 소리 들어야 되냐."

"여자들 진짜 의무는 버리고 권리만 챙기는 이기적인 족속이야."

반문하기	군대 누가 보냈어? 말해봐. / 여자가 지금 군대에 왜 못 가?
확답 받기	군대 안 가면 기본권도 보장받을 자격 없다는 말이지?
인정하게 하기	군대 못 가면 조용히 해야 한다고? 네가 차별주의자인 건 인정하는 거지?
지적하기	와…… 너는 때가 어느 땐데 아직도 이 타령을 하니? / 너 황인숙 「강」**이라는 시 알아? 아니, 그냥 생각나서. / 솔직히 여자가 만든 거 아닌 거 알면서 만만하니까 따지는 거지?
선 긋기	그건 가부장제가 만들었으니까 거기에다 말해.
결정하게 하기	진심으로 억울하면 헌법소원 내고 오든지, 아니면 조용히 하든지 하나 골라.
가로채기	가부장제 수혜자면서 이득은 챙기고 의무는 버릴 셈이야?

* 아무 때나 군대에 다녀온 자신을 남성의 억울함을 앵무새처럼 토로하는 남성. 모든 사회적 현안에 대해 군대로 받아치는 것이 특징이다.

** "내가 일어나 귀띔문지 나한테 말하지 말고, 강에 가서 말하라"는 명진 시. 시집 『대한민국 선개문학과 지성사, 2003에 수록 찾아보세요.

▲ 『입이 트이는 페미니즘』 中

다. 젠더 이슈에서 길을 잃지 않기 위해 여기에 대해 하나하나 차분하게 짚어볼 필요가 있다.

01.
가부장제와 날아다니는
스파게티 괴물

여성주의 음모론

우선 젠더이슈에 걸쳐 있는 페미니즘의 논리를 체계적으로 비판한 저서인 『소모되는 남자』라는 책의 방법을 따라서 한 명의 가상 페미니스트를 만들어보자. 그는 여성이 현대사회에서도 여전히 가부장제 아래 억압받고 착취당하고 있다고 믿는다. 가부장제 사회란 예전처럼 밥상을 뒤엎는 폭력적이고 전형적인 가부장의 모습을 취하지 않을지는 모르지만, 가부장제 사회는 남성의 특성을 인간의 보편적 특성으로 간주하는 편견을 제도 전반에 걸쳐 뿌려놓은 채 남성의 특권을 은밀하게 재생산해왔다. 또한 남성들은 대중매체를 통해서 여성을 성적으로 대상화하고 여성을 조롱하는 일들을 일삼으며 이를 여성에게 내면화시킴으로써 남성 중심의 권력을 공고히 해 왔다. 연애와 결혼과 같은 내밀한 관계 속에서도 많은 남성들은 여성을 심리적·경제적으로 종속시킨 채 그들에게 물리적·정서적 학대를 일삼아왔다. 이처럼 가부장제의 억압기제는 사회구조에서부터 일상적 인간관계의 미묘한 측면까지 스며들어 있으므로 이로부터 벗어나기 위해서는 여성에게 더 특별한 법적·시민적 권리 혹은 특권을 부여해야 한다. 모든 페미니스트들이 이렇게 다 믿는 것은 아니겠지만 이러한 진술들을 목록화해서 설문지를 돌리면 대다수의 설문문항에 '그렇다' 혹은 '매우 그렇다'라는 응답비율이 높게 나올 것이다.

문제는 가부장적 억압가설에 대한 이러한 진술들이 전형적인 음모론적 서술에 가깝다는 것이다. 음모론은 우선 다른 가설을 배제한 채 한 가지 가설에만 집착하는 데서 출발한다. 이처럼 가부장제에 대한 서술을 보면 페미니스트들이 충분한 설명이나 다른 가능성에 대한 고려 없이 단 한 가지의 가설이 진리라고 단정 지어 선언하는 경우를 많이 볼 수 있다. 예를 들어 우에노 치즈코의 『여성혐오를 혐오한다』를 보자. 그의 설명을 따르면 가부장적 질서 혹은 그것의 동의어와 마찬가지인 "젠더이원제" 속에서 여성혐오가 끊임없이 재생산된다. 여성혐오는 남성 측의 여성에 대한 경멸과 여성 측의 자기혐오의 모습으로 나타난다. 이는 중력처럼 물처럼 공기처럼 만연해서 심지어 그것이 여성혐오라는 것을 인식하지 못할 정도이다.

"여성 혐오는 성별이원제 젠더 질서의 깊고 깊은 곳에 존재하는 핵이다. 성별이원제의 젠더 질서 속에서 성장하는 이들 가운데 여성 혐오로부터 자유로운 사람은 존재하지 않는다. 그것은 마치 **중력처럼** 시스템 전체 구석구석까지 영향을 미치고 있으며 너무나도 자명하게 존재하고 있는 탓에 상당한 노력을 기울이지 않으면 의식조차 할 수 없다.[120]

여기서 우에노 치즈코는 중력이라는 비유를 끌어들이고 있다. 다른 페미니스트는 여성혐오가 공기와 물처럼 보편적이라고 주장한다. 그러나 정작 중력이나 물과 공기는 실재하는 존재이며 그것이 무엇인지 정의할 수 있다. 사회과학의 영역에서 임금노동이나 섹스와 젠더의 구분이라는 것도 이제는 연구자들 사이에서 어느 정도의 명료한 개념적 합의를 할 수 있다. 그러나 우리가 이미 보았듯이 다수의 페미니스트들이 사용하는 미소지니 개념은 그렇지 않다. 미소지니를 사전적 의미 이상으로 사용하는 것을 싫어하는 사람이 있는가 하면, 우에노 치즈코처럼 여성을 좋아하는 '호색한'마저도 미소지니의 영역으로 끌어들이는 사람도 있다.[121] 미소지니의 사전적 정의는 말 그대로 여성에 대한 미움과 경멸이다. 이렇게 보면 일부 20~30대 남성들 사이에서 여성 혐오(김치녀·된장녀) 경향이 실제로 존재하며 또한 그것이 인터넷을 통해 표출됨으로써 심각한 사회문제가 되었다는 것을 확인할 수 있다.

2015년 여성정책연구원에 따르면 남성들의 절반가량(54%)이 '김치녀·된장녀' 등의 표현에 공감했다는 조사결과가 나왔다. 그리고 이제 조사를 해보면 '한남충·씹치남' 등의 표현에 공감하는 20~30대 여성인구의 비율이 그만큼 늘었을 것이다. 그러나 이마저도 최근의 20~30대 사이의 인터넷 신드롬에 가깝기 때문에 중력처럼 보편적인 현상이라고 보기는 어려울 뿐만 아니라, 여성학 연구자 윤지영의 표현대로 '현실의 운용원리'라고 보기도 어렵다. 왜냐하면 여성혐오가 만연해 있다는 사례뿐만 아니라 그 반례들도 충분히 존재하기 때문이다.

음모론의 또 다른 특징은 '선택적 증거수집'이다. 정말 여성주의자들의 말대로 여성혐오는 일상에도 만연해 있는 것일까? 미소지니 개념은 일상에서 사전적으로 이해되는 여성혐오 단어보다 더 심오하고 고상한 개념이라는 식의 지적 사기는 옆으로 치워두자. 그리고 우선 일상적인 사례에서부터 출발해 보자. 어린이 학습만화를 보면 보통 말썽을 부리고 사고를 치는 것은 남자 아이들이다. 그리고 이때 여자아이가 남자아이의 실수를 똑 부러지게 지적하는 역할을 하곤 한다. 성별에 의해 캐릭터가 대비되는 경우 여자아이는 대개 귀엽고 예쁘지만 남자아이는 바보 같고 무례하기 짝이 없다. 과거 남성이 가족과 부모부양의 의무를 홀로 떠안아야 했던 시기에는 남아선호 사상이 뚜렷했지만 그러한 가부장적 젠더규범이 희미해진 요새 젊은 부부 사이에서 정 반대로 여아 선호가 공공연한 비밀이 되었다. 젊은 부부들은 남자아이들은 대개 말썽을 피우고 거칠고 다루기 힘들다고 입을 모아 이야기한다. 그리고 이러한 경향은 해외에도 존재한다. 『여자아이 키울 때 꼭 알아야 할 것들』이라는 일본의 육아법 서적에는 다음과 같이 딸을 기르는 장점을 몇 가지 꼽고 있다. (1) 딸을 키우는 것이 체력적으로 덜 힘들다 (2) 딸이 아들보다 좌절에 강하고 상처를 받아도 금방 털고 일어난다 (3) 딸은 어른이 되어서도 부모와 소원해지지 않는다. (4) 딸을 키우는 쪽이 남편의 '육아 참여의식'을 더 높인다.

또한 대중매체의 광고에서 여성은 남성에 비해 더 상냥하고, 사랑스럽고, 똑 부러지고, 더 성숙한 모습을 보이는 반면 그 파트너로 등장하는 남성은 개그를 담당하거나 어릿광대처럼 묘사되는 경우가 많다. 또한 대중문화 역시 여성혐오로 가득 차 있기는커녕 오히려 여성에 대해 우호적이고 동정적인 이미지를 꽤 정교하게 구축해 놓았다. 예능 프로그램에서 남성에 행해지는 짓궂은 장난이 여성에게 가해질 경우 대개 대중의 공분을 산다. 나아가 여성에 대한 배려와 매너는 남성 예능인에게 필요한 덕목으로 여겨진다.

역사적으로 볼 때에도 가부장제 사회조차 여성혐오로 가득 차 있기는커녕 여성에게 더 온정적이고 보호주의적인 태도를 취했다는 것은 여러 증거를 통해 볼 수 있다. 일례로 〈타이타닉〉이나 〈더 테러 라이브〉와 같이 재난을 다룬 영화에서도 여자와 어린아이부터 재난현장에서 구출하는 것은 불문율로 여겨지고 있다. 실제 타이타닉 침몰 사건에서도 여성과 아이를 먼저 대피시키느라 1등 칸의 유력자 남성들의 사망률은 3등 칸 여성의 사망률을 상회했다. 인적자원의 측면에서 보면 인류 역사 이래 남성은 대개 전쟁과 노역에서 소모되는 자원(소모품)으로 간주되었지만 여성은 상대적으로 공동체 혹은 국가적인 차원에서 보호받아야 할 자원으로 간주되었다. 상대적으로 적은 남성으로도 공동체와 국가를 재생산하는 것이 가능했으며 여성인구의 감소는 공동체 전체에 치명적이기 때문이다. 19세기 영국에서 노동착취 현장 실태를 조사하기 위해 파견된 의회 감독관이 가장 먼저 충격을 받은 대목은 하루 10-16시간 탄광에서 일하는 남성의 현실이 아니라 그 탄광에서 '아동'과 '여성'이 존재한다는 사실이었다. 1842년 영국정부가 가장 먼저 시작한 노동권 보호 조치는 아동과 여성의 탄광노동을 금지하는 일이었다. 그 이후 별 다른 안전장치 없이 석탄분진이 가득 찬 탄광에서의 노동과 그에 뒤따르는 산업재해는 남성 노동자의 전유물이 되었다.

사회가 여성혐오는커녕 여성에 대해 더 온정적인 태도를 보인다는 것은 뉴스의 사회면과 범죄면에서 일어난 사건사고에 대한 보도태도와 대중의 반응에서도 엿볼 수 있다. 피해자가 여성일 경우 일반적으로 남성보다 더 많은 동정적 시선과 관심이 쏟아진다. 심지어 범법을 저지른 여성 가해자에 대해서도 법은 관대한 처분을 내리는 경향이 있다. 『형사정책연구』에 실린 논문 「양형기준의 시행성과와 향후 과제」에 따르면 법원은 여성에게 관대한 처벌을 내리는 경향이 있다는 것을 보고하고 있다. 특히 강도죄의 경우 여성 피고인에 대해 양형기준보다 낮은 형을 부과한 비율이 20.5%로 남성(13.5%)의 두배에 육박했다.[122] 그 밖에도 횡령·배임·살인·위증·무고죄의 경우 여성이 남성보다 더 관대한 형을 받는 것으로 나타난다. 양형기준 자체에서는 여성에게 특별한 배려를 하고 있지는 않지만 실제 적용관행에서는 암묵적으로 여성을 배려하고 있는 것이다. 그리고 다수의 사람들은 이 사실에 분개하기보다는 당연한 것으로 납득하고 있다. 이 모든 것들은 아주 단순히 말해서 여성혐오의 일상적 반례들이다. 독자들도 생각해보면 앞서 든 것보다 무수한 반례들을 더 많이 생각해낼 수 있을 것이다.

결국 정확히 말하면 사회 일각에는 여성혐오도 존재하지만 주류사회에서는 그보다는 여성에 대한 동정론과 온정주의가 더 우세하다고 할 수 있다. 그리고 이런 사회의 지배적인 분위기를 '여성혐오 프레임'으로 설명할 수 없다. 인터넷에 존재하는 일부 남초커뮤니티의 여성혐오 표현은 일정부분 이러한 주류 분위기에 대한 반발이겠지만 그것은 사회주류의 지배적인 정서와 거리가 멀며 그것을 뒤집기에도 역부족이다. 물론 역사상 여성에게 부당하고 가혹한 일이 벌어졌다는 사실을 부정할 수 없다. 그러나 여기서 핵심은 그런 문제들이 수면 위로 떠오를 때 남성이 가혹한 일을 겪는 것보다 사람들이 사회심리적으로 더 큰 충격을 받는다는 점이다. 유사시 성인 남성이 전쟁터에서 죽거나 다치거나 강제노역에 동원된 것은 그리 큰 충격을 주지 않는다. 그것은 그 상황에서는 당연한 일이기 때문이다. 그보다 오히려 여성에게 가해지는 전시강간이나 여성살해는 커다란 충격을 준다.

음모론의 세 번째 특징은 자신에게 불리한 증거도 자신에게 유리하게 해석한다는 점이다. 일부 여성주의자는 반례들마저 자신을 지지해주는 증거로 삼는 논리의 곡예를 펼치곤 한다. 예를 들어 대중매체에서 여성이 남성보다 상냥하고, 똑 부러지고, 사랑스럽게 묘사되는 사례에 대해서는 '여성이 언제까지나 상냥하고 사랑스러울 것이라는 기대야말로 젠더이분법'이고, '그러한 젠더이분법이야말로 일상에서 여성을 속박하는 것'이며 심지어 그것은 '여성혐오와 무관하지 않다'고 말이다. 이러한 논리의 곡예는 애초에 논의를 불가능하게 만든다. 오히려 그들은 여성혐오의 반례들을 통해 사회 '일부' 영역에서는 여성에게 어떻게 오히려 더 우호적이고 유리한 환경이 조성되었는지를 살펴봐야 한다. 그래야 비로소 제대로 된 논의가 가능해진다.

여기서부터 더 본격적인 질문을 던질 필요가 있다. 많은 여성주의자들은 (국가폭력이 자본주의 계급사회의 필연적 산물이라고 주장하는 급진주의자처럼) 여성혐오가 가부장제와 젠더이원제의 필연적 산물이라고 주장한다. 그렇다면 대체 여성혐오란 그 의미조차 불분명한 '젠더이원제'와 어떤 연관이 있다는 것일까? 여기서 여성주의자들은 문화의 보편적인 특징에 대한 이론을 제시하고 있지만 대부분의 여성주의자들은 몇 가지 지엽적 사례로 빠져들면서 결국은 그 이론을 입증하는 문제를 외면하고 만다. 왜냐하면 페미니즘의 음모론적 설명 대다수가 이론적으로 틀렸다는 것을 스스로도 암묵적으로 알고 있기 때문이다. 우에노도 왜 여성혐오가 젠더이원제의 필연적이고 보편적인 결과물인지에 대해 책에서 끝까지 설명하지 못한다. 예를 들어 인간이 남성과 여성이라는 양성으로 구분되어 공동체와 국가를 재생산해왔던 시스템이 '젠더이원제'의 의미라면 그게 어째서 여성혐오를 양산했다는 것일까? 정 반대로, 앞서 본 바와 같이 문화가 전쟁과 산업재해 현장과 같은 극단적 상황에서 남성을 소모품으로 취급해왔던 반면 여성을 상대적으로 사회의 위험한 영역으로부터 더 보호하고 배려하려 했다는 증거를 얼마든지 수집할 수 있지 않은가? 사회가 여성을 혐오하기는커녕 오히려 여성에 대해 호의적이고 동정적인 문화적 시각을 갖는 경우를 얼마든지 찾을 수 있지 않은가?

물론 급진 페미니스트들이 미소지니=여성혐오라는 단어를 단지 '여자를 증오하는 남자들이 있다'는 의미로 사용하지는 않을 것이다. 그들이 진짜로 말하고 싶은 의미는 '사회구조적으로 여성에 대한 남성의 증오를 부추기고 확대재생산하는 메커니즘이 보편적으로 존재한다'는 것이다. 물론 앞서 보았듯이 일베와 같은 여성혐오 신드롬이 존재하는 것은 사실이다. 그러나 기본적으로 그것은 사회적인 병리현상이자 증후군(신드롬)이며, 그러한 증상은 그 배후에 있는 진짜 사회문화적 구조(사회경제적 불안정성, 현실의 또래문화를 대체하고 잠식해나는 인터넷 커뮤니티 문화, 성적관계에 대한 문화적 규범의 부재 등등)와는 별개의 층위에 놓여 있다.

여성혐오를 체계적으로 규범화하고 학습시키는 사회문화적 구조는 존재하지 않으며, 그런 구조가 보편적으로 존재한다는 담론은 명백한 거짓말이다. 일베와 같은 하위문화의 비뚤어진 전복과 정 반대로 여성의 생명과 신체를 보호하고 배려해야 한다는 주류 사회적 문화적 규범의 사례가 더 풍부하고 강력하다는 것은 주지했던 바 그대로이다. 게다가 현재 넷상에서 전개되는 젠더논쟁의 조류는 더 근본적인 차원에서는 여성혐오가 아니라 (앞으로도 보겠지만) 또래 여성을 상대로 문화적 인정투쟁을 하는 젊은 남성의 출현으로 요약될 수 있다. 이들은 과거 가부장제 남성들에게 보이지 않는 특성을 보유하고 있다. 진짜 가부장제 규범을 내면화한 남성들은 여성을 상대로 집단적인 인정투쟁을 벌이지 않는다. 이것은 오히려 가부장제가 붕괴하고 있다는 신호이다. 어떻게 본다면 현재 여성계가 추구하는 여성혐오 어젠다 및 이슈는 가부장제 억압가설로 설명할 수 없는 현상을 적절히 포착할 수 없는 무능력을 은폐하는 차폐막에 불과하다.

또한, 여성계가 제기하는 여성혐오 이슈는 가부장제의 물적토대와 사회문화적 토대가 실질적으로 붕괴한(가족임금제의 해체와 1~2인가구의 확산 등) 이후에 다시금 성별대립적인 가부장제 억압모델을 부활시키려는 절박한 시도이기도 하다. 그렇기 때문에 그들은 남성이 보편적으로 잠재적인 여성혐오 성향을 갖거나 그것을 부추기는 구조에 사로잡혀 있다는 서사를 확산시키려 노력한다. 그 결과 다들 알다시피 성별대립 구도와 낙인 프레임이 확산되었다. 요사이 저널리즘상에서 다수의 페미니스트들은 남성이 잠재적인 폭력과 범죄성향을 갖고 있으며, 이에 따라 남성대상의 특별교육과 사회적 관리가 필요하다는 낙인 프레임을 정착시키기 위해 갖은 노력을 하고 있다.

가부장제의 해체와 아노미 현상

한편 일부 젊은 남성층의 젠더혐오 의식은 역으로 남성 중심의 가부장제 질서가 해체되어가는 중에 생겨나는 아노미(규범부재) 현상이라는 설명도 가능하지 않을까. 이제는 젊은 남성들이 '내 감정을 알아달라'며 '찌질(?)'하게도 젊은 여성을 상대로 감정적인 인정투쟁을 벌이는 모습이 흔하다. 이것은 정작 가부장제에 익숙했던 기성세대 남성에게서는 잘 보이지 않는 특성이다. 가부장적 남성 젠더롤에 사로잡혀 있는 사람들일수록 오히려 페미니스트의 도발적인 언행에 아무런 항의를 하지 않거나 심지어 온정적인 태도를 보일 가능성이 크다.

보통 가부장제 사회에서 남성에게 요구되는 미덕은 인내심과 감정의 자제이다. 남성의 인내와 과묵함에 대한 사회적 압력은 대규모의 관료사회와 군사조직에서 더 두드러진다. 영어의 표현에서도 극한 상황에서 남성들에게 'be a man'이라고 말하는 표현은 존재해도 'be a woman'이라는 표현은 존재하지 않는다. 한편 여성학과 페미니즘 담론에서 여성성은 다양한 형태로 존재하며 그러한 여성성은 여성 자신에 의해 그 자체로 긍정되어야 한다는 논의가 있다. 하지만 남성에 대해서는 그런 담론 따위는 존재하지 않는다. 남성성이라는 것 자체가 일방의 특권과 억압 그리고 착취와 기반한 것이거나, 그 본성상 폭력적으로 뒤틀려 있는 것이므로 부정이나 의심의 대상으로 간주된다. 또한 여성주의자들은 가부장적 남성상이 실제의 남성에게 어떤 억압으로 작용하며 어떤 심리적 갈등을 낳는지에 대해서는 잘 말하지 않으며 남성에 대한 사회문화적 억압이 존재한다는 것을 인정하는 것조차 꺼려한다. 더 나아가 기존의 가부장적 젠더롤에서 탈피한 대안적인 남성성을 실험하고 추구하는 남성에 대해서는 찌질한 남성, 여성혐오주의자, 루저라는 비난이 쏟아진다. 이처럼 남성성을 모욕하는 것이 마치 해방적 제스처인 것처럼 여겨지기도 한다.

앞서 말했듯, 젊은 남성들 사이의 여성혐오 정서가 확산된 배경에는 가부장제가 해체되어가는 와중에도 여전히 남성으로서의 전통적인 책임감과 여성에 대한 부채감을 강요하는 사회적 규범에 대한 반발심이 놓여 있다는 설명도 가능하다. 이제 상당수 젊은 20~30대 남성은 더 이상 스스로 가장으로서의 역할을 바라지 않고, 여성과 대등한 위치로 나아가고 있다고 생각하며, 과거의 가부장제 질서가 자신의 책임이 아니라고 느낀다. 그리고 더 나아가 여성이 더 이상 일방적인 약자와 피해자라고 생각하지 않는다. 자신의 학업을 뒷바라지해주며 일방적으로 희생한 자매와 어머니에 대한 기억과 부채감을 안고 있는 일부 40~50대 남성과 달리 20~30대 남성들은 가정 내 성역할의 변화를 이미 일상에서 느끼고 있으며 특히 또래 여성에 대한 부채감이 없기 때문에 젠더문제에 대해 더 당돌한 태도를 보인다.

물론 여기에 대해서 더 '뒤틀린' 여성주의적 음모론이 있을 수 있다. 젊은 남성들이 과거의 가부장의 롤모델을 선망했지만 최근 여성의 활발한 사회진출로 인해 그것이 좌절되자 젊은 여성을 원망하게 되었다는 식의 설명 말이다. 실제로 여성주의 문헌에서 혹은 넷상에서 그런 설명들을 많이 볼 수 있다. 그러나 이것은 설명이라기보다는 집단 전체에 대한 모욕이나 조롱에 더 가깝다. 모든 20~30대 남성들이 마음 속 깊은 곳에서 자신의 아버지 세대의 롤모델을 선망하고 추종하며 그것을 박탈당한 것에 분노한다는 인식은 것은 전혀 그럴듯한 이야기가 아니다. 여성가족부가 주관한 2016년 '양성평등인식조사'에 따르면 20~30대 성인 남성은 향후 가족문화에서 대다수가 가부장제적 가정문화가 바뀌어야 한다고 응답했으며, 그 중 다수가 '남자가 가정생계를 책임져야 하는 문화'(35%)와 '육아는 주로 여자책임인 문화'(28.1%)가 변해야 한다고 응답했다. 다수의 젊은 남성들이 전통적인 가부장제 롤 모델을 사실상 거부하는 것이다. 사실 대한민국 역사상 지금 20대 남성만큼 가부장적 롤 모델에 정서적 거리감을 느끼는 남성세대는 없을 것이다.

내친김에 말하자면, 만일 가부장제가 여전히 사회구조 전반에 만연해 있고 그것이 남성의 특권을 재생산한다면 젊은 남성은 젊은 여성보다 더 절실히 결혼을 원할 것이다. 페미니즘의 이론대로라면 결국 가부장제는 남성에게 유리하기 때문이다. 그런데 현실은 다르다. 물론 결혼에 대한 긍정응답 비율은 남성이 여성에 비해 여전히 높지만 최근 들어서 20대 남성들이 결혼을 기피하는 경향이 더 빠르게 늘어나며 둘 사이의 격차는 급속하게 줄어들고 있다. 통계청 사회조사에 따르면 2008년에서 2016년 사이 결혼에 대한 긍정 의사(결혼을 반드시 해야하거나 하는 것이 좋다)를 밝힌 20대 여성 비율이 52.9퍼센트에서 36.5퍼센트로 16.4퍼센트 포인트 하락한 반면, 20대 남성 비율은 71.9퍼센트에서 47.2퍼센트로 24.7퍼센트 포인트 이상 하락했다. 주로 결혼의 경제적 부담과 경제적 불확실성이 그 이유인 것으로 조사됐다. 더 나아가 1~2인 가구의 확산과 정규직 가족임금제의 붕괴도 가부장제의 토대를 빠르게 잠식해가고 있다. 남성들의 의식도 이에 따라 변해하고 있다.

의외로 무력한 가부장제

사정이 이러한데도 불구하고, 가부장제 사회구조(여성억압과 착취)와 그 문화심리적 구조(여성혐오)에 대한 페미니스트들의 여러 가지 가정과 추측에 의존한 진술들 그리고 여러 현란한 용어와 신조어들로 가득 찬 수사를 보다면 현기증이 날 지경이다. 이것은 문제의 본질을 회피하는 태도이다. 지금의 젠더문제를 비롯한 사회문제들은 더 이상 가부장적 모델이나 젠더이원제라는 성별대립의 모델로 설명하기 힘들기 때문이다. 그럼에도 페미니스트의 글을 읽다보면 가부장제는 그 모두를 가부장적 의식에 중독 시킬 만큼 강력한 것으로 보인다. 가부장제 올마이티(almighty)라고 생각될 정도이다. 그러나 가부장제라는 것은 실제로 그렇게 강고한 사회구조가 아니라는 증거도 존재한다. 역으로 질문을 던져보자. 가부장제와 그것을 지탱하는 남성들의 연대가 그렇게 강고했다면 왜 최근 100~200년 사이에 주요 국가의 남성들이 여성의 투표권과 참정권, 여성의 경제적 권리, 이혼의 권리, 양육권, 피임과 낙태의 권리에 수긍하게 된 것일까? 이것은 가부장제라는 것이 그렇게 강력하지도 않았고 남성들이 여성을 옭아매기 위해서 전력투구하지 않다는 가장 직관적인 증거 중 하나이다. 오히려 전통적인 과거 남성들의 진짜 관심사는 여성을 억압하는 데 있는 것이 아니라 다른 집단의 남성과 경쟁하는 데 있었다. 그리고 남성집단 간의 경쟁 과정에서 그들이 '동료'인 여성들의 사회참여를 인정하게 되었다는 것이 남녀 간의 투쟁 서사보다 더 정확하다.

나아가 가부장제에 대한 페미니즘의 진술을 보면 페미니스트들은 가부장제라는 것을 일종의 초역사적인 존재로 사고하는 것을 흔히 볼 수 있다. 그런데 문제는 이것이 평소 페미니즘의 철학과 모순된다는 점이다. 포스트모던 비판이론에 심취한 여성주의자들은 역사적·상황적 맥락을 고려하지 않은 채 어떤 진술을 일반화하는 것을 '형이상학'이라고 말하며, 심지어 그것을 남성다운 태도 혹은 '남근·로고스 중심주의'라고까지 이야기한다. 그런데 페미니즘 담론을 보면 정작 "이성애를 규범화하는 것은 가부장적 억압의 산물"과 같은 식의 뭉뚱그린 진술이 별 다른 의심 없이 유통되는 것을 볼 수 있다. 내친 김에 말하자면, 이성애의 규범화나 동성애에 대한 탄압은 모든 가부장제의 보편적인 특성이 아니다. 예를 들어 일부 고대 가부장제 사회는 남성 전사

집단 사이의 동성애를 용인하고 심지어는 장려하기까지 했다. 또한 가부장제 사회 내에서도 폴리네시아 지역, 인도를 포함한 동남아 지역 등에서 다양한 형식의 성 역할 전환이 체계적으로 용인되었다. 이렇듯, 가부장제라는 것조차 역사적으로 단일하고 고정된 범주가 아니었음에도 여성주의자들은 간혹 전일적으로 모든 역사와 사회 그리고 의식과 심리를 지배했던 초역사적 범주(가부장제)에 집착하곤 한다. 그리고 내친 김에 말하자면, 아무도 여기에 대해서 '여근·파토스 중심주의'와 같은 표현을 붙이지 않는다.

가부장제와 젠더규범에 대한 논란은 '본성이냐 문화냐' 하는 논란으로 옮겨가곤 한다. 그런데 과거 60~70년대처럼 생물학이냐 문화냐 하는 이분법적 대립에 기반한 논쟁은 요사이에는 심리학·뇌과학·진화심리학·유전학 등의 발달에 의해 상당부분 무력해졌다. 과거 급진 페미니즘에 지적 자양분을 제공했던 '생물학 대 문화'라는 대결구도는 이제는 한물간 지적 유행일 뿐이다. 최근 논의의 흐름을 거칠게 요약하자면, 인지혁명을 동반한 '진화'의 결과 호모 사피엔스라는 종은 '문화'를 통해 저마다 환경과 상황에 맞추어 집단의 생존방법을 터득하고 세대에 걸쳐 이를 전승하는 종이 '되었다.' 그렇기 때문에 같은 가부장제라 해도 시대와 환경이 변하면 동성애에 대한 태도도 변화했다. 또 최근 100~200년 사이에 가부장제 사회구조 자체가 많은 곳에서 해체되는 것도 가능해졌다. 이제는 페미니스트야말로 가부장제에 대한 너무 많은 '환상'을 갖고 있었다는 진실에 직면할 필요가 있다.

페미니스트는 '가부장제'나 그것을 새롭게 분칠해서 포장한 '미소지니'라는 개념을 마치 짱셴 투명드래곤[123]이나 날아다니는 스파게티 괴물과 같은 존재로 여기는 것 같다. 그런데 앞서 본 것처럼 정작 선진국에서 여전히 젠더이슈로 쟁점화되는 임금격차나 유리천장이라는 문제마저도 가부장제 억압 가설로 설명할 수 없는 부분이 크다.

가부장제는 실제로는 해체되었거나 해체되는 중이라고 말하면, 혹은 미소지니가 날조된 개념이라고 지적하면, 대부분의 페미니스트들은 즉각 반발할 것이다. 그러나 믿거나 말거나 여성에게 투표권과 참정권, 직업선택의 자유, 이혼의 권리, 피임과 낙태 등 생식조절의 권리와 수단이 주어지는 인류 역사상 대격변이 있었으며, 다수의 남성이 그러한 변화에 동참하거나 그것을 적극 수용했다는 것은 엄연한 사실이다. 그럼에도 가부장제와 (그 이음동의어인) 미소지니가 현대사회에서도 강력한 설명변수가 된다는 주장은 선배 페미니스트들의 투쟁성과와 지금까지의 사회변화를 심각하게 얕잡아보는 것이기도 하다.

또한 앞서 말한 여성 참정권 획득 등의 사회적 변화는 페미니스트 투사들의 투쟁 때문이기도 하지만 그보다는 여성의 정치·사회적 참여와 노동력을 '요구'한 사회변화가 더 큰 비중을 차지한다. 그리고 그러한 사회변화는 여성만이 아니라 남성들도 만든 것이라는 점에 주목할 필요가 있다. 가령 여성 참정권 획득은 양차 세계대전 당시의 전시 자본주의 그리고 사회주의 혁명의 확산에 의해서 설명될 수 있다. 자본주의가 발전하고 사회주의 실험이 진행되며 시장 및 사회의 규모가 커짐에 따라 그동안 여성을 터부시해왔던 여러 영역들이 여성에게 개방되었고 그에 따라 자연스럽게 가정도 일터도 변해왔다. 그 과정에 저항한 일부 남성과 여성들도 있었지만 결국 남성인구의 다수가 그러한 사회변화에 납득했기 때문에 여성의 시민권이 법적·제도적 형태로 인정되었다. 그러한 변화는 영화 〈서프러제트〉에서 묘사되는 것처럼 투표권을 요구하는 일부 격분한 여성들이 무고한 상점 유리창을 깨고 전기설비를 파괴하는 등의 테러 때문에 일어난 것이 아니다. 실제 역사적 사실을 복기하면 그것은 다수 여성의 지지를 얻기는커녕 반감과 혐오만 샀다. 여성에게 남성과 동등한 시민권을 부여하는 변화가 일어난 궁극적인 분기점은 2차세계대전이었다. 여성 자신이 일터에서 남성과 동등한 노동력으로서 진가를 발휘했으며 전쟁터에서 돌아온 남성들도 이들 여성을 자신의 '동료'로 인정하는 것 외에는 별 다른 선택지가 없었다.

한편 많은 급진파 여성주의자들은 국가와 시장이 얼마나 여성에 대해 적대적이고 억압적이었는지, 또 얼마나 많은 여성이 국가와 시장을 향해 투쟁했는지를 즐겨 서술한다. 하지만 정 반대로『사피엔스』의 저자 유발 하라리는 근대국가와 시장이라는 존재가 바로 여성 권리향상의 기회를 제공했다는 점을 지적한다. 국가와 시장은 새로운 사회영역을 창출하고 다수의 남녀를 가족과 공동체의 속박에서 벗어나게 하고 개인의 권리에 대한 의식을 확산시켰다.

"낭만주의 문학은 곧잘 개인을 국가와 시장을 대상으로 투쟁하는 사람으로 묘사한다. 사실 이보다 진실에서 먼 이야기는 없다. 국가와 시장은 개인의 어머니이자 아버지이며, 개인이 살아남을 수 있는 것은 오로지 이들 덕분이다. (중략) 돈만 있다면 고급 양로원에서 노년을 보낼 수 있다. 과세 당국은 우리를 개인으로 취급하며, 이웃의 세금까지 낼 것을 기대하지 않는다. 법원 역시 우리를 개인으로 보며, 사촌이 저지른 범죄로 우리를 처벌하는 일은 결코 없다. 성인 남자뿐만 아니라 성인 여자와 어린이도 개인으로 인식된다. 대부분의 역사에서 여자는 가족과 공동체의 재산으로 취급되었지만, 현대 국가는 이와 달리 여자를 가족이나 공동체에서 독립하여 경제적, 법적 권리를 누리는 개인으로 본다. 여성은 은행계좌를 가지며, 누구와 결혼할 것인지는 물론이고 이혼할 것인지, 혼자 살 것인지도 스스로 결정할 수 있다."[124]

국가와 시장의 발전이 주도한 이러한 사회변화야말로 그토록 강고하다고 여겨지는 가부장제나 미소지니 개념으로 설명할 수 없다는 것은 분명한 사실이다. 이처럼 현대사회에서 젠더이슈를 가부장제의 사악한 의도로 설명하는 것은 좋게 말하면 환원주의, 나쁘게 말하면 지적 사기를 동반한 음모론으로 빠져들 위험이 크다. 정작 가부장제가 현실의 국가, 시장, 시민사회에서 차지하는 비중은 극적으로 감소했기 때문이다.

현재 여성주의 진영에서 주된 이슈로 다루는 임금격차나 유리천장 문제도 가부장적 억압이나 여성혐오 때문이 아니라 아주 단순히 말해서 자본가와 경영인들이 '장시간 노동시간 인센티브' 체계를 선호하는 사회 시스템의 탓이 크다. 그것은 한 마디로 장시간 노동을 지속할 수 있는 노동자에게 더 높은 보상을 주는 시스템이다. 그리고 그런 시스템 아래서는 임신이나 출산과 같은 노동의 단절을 겪지 않고 또 고강도·장시간의 노동을 더 잘 견딜 수 있는 남성이 경제적 보상이나 승진기회에서 유리하다. 그리고 그것은 그 자체로는 (과거 여성의 정치적 참여권과 가족구성권 그리고 직업선택의 자유가 존재하지 않았던) 가부장제 구조 내지는 여성혐오 문화와 관계가 없다. 이미 언급했듯이, 현대 여성주의자들이 가장 많이 저지르는 오류 중 하나가 사회구조와 환경의 문제를 개인 및 집단의 성향과 의도의 문제로 돌리는 근본귀인오류이다. 물론 그럼에도 일부 페미니스트는 노동시장에서 장시간 노동이 일반화된 원인도 가부장제의 음모라고, 혹은 유망직종에서 여성을 배제하기 위한 남성들의 사악한 음모가 존재한다고 끈질기게 주장할 것이다. 그러나 그것은 페미니스트 진영이 하는 대표적인 이론적 거짓말 중 하나이다.

그렇게 주장할 수 있지만, 앞서 지적했듯이 그것은 진지하게 상대할 가치가 없는 음모론에 불과하다. 예컨대 고용자가 장시간 노동시간을 부과하고 그에 따른 승진과 보상의 인센티브를 주는 현상을 설명하는 더 나은 직관적이고 단순한 이론(ex 자본주의 착취이론, 고도성장기의 역사적 산물, 등)이 얼마든지 있기 때문이다. 단적으로 말해서, OECD 국가들에도 존재하는 평균 15% 가량의 남녀 임금격차(우리나라는 그게 35%라는 것이 문제이지만) 상당 부분은 가부장제나 여성혐오와는 상관이 없다. 앞서 보았듯 노동경제학자 클라우디아 골딘과 로렌스 카츠는 전미경제학회(AER)에서 남녀 평균임금격차는 장시간노동을 대체하는 것이 불가능한 직종으로 갈수록 더 커진다고 주장한다. 또한 그들의 연구에 따르면 시카고 대학 MBA 졸업생들 중에서 평균 29% 가량 차이가 나던 성별 소득격차는 노동시간과 직종선택 등의 설명변수가 추가된 결과 불과 4% 수준으로 낮아지는 것으로 나타났다.[125] 이처럼 남녀 간의 임금격차가 고용인들의 내면에 꿈틀대는 여성에 대한 혐오나 차별의식으로 생겨난 결과는 아니다. 그럼에도, 문제가 되는 사회구조를 분석하고 해소하는 것이 아니라 가상의 적에 대한 투쟁서사에 몰입하는 관행이 저널리즘과 학계 일각에 확산되어 있다.

02.
유리천장과
유리바닥

과학을 둘러싼 젠더논쟁의 허실

여성주의자들이 진화심리학을 싫어한다는 것은 잘 알려진 사실이다. 성차라는 것은 생물학적으로 결정되는 것이 아니라 문화적으로 결정된다는 견해를 옹호하기 때문이다. 그래서 진화심리학이나 일부 과학에 대해서 '생물학적 결정론'이라고 비판을 하는 경우가 많다. 대표적인 것이 『나는 과학이 퍼뜨리는 성차별이 불편합니다: 진화심리학이 퍼뜨리는 젠더불평등』이라는 책이다. 그러나 해당 과학 분야가 실제로는 여성차별을 반박하는 연구 성과를 그동안 많이 축적해왔다는 사실부터 인정할 필요가 있다. 예를 들어 과거 남성우월주의자들은 여성이 남성보다 인지능력이 떨어진다는 잘못된 편견을 퍼뜨렸다. 그러나 그것은 여러 연구들을 통해 충분히 반박되었다. 예컨대 지능에 관해 평균적인 남녀 차이는 거의 없거나 존재한다 하더라도 미미한 정도에 그친다. 그리고 그 차이조차도 실제 업무 수행능력이나 학습 성과에 미치는 영향도 적다.

그럼에도 불구하고 진화심리학과 뇌과학 그리고 심리학 등 여러 과학 분과들이 남녀의 성차에 대한 연구를 수행할 때 데이터 상으로 남녀의 '차이'가 유의미하게 존재한다는 결과들이 계속 나오고 있다. 남녀가 서로 어떻게 또 얼마만큼 다르냐는 것에는 논란의 여지가 있지만, 남녀의 인지구조, 진화적인 생존전략, 사회성 등에서 차이가 난다는 사실은 이제는 더 이상 비밀이 아니다. 그럼에도 상당수의 여성주의자들이 이러한 과학적 명제 자체에 대해서 '차별적'이라고 불편해하는 이유 중 하나는 그들마저 남성우월주의자와 마찬가지로 차이와 우열을 헷갈려 하기 때문이다. 남성과 여성의 차이는 분명 존재한다. 문제는 그것을 우열의 문제로 해석하는 과거의 문화적인 관행이었다. 그러나 남자와 여자는 다를 뿐 어느 누구도 서로에 대해서 더 우월하지 않다. 남녀의 성차는 양성생식을 하는 모든 종의 그것과 마찬가지로 자연이 부여한 상호보완적인 트레이드 오프(trade-off) 관계에 있기 때문이다.

앞서 말했듯이 남녀의 성차가 존재한다는 결과를 발표한다고 해서 과학이 반드시 여성차별적 편견을 조장하는 것은 아니다. 오히려 정 반대로 과학이 남성에 대한 편견을 조장하는 경우가 있다. 이처럼 여성주의자들은 자신들에게 불편한 연구에 대해서는 비난하지만, 역으로 여성의 우월성을 입증하는 것으로 보이는 연구 성과는 환영하기도 한다. 예를 들어 여성이 남성보다 사회성이 더 좋다는 심리학 연구가 유행을 한 적이 있다. 특히 "여성이 남성보다 더 사회적이라는 생각은 1997년 수잔 크로스와 로라 매드슨 박사의 유명한 리뷰 논문에 자세히 설명되어 있다. 그들은 여성이 대인관계적으로 더 능숙한, 성공적 성이라는 논지를 뒷받침하는 일련의 결과들을 수집했다."[126] 심지어는 구체적인 연구와 데이터에 기반하지 않은 채 여성의 우월성을 설파하는 경우도 있다. 예를 들어 여성이 보유하고 있는 자궁이라든가 수태능력이라는 생물학적 특성에서 여성의 우위나 미덕을 설명하는 여성주의자도 있다. 대표적인 것이 뤼스 이리가레(Luce Irigaray)와 같은 여성학자이다.[127] 그는 어머니와 딸의 관계, 여성의 모성성에 주목하면서 "여성은 남다른 사회적 능력, 잉태와 연결된 적극적 자세를 가지고 있다"는 식의 주장을 펼친 바 있다. 그러나 여성의 수태능력도, 여성의 모성도, 여성이 발휘하는 사교성도, 여성이 남성에 비해 우월하다는 증거가 되지 않는다.

다시 '여성은 남자보다 더 사회성이 좋은가'라는 문제로 돌아가보자. 확실히 여성은 상대적으로 친밀한 관계나 대면적인 관계에서 사교성을 발휘하고 상대와 감정을 잘 공유하는 경향이 있다. 또한 여성은 소규모 집단에서의 친밀한 관계를 선호하는 성향이 있다. 반대로 또 다른 연구에서는 남성이 일 대 일의 대면적인 관계를 넘어선 조직,

이를테면 기업, 정당, 국가와 같은 보다 더 대규모의 추상적인 인간관계에서 협동심을 잘 발휘하는 경향이 있다는 사실이 발견되었다.[128] 또한 남성은 무리 내에서 경쟁을 통해 부각되려는 성향이 여성보다 더 강하다. 요약하자면 여성이 남성보다 더 사회성이 있는 것이 아니라 여성과 남성의 사회성이 다른 것일 뿐이다. 그리고 이러한 남녀의 사회성은 그 동안의 인류 역사상 상호보완적인 관계로 존재했다.

그렇다면 또 다른 차원의 남녀의 성차는 없을까. 다시 민감한 문제인 남녀 사이의 지능 차이로 돌아가 보자. 앞서 보았듯 남녀의 평균적인 지능 차이는 존재하지 않는다. 그러나 지능이 평균적으로 같다 하더라도 다수의 연구들은 남녀의 여러 인지능력이 다른 분포를 보이고 있다는 결과를 보고한다. 아래의 표를 보면 남성과 여성의 평균지능은 같다. 그러나 여성의 경우 평균에 인구의 다수가 몰려있는 반면 남성의 경우는 평균으로부터 더 분산되어 있다. 특히 과학·수학 능력에서도 비슷한 분포가 생겨난다는 보고들이 있다.[129] 물론, 지능의 분포 차이는 그리 크지 않으며, 지능의 차이가 업무수행과 학습성과에 미치는 영향이 유의미하지 않다는 연구도 존재한다.

한편 이러한 일련의 성별 차이를 근거로 해서 "과학과 수학분야에서 여성이 남성보다 두각을 덜 나타내는 것은 사회적 요인 때문이 아니라 남녀 간 선천적인 차이 때문일 수도 있다"는 견해를 밝혔다는 이유로 2005년 로렌스 서머스 하버드 대학교 총장이 대중 앞에서 공개사과를 한 해프닝이 있었다.[130] 한편 이러한 '서머스 논쟁'에서 사람들이 주

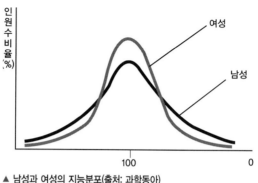

▲ 남성과 여성의 지능분포(출처: 과학동아)

목하지 않는 재밌는 사실은 다음과 같은 것이다. 수학·과학에 뛰어난 사람들 중 남자들이 더 많다는 명제는 논란거리가 되지만 반대로 학습부진아들이나 정신지체아의 성비 역시 남초라는 연구는 별 논란거리가 되지 않는다. 사실 저 두 가지 명제를 종합하면, 과학과 수학에서 두각을 나타내는 영재들 중에서 남학생들이 많은 동시에 그만큼 학습부진을 겪는 남학생들이 많다는 이야기가 된다. 이처럼 여성주의자들은 남녀 차별의 증거를 사회적으로 두각을 나타내는 상위계층에서만 발견하려는 경향이 있다.

남녀가 능력상에서 서로 다른 인구적 분포를 보인다는 점은 이른바 유리천장의 문제로도 이어진다. 일부 여성과학자와 여성학자들은 수학이나 과학계에 남성이 몰리는 이유는 여성에 대한 은연중의 편견과 차별적 시선 때문일 수 있다고 주장한다. '보이지 않는' 유리천장 때문이라는 것이다. 이처럼 눈에 직접적으로 보이는 가부장제 질서가 해체되어갈수록, 눈에 보이지 않는 여성에 대한 장벽을 의미하는 유리천장이라는 말이 역으로 각광을 받는다. 그러나 눈에 보이지 않기 때문에 오히려 유리천장이라는 말은 또 다른 형태의 날아다니는 스파게티 괴물이 될 공산이 크다. 예컨대 수학이나 이공계열에 남성이 몰리는 것은 여성에 대한 차별과 편견 그리고 가부장제 문화와는 그다지 관련이 없을 수 있다. 그리고 만일 관련이 있다면 반대극단으로 학습부진아나 정신지체아의 많은 비율이 남성이라는 사실에 대해서도 무언가 차별적 문화의 작용을 의심하는 것이 일관된 잣대이다.

한편 이 문제를 다른 각도에서 살펴보면, 지능에서 고른 능력을 보이는 여성과 달리 남성에게는 고른 능력이 부여되지 않았다는 것은 남성으로 태어나는 것이 어떤 의미에서 리스크가 크다는 말이기도 하다. 그리고 여기에 대한 가장 단순한 진화론적 설명이 있다. 여성과 달리 남성이 능력상에서 더 극단적인 분포를 보이는 이유는 '애초에 인류라는 종을 재생산하는 데 그다지 많은 남성이 필요하지 않기 때문이다'는 것이다. 실제로 일부 유전학 연구에 따르면 인류 역사를 통틀어 볼 때 우리의 유전자 전달에 기여한 전체 조상 중 남성과 여성의 비율은 3:7이라는 연구결과가 존재한다.[131] 가장 극단적인 경우를 말하자면 칭기스칸이 홀로 1000명의 후손을 남겼다는 보고도 존재한다. 메갈리아의 신조어를 따르면 우리 남자 조상 중 상당수가 '번탈남(번식탈락남)'이라는 이야기이다. 확실히 인류 역사 전체를 통틀어 보았을 때 집단에서 두각을 나타낸 오직 소수의 남성만이 자신의 유전자를 남기는데 성공했다. 그리고 그 유전자는 현생인류의 남성에게도 이어져 왔다.

남녀대결 프레임으로 이 문제를 바라보면, 진화론적 측면에서 볼 때 유전적 승자는 남성이 아닌 여성이다. 이처럼 인류 역사상 유전자를 남기는 남성은 희소하므로 남성이 문화적으로 여성보다 더 경쟁적이고 위험과 모험을 감수하는 전략을 선택하는 것은 이상한 일이 아니다. 여성주의자들은 남성 상당수가 번탈남이라는 연구결과에 대해서는 반발하지 않겠지만, 그래서 남성이 과거 여성에 비해서 더 위험을 감수하고, 혁신적이고, 더 큰 사회적 관계를 형성하고, 새로운 변화를 주도했다는 연구에 대해서는 지나칠 정도로 비판적인 것 같다. 그러나 페미니스트가 반발하든 말든 남성이 인류 역사상 사회구조를 거시적으로 변화시킨 혁신을 주도했다는 것은 사실이다. 물론 당연한 이야기이지만 이것은 남성의 우월성을 의미하지 않는다. 그것은 문화가 남성의 특성을 이용하는 방식일 뿐이다. 또한 남성이 주도한 사회적·기술적 혁신들은 뒤집어 말하자면 단지 작은 보상만으로도 엄청난 위험을 감수하는 무모함과 어리석음의 산물이기도 하다. 가령 남성의 무모한 행동들은 대개 일상에서는 십중팔구 실패로 끝났다. 이러한 초라한 남성성은 여성주의자를 비롯해 많은 언론매체가 비웃음거리로 삼는 소재이기도 하다. 그러나 그러한 남성성은 진화의 산물이기도 하며 동시에 문화가 자신의 생존을 위해 활용해왔던 남성의 특성이다. 앞서 언급한 남성의 무모함 덕분에 남성은 전쟁터나 위험한 산업현장에서 소모품으로 활용되었다.

한편 여성학자는 물론이고 언론이 젠더문제를 다룰 때 보이는 또다른 인지적 편향이 있다. 그것은 이미 많은 사람들이 지적했듯이 항상 '상위계층'에서 나타나는 남녀 간의 격차에만 주목한다는 것이다. 이미 보았듯이 수학·과학계에서 두각을 나타내는 사람들 중 남성이 많다는 사실은 논란거리가 되어도 같은 분야의 학습부진아들 중 남성이 많다는 것은 그다지 논란거리가 되지 않는다. 또한 노숙자의 대다수는 남성이라는 사실은 별로 큰 논란거리가 되지 않는다. 노숙자란 직업도, 소득도, 부양할만한 가족도, 복지제도의 보호도 없이, 그리고 그 무엇보다 그 자신의 의지가 완전히 상실되어 구걸과 임시방편의 구호만으로 연명하는 가장 밑바닥의 계층을 의미한다. 조르조 아감벤[132]의 표현을 따르면 기성의 국가 및 사회 시스템으로부터 탈락한 벌거벗은 삶 혹은 '호모 사케르'나 다름없다. 2011년 서울시여성가족재단의 발표에 따르면 (대략 3000명으로 추산되는) 서울시 전체 노숙자 중 여성 노숙인의 비율은 불과 6%에 불과했다. 이처럼 사회 몇몇 분야에서 가장 극단적인 상위계층에 남성이 몰려있는 것과 몇몇 극단적인 하위계층에도 남성이 몰려 있는 모습을 더러 볼 수 있다.

한편 남성은 오랜 역사동안 여성이 기피하는 더럽고 위험하고 힘든 일을 도맡아왔다. 가장 최근의 역사적 사례 중 대표적인 직업이 광부이다. 우리나라에서도 석탄 채굴업은 60~70년대만 해도 주력 산업 중 하나였다. 그리고 수많은 광부들은 사고를 당해서 죽고 다치거나 폐병으로 단명했다. 그러나 그들의 희생으로 그들은 가족을 부양했고 이후 한국의 본격적인 산업화의 기틀을 마련했다. 물론 평화시장에서 열악한 근로환경과 장시간 노동에 시달린 여공들도 있었다. 이들은 한국의 산업화 과정에서 희생된 노동자의 전형으로 자주 기억된다. 그러나 이들과 달리 국내의 광부나 건설 일용직과 같은 직업군은 남성 노숙자와 마찬가지로 대개 역사적인 기억 속에서 이렇다 할 의미부여를 받지 않는다. 여성이 열악한 환경에서 일하다가 죽고 다치는 것이 알려지면 사회에 큰 스캔들이 되지만 남성이 사회에서 도태되는 것은 큰 사회적 관심의 대상이 되지 않는다. 우에노 치즈코의 비유를 빌리자면, 우리의 문화는 마치 중력에 익숙해져 있는 것처럼 남성을 소모적인 존재로 다루는 데 익숙해져 있기 때문이다.

소수의 성공한 남성이 남성의 특권을 증명하는가?

최근의 과학 연구에 따르면 남녀의 성차에 직접적인 영향을 미치는 요소는 사실 지능과 능력의 문제보다는 취향과 선호의 차이일수도 있다. 남녀가 지능은 같지만 지능을 발휘하는 영역에 대한 관심사와 선호가 다르다고 할 수 있다. 또한 앞서 말한 과학계의 남녀성비 불균형 일부는 남녀의 선호와 직업선택의 기준 자체가 다른 데서 비롯되었다고도 설명할 수 있다. 이것은 선진국에도 공통적인 이공계의 남초현상뿐만 아니라 한국에서의 더 두드러진 여성의 이공계 기피현상도 설명할 수 있다. 2009년 OECD 보고서에 따르면 대학 진학률에서 여성이 남성을 2009년부터 역전하기 시작했음에도 불구하고 컴퓨터 및 공학 분야 졸업생 중 5분의 1 미만이 여전히 여성이었다. 이것조차도 가부장적 억압의 산물일까? 물론 이렇게 반문하면 페미니스트에게는 준비된 대답이 있다. 가부장제 사회구조는 주도면밀하게도 여성에게 성 고정관념을 주입해서 이공계에 적성이 있는 여성의 의욕을 미리 꺾는다고 말이다.

물론 그러한 설명도 가능하지만 발전된 사회일수록 그런 종류의 음모론적 가설은 설득력을 잃는다. 왜냐하면 일부 이공계 전문직 분야가 주는 고소득은 기존의 성 고정관념을 극복하고도 남을 정도로 매력적이기 때문이다. 언제나 그렇듯이 경제적 인센티브는 문화적 고정관념과 편견보다 훨씬 더 강력하다. 특히 그러한 인센티브가 과거의 인습을 극복하는 원동력이 되었다. 그것이 법조계 등의 많은 전문 직종에 여성이 진출하는 이유가 되었다. 그럼에도 현재까지 이공계 전문직이 일반적으로 남초라는 현상은 우리에게 페미니즘보다 '더 나은' 설명의 패러다임을 요구한다. 이공계는 상대적으로 취업률이 높고 특히 일부 전문 직종은 인문계를 압도하는 고소득을 보장하지만, 기계공학, 전자공학, 화학공학, 컴퓨터공학 분야 등의 다수 종사자는 철야와 야근에 시달리곤 한다. 이것이 특히 여학생에게 이공계에 대한 인식을 저하시키는 원인이 된다. 이것은 가부장제의 문제라기보다는 산업구조와 노동관행의 문제이다.

남녀의 차이를 설명하는 또 다른 유력한 범주는 바로 리스크 선호이다. 앞서의 진화심리학의 설명을 빌리면, 인류 역사상 오랫동안 소수의 남성만이 번식에 성공했기 때문에 남성은 더 높은 리스크를 감수하고서라도 치열한 경쟁에 뛰어들어 두각을 나타내려는 성향을 물려받았다는 설명이다. 그러나 선사시대 이래로 여성은 경쟁에서 살아남은 남성을 '선택'하는 입장이었기 때문에 그런 위험선호 전략을 채택할 유인 자체가 별로 없었다. 이제 현대사회로 초점을 옮겨보자. 기업의 이사회나 유력 정치인의 자리에 올라간다는 것은 치열한 경쟁을 동반하기 때문에 그만큼의 리스크를 동반한다. 이러한 경쟁의 리스크는 경제적 부문과 비경제적 부문 모두에 걸쳐 있다. 무엇이냐면 장기간의 노동시간, 높은 업무강도, 개인시간과 취미생활의 희생, 과도한 책임과 높은 비난가능성, 동료와의 불화와 그로 인한 인간관계의 손실의 위험, 등등이다. 그리고 이러한 리스크를 감수하려는 집단 중에서는 확실히 남성의 비중이 더 높다. 당연한 이야기지만, 이러한 리스크 선호의 성차는 남녀 누구의 우월성도 증명하지 않는다.

페미니스트나 정치적 올바름을 좋아하는 사람은 이러한 설명을 좋아하지 않겠지만, 승진을 위한 경쟁 행위나 권력투쟁에는 이러한 리스크가 뒤따른다는 것은 분명한 사실이다. 나 역시 경제적 부분에서는 평등을 추구하는 좌파이지만 상위계층이 더 많은 리스크를 감수한다는 사실을 인정할 수밖에 없다. 당연한 이야기일 수 있겠지만, 경제적 리스크만 따져보았을 때 상위 1%를 차지하는 사람들의 소득 및 자산변동은 중위소득 이하의 변동보다 훨씬 더 크다. 예를 들어 2015년 포보스가 선정한 400대 부자 목록에서 바로 지난해 목록에 올랐던 부자들 중 10%에 가까운 비율이 탈락한 바 있다.[133] 사실 일부 기업임원이나 고위공직자 및 유력 정치인이 부정부패를 일으키곤 하는 이유는 그들이 힘들여 쟁취한 그 자리가 일종의 '한철 장사'라는 사실을 그들 스스로 알고 있기 때문이다.

한편 한국사회의 특성상 소득의 변동성 혹은 경제적 리스크가 가장 낮은 직종은 아무래도 공무원일 수밖에 없다. 생애주기 전체에 걸쳐 가장 안정적인 평생소득 예측이 가능한 직장이 공무원이다. 이 공무원 사회는 전통적으로 남초 사회였다. 그런데 지금 젊은 공무원을 보면 다수가 여성이다. 이 사실이 믿기지 않으면 가까운 구청이나 시청의 젊은 정규직 공무원들을 보라. 실제로 2014년에 이미 여성 공무원의 비율이 49%에 육박했고 2016년부터 공무원 사회의 성비가 역전될 것이라 전망되었다.[134] 옛날에도 이미 교직원을 비롯한 여러 공무원 응시분야에서 이른바 여풍당당(女風堂堂)이 불어 닥치고 있었다. 반면에 투자회사와 같은 고(高)리스크 직종 및 벤처 창업분야에 남성이 몰려 있는 것은 명약관화한 사실이다. 결국 더 높은 경제적 보상을 위해 도전하는 남성들이 많고, 또 동시에 그것에 도전하다가 도태되는 남성들이 많은 것이다. 한편 여성 대다수는 남성에 비해 더 현명한 선택을 한다. 범죄문제에 있어서도 실제로 여성이 남성보다 안전에 더 많은 가치를 부여하는 것으로 나타난다. 앞서 보았듯이 강력범죄 통계를 다룬 OECD 보고서는 '강력범죄는 여성보다 남성이 더 많이 당하지만, 안전에 대한 우려는 여성이 더 높다'는 사실을 지적하고 있다.

안전에 두는 가중치에서 나타나는 이러한 성차는 동시에 유리천장과 유리바닥의 문제에 대해서 많은 것을 설명할 수 있다. 유리천장과 유리바닥을 구분하는 기준은 결국 고리스크와 저리스크이다. 많은 경우 남성들은 그들이 떠안아야 하는 더 높은 사회적 책임과 더불어 그들 자신의 위험선호 성향으로 인해 이른바 '유리바닥'이라는 안전망이 더 약하게 작용한다. 남성은 더 높은 지위와 경제적 보상을 얻기 위해서라도 상대적으로 더 커다란 위험을 감수하려는 태도를 보인다. 조금이라도 소득을 늘릴 수 있다면 남성은 상황의 불확실성에 자신의 몸을 던지기도 한다. 도박중독자의 남녀 성비는《여성신문》의 보도에 따르면 4~5배에 달한다. 그런 극단적인 사례까지 가지는 않더라도 남성이 사회의 위험하고 고된 일을 주로 도맡아 한다는 사실을 볼 수 있다. 산업구조가 고도화될수록 일터는 예전보다 더 안전해지지만 용접, 건설현장, 시설정비 등의 위험한 일들은 오늘날에도 여전히 남아 있다. 구의역에서 스크린도어를 정비하다가 열차에 치여 숨진 정비용역업체의 비정규직 청년 노동자의 경우처럼 별 다른 안전망 없이 위험한 일을 하는 사각지대에 다수의 남성들이 내몰려 있다. 그 결과 여전히 산업재해 다수의 피해자들이 남성이다. 고용노동부에 따르면 2015년 발생한 전체 산업재해 사망자 1810명 중 남성이 1746명, 여성이 64명으로 집계되었다. 실제로 인정되지 않은 산업재해의 경우까지 포함하면 그 피해 규모는 더욱 커질 것이다. 상기했듯이, 승진을 위한 경쟁과 권력투쟁도 만일 패배할 경우 지위와 명예 경제적 보상 그리고 인간관계 모두를 상실할 수 있는 위험을 동반하며 극히 일부의 남성만이 이러한 위험 선호적 행위로 인해 큰 소득과 보상을 얻는다. 불확실한 투자가 성공할 때 천문학적 규모의 이득을 몰아주는(winner takes all) 자본주의 사회의 특성도 이러한 경향을 부추긴다. 고소득이냐 안전이냐는 선택지에서 남성은 전자를 택하는 경우가 많다. 그 결과 미국의 상위 500대 대기업의 다수의 임원이 남성이다. 또 그만큼 갱생 불가능할 정도로 사회의 밑바닥에 떨어지는 남성들도 많다. IMF 경제위기 이후 40~60대 중장년 남성들이 지난 25년간 자살률 상승의 절반 이상에 기여한 것도 대표적인 사례이다. 어떤 측면에서는 가장에게 과도한 가족 부양의 책임을 떠안긴 과거 가부장제 역시 위험을 감수하는 선택을 부추기는 구조로 작용했다. 한편 페미니즘은 때로는 이러한 사실을 외면하며, 사회구조를 바꿔야 하는 곳에서 특정 성을 비난하는 관행에 경도되어 왔다.

이처럼 많은 여성주의자들은 남성의 삶이 가진 명암을 보지 않고 오직 높은 자리에 올라간 소수의 남성들이 누리는 특권만을 주목하는 경향이 있다. 그것은 많은 경우 잘못된 결론(사회가 남성에게 부당한 특권을 부여한다)으로 이끌고 간다. 정작 상위 계층의 소수 남성이 누리는 혜택은 보통의 남성에게 어떤 위안도 주지 않는다. 마치 칭기스칸이 1000명의 아이를 낳았다는 사실이 당시 보통 남성들에게 어떤 위안도 주지 않듯이 말이다. 특히 과거의 가부장제 사회일수록 더 극단적인 소수 남성의 승자독식사회의 특성을 나타낸다. 이것은 남성 대다수에게 유리하지 않다. 그럼에도 불구하고, 상당수 페미니스트는 소수 남성의 특권을 남성 대부분의 특권으로 치환하는 논리적 속임수를 쓰곤 한다.

소수의 남성이 누리는 성공에 격앙된 유리천장 문제제기는 흔히 정치계나 임원 등의 자리에서의 여성 할당제에 대한 요구로 이어지곤 한다. 그러나 실제로는 여성 할당제가 여성에게 일반적으로 유리하다는 명확한 근거는 없다. 가령 기업임원 여성의 수가 늘어나면 기업의 모성보호가 강화되고 가족친화적 경영으로 전환될까? 여성 할당제를 적극적으로 추진했던 선진국에서도 반드시 그렇지는 않다는 연구들이 있다. 가령 시카고 대학의 경제학자 마리앤 버틀란드(Marianne Bertrand) 교수와 공저자들은 여성할당제가 기업 내에서 여성일반의 지위 향상 (임금상승과 가족친화경영)에 별 영향이 없다는 연구를 발표한 바 있다.[135] 기업과 종업원의 이해관계의 차이가 성별의 차이보다 더 강하게 작용한다는 방증이다. 물론 정치적인 부문에서는 정치가 추구해야 할 인구의 '대표성'이라는 측면이 있기 때문에 정당 내에 청년할당제, 여성할당제와 같은 제도가 있을 수는 있다. 그러나 그것조차도 여성일반의 정치참여의 활성화와 정치문화의 개선을 가져온다는 보장은 없다.

또한, 최근 힐러리는 자신이 대선에서 패배한 것이 유리천장 때문이라는 주장을 한 적이 있다. 힐러리는 오바마와의 민주당 경선에서 패배했을 때에도 지지자들 앞에서 유리천장 탓을 한 적이 있다. 그러나 그것은 난센스이다. 힐러리가 경선과 대선에서 패배한 것은 자신이 여성이어서가 아니라 남녀 유권자들로부터 다수의 지지를 얻지 못했기 때문이다. 이처럼 유리천장이라는 말은 일부 엘리트 정치인과 기업임원이 자신의 실패를 포장하기 위해 벌이는 '아무 말 대잔치'에 남용되기도 한다.

03.
페미니즘 신화: 여성은 항상 약자이고, 피해자이고, 비폭력적인가?

폭력에 대한 의외의 사실

《뉴스1》이라는 통신사 언론이 한 가지 재미있는 기사를 전해온 적이 있다. 제목은 「부부폭력 절반, 남성이 시작 … 자녀학대 4명 중 1명꼴」[136]이다. 언뜻 보았을 때 흥미로운 제목이다. 부부폭력의 절반을 남성이 시작했다면 나머지 절반은 여성이 시작했다는 의미 아닌가? 사실 흥미로운 것은 제목뿐만 아니라 내용이기도 하다.

먼저 내용을 보자. 여성가족부가 3년마다 실시하는 2016년 '가정폭력 실태조사'에 따르면 전반적으로 부부폭력은 크게 감소했다. 여기서 부부폭력이란 부부간에 행해지는 신체적, 정서적, 경제적, 성적 폭력을 의미한다. 남성의 경우 부부폭력 피해율은 지난 2013년 27.3%에서 2016년 8.6%로 감소했다. 여성의 경우는 29.8%에서 12.1%로 감소했다. 부부폭력이라고 하면 남편이 아내에게 행사하는 것을 생각하는 것이 보통인데, 통념보다는 남녀 사이에서 큰 차이가 나지 않는다. 특히 부부폭력 피해율이 남녀 모두 다 높았던 2013년에는 오히려 남녀의 부부폭력 피해율의 차이가 더 적었다.

통계청의 통계포털에 들어가 더 자세한 사항을 들여다보았다. 신체적, 정서적, 경제적, 성적 폭력을 의미하는 부부폭력의 외연을 넓혀서 과도한 '통제'까지 포함해서 보면 2016년 기준 지난 1년 간 부부폭력을 당했다고 응답한 여성 비율은 34.4%인 반면 자신이 가해를 했다고 응답한 여성 비율은 33.1%였다. 여성이 부부폭력을 당한만큼 부부폭력을 저질렀다는 것이다. 이것도 의외의 결과이다. 여성의 경우 폭력에 대한 감수성이 더 예민하기 때문에 자신이 피해를 입은 것보다 가해를 한 것을 더 잘 기억하는 것일까? 꼭 그렇지만은 않다. 같은 기간 남성의 경우 자신이 부부폭력 가해를 했다고 응답한 비율은 35.6%였고 이는 여성의 피해응답률과 큰 차이를 보이지 않는다.

통념대로의 더 유의미한 성차가 발견된 대목은 기사의 제목대로 '부부폭력의 절반을 남성이 시작했다'는 부분이다. 부부폭력을 당한 남녀 설문을 볼 때 "남성이 주로 혹은 항상 먼저 폭력을 시작했다"고 응답한 비율은 48.4%인 반면에 "여성이 먼저"라고 응답한 비율은 15.8%에 불과했다. 대략 50 대 15인데 그렇다면 나머지 35는 어디로 간 것일까? 설문문항을 살펴보면 결국 나머지 35%의 경우는 서로 비슷하게 폭력을 주고 받았다는 이야기이다. 부부폭력의 절반을 남성이 시작했다면 나머지 절반은 여성이 시작했다고 생각하기 쉽지만, 실제로는 누가 먼저 시작했는지에 관해서는 상당한 비율의 회색지대가 존재하는 것이다. 사실 저 기사에서 제일 흥미로운 것은 부부폭력의 영역에서 절대 낮은 비율이라고 말할 수 없는 35%의 회색지대이다. 물론 언론은 대개 여러 해석의 여지를 안겨주는 회색지대를 부각시켜서 보도하지 않는다. 오히려 기존의 통념을 강화하는 선정적인 사례에 관심이 있기 때문이다. 예컨대 보통은 가정폭력에 있어서 남성이 무자비한 가해자이고, 여성이 거의 일말의 저항의 가능성조차도 없는 일방의 무력한 피해자라는 고정관념이 있다. 하지만 여성이 일방의 무력한 피해자라는 관념은 여러 구체적인 자료들을 살펴볼수록 희석된다. 대표적인 것이 자녀학대에 대한 실태조사이다.

2016년 '가정폭력 실태조사' 중에서 자녀학대 설문문항을 살펴보자. 가정폭력 중에는 부부간의 폭력뿐만 아니라 자녀에 대한 학대도 있다. 밥상을 뒤엎고 아이의 뺨을 때리는 아버지의 모습과 대비되는 자애로운 어머니의 캐리커처에서 묘사되듯이 이 사회에는 남성이 자녀를 더 학대한다는 통념이 있다. 이것은 진실일까? 이 중 '지난 1년간 자녀폭력 발생률' 통계를 보자. 여성응답자 중 '내가 미성년자 자녀에게 자녀학대를 저질렀다'는 응답을 한 비율이 32.1%인 반면 같은 응답자의 19.9%가 '남성 배우자가 자녀에게 자녀폭력을 저질렀다'고 응답한 바 있다. 남성 본인이 자녀학대를 했다고 응답한 비율은 그보다 높은 22.4%였지만 여전히 여성의 응답률보다는 낮았다. 이를 곧이곧 대로 받아들인다면, 남성보다 여성이 더 자녀에게 폭력적인 성향을 보인다는 것이다. 자녀 학대 중에는 신체적 학대와 정서적 학대 그리고 방임이 있는데 이 중 신체적 학대를 했다고 응답한 여성 비율(9.8%)도 신체적 학대를 했다고 응답한 남성비율(4.5%)보다 더 높았다. 이러한 현상은 물론 자녀 양육의 부담이 여성에게 더 몰려있기 때문에 생겨나는 결과라는 해석도 가능하겠지만, 다른 한편으로는 '폭력적인 남성과 비폭력적인 여성'에 관한 통념에 균열을 일으키는 대목으로 볼 수 있다.

더욱 더 의외의 결과를 보여주는 분야는 지금도 한국사회에서 뜨거운 논란거리 중 하나인 데이트폭력 문제이다. 남녀 대학생을 조사한 2010년의 논문에 따르면 신체적 폭력과 구별되는 (정서적 혹은 언어적 공격행동인) 심리적 데이트폭력 가해경험이 있다고 응답한 비율은 남성 대학생의 경우 97.4%, 여성 대학생의 경우는 97.8%였다.[137] 여기서 놀라운 것은 심리적 데이트폭력 가해경험에서 남녀의 차이가 존재하지 않는다는 것만이 아니라 남녀 모두에게서 나타나는 극단적으로 높은 수치이다. 물론 신체적 폭력에 대해서는 남녀 사이의 유의한 차이가 나타난다. 그러나 더 놀랍게도 결과는 통념과 정 반대이다. 남학생 중 44.2%가 여자친구에게 신체적 폭력을 행사했다고 보고한 반면 58.4%의 여학생이 남자친구에게 신체적 폭력을 행사했다고 보고했다. 또한 그 이후 2014년에 비슷한 주제로 연구를 수행한 논문인 「집착성향과 대학생의 데이트폭력 간의 관계」에서도 똑같은 결과가 나온다. 연인에게 신체적 폭력을 가한 적이 있다고 대답한 비율은 여학생이 58%였고 남학생은 31.4%로 여성이 오히려 더 폭력적인 성향을 보였다. 또한 연인에게 신체적 폭력을 당했다고 보고한 비율도 마찬가지로 남성이 더 높았다. 신체적 폭력 피해경험이 있다고 응답한 남성의 경우는 38.6%인데 여학생은 19.3%가 피해를 당했다고 응답한 것이다.[138] 이처럼 여성 피해자와 남성 가해자라는 신화와 달리 일상적인 가정폭력과 연인 간 폭력일수록 남성과 여성 사이의 뚜렷한 성차는 발견되지 않으며 어떤 경우에는 역전되기까지 한다.

한편 신체적 폭력과 같은 가시적인 폭력 외에도 '보이지 않는 폭력'에 대해서도 감수성을 더욱 예민하게 기르자는 것은 페미니즘을 비롯한 진보진영의 일반적인 구호 중 하나였다. 폭력의 범위를 더 넓혀서 보자, 눈에 보이지 않는 집착과 간섭도 폭력일 수 있다. 이 세상만물이 보이지 않는 폭력으로 가득 차 있다. 이것이 어떤 의미에서는 현대 페미니즘의 정신이다. 심지어는 과거 알고 지내던 한 페미니스트는 공중화장실의 남성 소변기가 여성에 대한 성폭력이라고 진지하게 주장한 것을 보았다. 왜 그러냐면 서서 소변보는 행위를 타인에게 노출시키는 것 자체가 자신의 성을 과시하는 행위이고 그것이 여성에 대한 억압으로 작용한다는 것이다. 농담처럼 들리겠지만, 실제 이런 주장을 꽤 진지하게 하는 페미니스트들이 해외에도 존재한다.

"영국의 《스털링 튠스(Sterling Tunes)》 신문은 2000년 4월 스웨덴의 신세대 경향에 대해 장문의 기사를 실었다. 그 중에는 스톡홀름 대학교의 한 페미니스트 그룹이 남자 소변기를 없애자는 캠페인을 벌인다는 내용도 있었다. 서서 소변을 보는 것이 저속함의 절정이고 암시적 폭력, 즉 더러운 마초적 행위(a nasty macho gesture)로 간주된 것이다. 그 당시에 남자들은 얼굴을 찡그리며 불쾌해 했으나, 사실상 거기에 반대할 엄두는 내지 못했다."[139]

폭력에 대한 예민한 감수성은 '폭력'의 외연을 극단적으로까지 확대하는 캠페인을 낳았다. 심리적 통제, 일상의 과도한 간섭, 상대에 대한 고성, 폭언, 극단적인 자기애, 관계에서의 군림성향, 기타 등등. 열거하자면 우리의 일상관계의 모든 측면이 폭력에 물들어 있다고 말할 수 있다. 또한 일부 여성주의자들은 이처럼 일상에서 여성을 옭아매는 폭력이 너무 심각하기 때문에, 여성이 행하는 폭력적인 언행은 일종의 저항행위로서 정당하다고 본다. 그러나 역설적이게도 이렇게 폭력의 외연을 확장하면 할수록 폭력에 관해서는 남성과 여성의 성차가 오히려 줄어들며 심지어 어떤 경우에는 역전된다는 것을 관찰할 수 있다. 예컨대 일상의 교제관계에서 신체적 폭력을 가하는 경향은 여학생이 남학생보다 더 강하다. 또한 여성도 남성 못지 않은 집착성향을 보일 때가 많다. 나아가 체벌과 신체적 학대 외의 밥 굶기기, 방치하기, 옥

박지르기, 자신의 기분을 강요하기 등 여러 유형의 폭력을 자녀폭력에 포함시킨 결과 남녀의 폭력성 차이도 통념과 다르게 나온다. 물론 가정폭력이나 연인 간 폭력에서 나타는 극단적인 행위에서는 남성의 비율이 더 높을 수 있다. 언론에 주로 보도되는 데이트 폭력은 여성이 뺨을 때리고 얼굴에 물을 뿌리는 것보다 더 극단적인 사례이다. 그러나 그런 극단적 폭력은 남녀 모두가 저지르는 폭력 중 극히 일부에 지나지 않는다. 여성 자신이 가하는 폭력보다 여성이 당하는 폭력에 대해 더 사회가 예민하게 반응하는 정서도 배제할 수 없다. 예컨대 여성 역시 종종 교제 중이거나 이별한 남성에게 염산을 뿌리는 테러행위를 저지른다. 2017년 6월에는 헤어진 후 연락처를 차단당한 것에 앙심을 품은 여성이 백화점 직원 남성의 얼굴에 염산을 뿌린 사건이 발생했다. 그러나 이러한 행위는 '역 데이트폭력' 등으로 불리며 데이트폭력의 전형과 맞지 않는, 예외로 취급하는 관행이 존재한다. 이는 우리 사회에 아직 남성=폭력적, 여성=비폭력적이라는 신화가 강고하게 자리 잡고 있다는 것을 보여준다.

감춰진 여성폭력

한편 다음과 같은 사실을 간과해서는 안 된다. 상당수의 남성은 자신이 여성으로부터 폭력을 당할 때 그것이 '피해'라고조차 인식하지 않는다. 「집착성향과 대학생의 데이트폭력 간의 관계」에서도 58%의 여학생이 신체적 데이트 폭력을 가했다고 고백했지만 불과 38.6%만의 남학생만이 피해를 입었다고 응답하며 둘 사이에는 20% 가량의 격차가 났다. 이는 여성의 폭력의 강도가 상대적으로 낮다는 방증일수 있지만 동시에 남학생이 자신을 폭력의 피해자로 인식하는 데 익숙하지 않다는 방증일 수 있다. 가령 주변의 한 지인은 한 밤 중에 집착성향을 보이던 교제 중인 여성이 자신의 자취방의 유리문을 깨고 침입한 뒤 유리파편을 흉기 삼아 위협하는 일을 당했다. 이것은 명백한데이트 폭력에 해당되지만 정작 피해자 남성은 가해자를 고소할 생각을 하지 못했다. 게다가 그는 그것이 데이트폭력에 해당한다는 것을평소 의식하지 않았다가 데이트폭력 문제가 언론 상에 이슈화된 이후에야 그 일이 데이트폭력이었다는 사실을 뒤늦게 인지하게 되었다. 많은 여성주의자들은 남성이 자신의 가해행동에 대해서 너무 무감각하다는 비난을 가하곤 한다. 그러나 그것은 사실과 다르다. 오히려 남성은 자신의 젠더롤 때문에 피해에 대해서 더 무감각한 경우가 많기 때문이다. 그렇다면 자신의 가해행동에 대해 여성과 페미니즘은 남성보다 더 섬세한 윤리적 민감성을 발휘할까? 그 완벽한 반례는 메갈리아·워마드 이슈였다. 이때의 여성주의자들이 보통의 남성보다 더 사이버 폭력과 혐오발언을 도덕적으로 숭고한 것으로 정당화하는 데 열심이었다. 내친 김에 말하면 지난 메갈리아 신드롬에서도 메갈리아의혐오발언과 사이버 테러를 옹호하는 페미니스트가 그토록 많았던 배경에는 '폭력적 남성과 비폭력적 여성'이라는 신화가 크게 작용했다. 예를 들어 목수정이라는 진보성향의 작가는 메갈리아 논란에 대해 이렇게 언급한 적이 있다.

"메갈이 틀렸다고는 말하지 않겠다. 그 싸움에 뛰어든 그들은 전술을 선택했다기보다, 불가항력적으로 이 살벌한 전선에 섰다고 본다. (불가항력은 일베라는 집단으로 대변되는 광범위한 여혐현상이었고) 내가 아는 한, 그 어떤 여자도, 폭력적 어휘를 오래 난사하면서 기쁠 수 없기 때문이다."[140]

메갈리아가 일종의 '미러링' 혹은 '전복적 반사경(윤지영)'으로서 정당한 저항행위를 했다는 진부한 변호론이다. 그러나 실제로는 일부 여성도 폭력성을 난사하면서 기뻐한다면 어떨까? 오히려 남성폭력뿐만 아니라 여성폭력의 실태를 제대로 조사하고 인식하는 것이 젠더이슈를 고찰하는 데 있어 반드시 필요한 태도 아닐까? 프랑스의 중도 성향 페미니스트인 엘리자베트 바댕테르는 자신의 책의 「생각지도 못한 여성폭력」이라는 목차에서 실제 여성이 갖고 있는 폭력성과 폭력행동에 대한 과소평가가 만연하다는 사실을 지적한 바 있다.

"여성폭력의 실제를 고찰하는 것 자체가 페미니스트들에게는 정당하지 않은 것으로 보일지도 모른다. 왜냐하면 페미니스트들은 어디까지나 여성에게 가해진 남성들의 폭력을 고발해야 하기 때문이며 여성이 남성에게 가하는 폭력을 다룬다는 것은 여성의 명분을 더럽히기 때문이다. (중략) 언제나 남성 폭력만을 상기시켜야 할 뿐이고, 남성 폭력에서 기인한 여성들의 폭력만을 다뤄야하는 것이다."

여기서 특히 그가 주목하는 것은 전쟁과 같은 극단적인 상황에서 발현되는 여성의 폭력성이다. 흔히 전쟁은 전형적인 '남성폭력'이고, 특히 전쟁 중에 나타나는 대량학살과 전시강간과 같은 행위들은 대부분 남성들의 탓으로 알려져 있다. 그러나 과거의 일부 역사기록은 정반대의 사실을 전하고 있다. 최근의 예를 들어보자. 1994년 르완다에서는 후투족과 투치족 간의 내전에서 비롯된 후투 족의 대량학살과 집단강간이 발생했다. 할리웃 영화 〈호텔 르완다〉에서도 그 참상이 생생하게 묘사된 바 있다. 그런데 이 영화가 말하지 않는 사실이 있다. 그것은 바로 상당수의 여성이 그러한 범죄에 동참한 적이 있다는 사실이다. 학살에서 살아남은 투치족 생존자들은 "후투족 여인들이 벌목용 큰 칼로 공격했고, 강간, 교회 안에서의 집단학살, 남자사냥, 여자사냥, 어린이들을 추격해 살해하는 데 동참했다고 증언했다."[141] 보통 남성이 전선에서의 전쟁을 수행할 때 전시강간과 같은 문제를 일으키지만 지역의 종족/종교/이념 간 내전의 경우에는 여성 역시도 극단적인 폭력에 동참한다는 사실은 기존의 통념에 비춰볼 때 의외의 대목이다.

또한 『히틀러의 분노: 나치 대량학살 속에서의 독일 여성들』[142]과 같은 일련의 나치의 전쟁범죄에 대한 여성사 연구는 '언제나 폭력의 희생자가 되는 여성'에 대한 역사적 이미지를 재고하는 계기가 되었다. 여성은 아내로서, 딸로서만이 아니라 군 간부들의 조수와 타이피스트로, 당원으로서, 나치친위대원으로서, 게슈타포로서, 심지어는 유대인 학살 수용소의 간수로서 전쟁범죄에 적극적으로 참여했다. 나치 치하의 수용소에서도 여간수들 역시 남성 간수 이상으로 수용자들을 잔인하게 학대하고 폭행했다는 증언이 다수 남아 있다. 유대인들을 밀고하는 데 있어서 독일 여성들도 적극 동참했다. 종전 직전에 나치 정권의 비밀 경찰조직인 게슈타포의 40%는 여성으로 채워졌다.[143]

물론 이러한 여성들의 역사적 폭력 역시 남성에게서 시작된 폭력에 휘말린 것에 지나지 않는다고 주장할 수 있다. 그러나 전쟁과 폭력의 원죄가 오롯이 남성에게만 있다는 것은 지나치게 단순한 생각이다. 확실히 남성들은 침략전쟁을 다수 일으켰지만 동시에 자신들의 가족과 공동체 그리고 사회가 공격받을 때 무기를 들고 나서는 것도 남성이었다. 여성 역시 다른 국가와 공동체에 대한 침략 및 공격에 적극적으로 동참했지만, 또 그만큼 방어적인 전쟁에 동참한 경우도 많다. 나치 치하 여성 레지스탕스의 사례는 물론 과거 식민지 해방전쟁에서부터 최근 과격 이슬람 단체 ISIS에 맞선 쿠르드 여전사에 이르기까지 여성이 남성들과 함께 저항적 폭력을 행사한 사례는 풍부하다. 우리가 경계해야 할 것은 인류 역사상 존재했던 대규모의 폭력을 어느 한 쪽

성별의 문제로 돌리는 것이다. 그것은 역사적으로 공허한 이야기이다.

페미니즘의 얼굴을 한 파시즘

이른바 제2물결 페미니즘 이후, 인종차별, 전쟁범죄, 사회적 억압과 위계질서 등의 문제를 남성의 고유한 속성으로 고발하는 담론과 연구들이 줄을 이었다. 이와 달리 여성이 집단적 폭력과 억압에 적극적으로 동참할 뿐만 아니라 심지어 주도하기까지 하는 사례는 최근 서구의 극우정당 돌풍에서도 관찰된다.

"서구 페미니즘엔 심각한 이론적 오류가 있다. 그 중 하나는 여성이 사회에서 어떤 결정을 내릴 수 있도록 권력을 잡게 된다면, 그들은 보다 자상하고, 부드러울 것이라는 가정이다."[144] 나오미 울프의 「페미니즘의 얼굴을 한 파시즘」이라는 칼럼의 내용 중 일부이다. 울프가 겨냥하는 것은 유럽의 극우정당에서 활약하는 여성 정치인들이다. 유럽의 극우정당에서 여성 정치인의 약진이 두드러졌다는 것은 잘 알려진 사실이다. 이들은 특정 인종과 종교에 대한 편견과 차별의식을 조장했고 특히 반이민 정서를 부추겼다. 여성 극우 정치인은 '여성의 적은 무슬림'이라는 식의 선동을 일삼았다. 또한 극우 캠페인의 가장 중요한 주제인 반이민을 부각하는데 있어서 젠더이슈만큼 유용한 것은 없다. 가령 프랑스의 극우정당 '국민전선'의 마린 르 펜은 대표적인 여성 극우 정치인이다. 독일 극우정당 '독일을 위한 대안(AfD)'의 지도자인 프라우케 페트리는 성공한 워킹맘 이미지로 유권자들을 끌어 모았다.[145] 호주 극우 정당 '원네이션'의 당수 폴린 핸슨은 일부 이민자 출신들이 일으킨 테러에 대한 불안을 이용하여 범죄로부터 아이를 보호하려는 어머니들의 표심을 파고들었다. 덴마크의 국민당 여성 정치인인 피아 큐에스코는 '부르카 금지법'을 추진한 바 있다. 노르웨이 진보당(실제로는 보수 우파 성향이다)의 리더인 시브 옌슨 역시 노르웨이가 이슬람화되어 가고 있다는 음모론을 꺼내들며 반이슬람 정서를 부추기기도 했다. 이들 모두 기성정당의 유리천장(?)에 당당하게 도전한 여성 정치인이며 이들 역시 약자·피해자인 여성을 대변한다는 페미니스트의 화법을 구사하기도 한다.

개개인의 성적·인종적·종교적·문화적 정체성에 대한 차별의식을 가부장제에 고유한 억압의 산물로 보던 시절이 있었다. 또한 페미니즘이 바로 이러한 차별과 배제에 반대하는 약자들의 보편적 언어이자 저항의 이데올로기라고 보았던 시절이 있다. 그러나 그것은 이제 옛말이 되어가고 있다. 그들이 금과옥조로 삼는 가부장제 억압 모델은 구미 선진국의 극우돌풍과 이를 주도하는 여성들이라는 현실의 변화를 설명하지 못한다. 옛 가부장제 질서 하에서 존재했던 남녀 간의 대립과 모순은 이제 현대사회의 다른 갈등과 대립(예: 전쟁 대 반전, 인종주의 대 반인종주의, 국수주의 대 사해동포주의)을 반영하지도 않고 대변하지도 않기 때문이다.

무엇보다 여성이라는 집단이 차별과 폭력 그리고 배제의 '전형적인' 약자·피해자이자 그 모든 피억압자들을 대변하는 정치적 주체(-화)의 가능성을 내포하고 있다는 주장도 진실과 거리가 멀다. 여기서 페미니스트들에게 조금 공정해지자면, 이것은 단지 페미니즘만의 문제인 것은 아닐 것이다. 앞서 봤듯이 정치적 올바름의 담론이 가지고 있는 가장 치명적인 인식론적 결함 중 하나는 약자·피해자는 반드시 진실을 말한다는 가정이다. 약자·피해자의 진실성이 이들의 제1계명이고 약자·피해자라는 위치의 절대성은 제2계명이다. 그러나 피해자·약자도 거짓말을 하며 심할 때는 강간과 학살 그리고 무차별적인 테러 등의 집단폭력에 동참한다. 그리고 애초에 그런 짓을 하는 순간 그들을 더 이상 약자라고 부를 수조차 없다. 그런 의미에서 약자의 절대성도 오류인 것이다. 정체성 정치에 탐닉하는 사람들은 자신의 행위가 약자의 정당한 분노를 대변한다며 잘못된 행동들마저 정당화하기도 한다. 정체성 정치의 레토릭이 유행이 된 이후 현대사회의 많은 성인 남녀들은 지금도 서로 경쟁적으로 자신이 약자, 피해자라고 주장한다. 이들이 논쟁하는 경우 공론장은 '천하제일 약자·피해자 대회'로 퇴행하곤 한다. 정체성 정치가 유행하는 사회에서 다수의 성인이 정치적·도덕적 주체는커녕 유아의 위치로 퇴행하는 것이다.

04.
남녀는 대립하는
관계일까?

남성연대는 정말로 존재하는가?

페미니즘의 또 다른 신화 중 하나는 남성들이 여성을 배제하기 위한 강고한 남성연대를 구축해놓았다는 것이다. 남성은 여성을 착취하고 억압하기 위해 끊임없이 단결한다. 여성주의 정치철학자 캐롤 페이트먼의 『남과 여, 은폐된 성적 계약』도 그와 같은 신화를 정치이론의 수준으로 끌어올렸다.[146]

캐롤 페이트먼은 기존의 사회계약론을 여성주의적 방식으로 흥미롭게 패러디한다. 본래 사회계약론이란 생명권, 신체의 자유, 재산권, 행복추구권 등의 자연권을 가진 개인들이 더 나은 삶을 영위하기 위해 국가 및 정부에 이런 저런 권리를 위임하는 사회계약을 체결한다는 이론이다. 입헌정부와 공화정을 이론적으로 정당화하는 학설이기도 하다. 반면 페이트먼의 설명에 따르면 이러한 근대 시민사회의 사회계약 이면에는 '성적 계약'이 전제된 '남성 동맹'이 자리 잡고 있다.

한편 사회계약론은 역사적으로 특권적 가부장제에 기반한 전제정치과 귀족정에 맞선 저항 및 반란을 이론적으로 정당화했다. 한편, 전제군주제와 귀족정은 공히 가부장의 절대적 권위과 장자상속에 기반한다. 그리고 앞서 보았듯이 사회의식과 삶의 수준이 성장할수록 이러한 사회구조에 다수의 남성들이 불만을 느끼는 것은 자연스럽다. 그리고 바로 이들이 (페이트먼의 말을 빌리자면) 남성동맹을 형성하고 절대군주제와 귀족정치에 대항했다. 일례로 혁명과 독립운동에서 자주 나오는 구호가 바로 '형제애(brotherhood)'이다. 미국독립전쟁 당시 저항단체 중에서 '자유의 아들들'이라는 이름을 차용한 조직들이 많이 나왔고 이후에 아일랜드 저항단체인 '아일랜드 공화주의 형제단'과 무슬림 저항단체인 '하마스'의 모태가 된 '무슬림 형제단' 등도 나타났다. 확실히 미국의 독립혁명과 프랑스 혁명을 거치며 자리 잡게 된 자유·평등·우애라는 사상도 그 역사적 기원에서는 특권적 가부장의 권위에 저항하던 부르주아·소상공인·지식인 남성들의 형제애가 자리 잡고 있다. 한편 페이트먼의 비판의 요지는 이러한 남성들 사이의 '형제애'라는 것도 바로 여성을 희생시킴으로써 성립된 '남성 동맹'에 불과하다는 것이다. 남성들의 사회계약의 결과 여성은 사적 영역 속으로 몰아넣어진 채 마치 노예와 같은 처지를 강요당했다. 이러한 강고한 남성 연대의 그물망이 여성을 사방에서 옥죄고 포위한다는 여성주의자들의 공포의식은 '전시강간'을 다루는 우에노 치즈코의 저작의 한 구절에서 다음과 같이 변주된다.

"전시강간의 많은 경우가 동료의 면전에서 행해지는 공개적 강간, 또는 동료 집단 전체에 의한 윤간인 이유는 무엇일까? 이 경우 성행위는 사적이며 비밀스러운 성격을 가지지 않는다. 히코사카 다이는 『남성 신화』(1991)에서 전시강간의 목적은 바로 남성 동료 간의 연대감을 높이기 위함이라 대답한다. 남자라는 생물은 그런 상황에서조차 발기가 가능한 것일까? 이런 소박한 질문은 던질 필요가 없다. 그런 상황에서 발기하는 것이 '진짜 남자로 인정'받기 위한 조건이기 때문이다. 이렇듯 남성 집단의 연대를 위한 의식은 여성을 '공통의 희생자'화함으로써 이루어진다."[147]

확실히 전쟁 중에 종종 일어나는 전시강간은 전쟁과 같은 극한 상황에서 남성 군인들 사이의 연대의식을 비뚤어진 방식으로 기르는 행위라고 할 수 있다. 일어나서는 안 될 끔찍한 일이다. 영화 〈실미도〉와 같은 경우에도 북파 공작원으로 훈련 받은 군인들이 마을 여교사를 그와 비슷한 방식으로 강간하는 장면이 그려진다. 그러나 예리한 독자라면 이미 눈치를 챘겠지만, 이러한 전시강간의 사례를 남성 간에 이뤄지는 여성 대상의 '희생제의' 모델의 전형으로 삼기에는 애초에 '전시'라는 상황 자체의 특수성이 너무 두드러진다. 무엇보다 전쟁이란 공동체 내에서 벌어지는 희생제의가 아니라 공동체 간에 발생하는 폭력의 분출이다.

선사시대 이래로 인간의 공격성과 폭력성이 가장 극단적으로 분출하는 경우는 집단과 집단이 충돌할 때이다. 역사는 인간이 남녀불문 집단으로 뭉칠 때 외부에 대해 폭력적인 성향을 보일 때가 많다는 것을 증명한다. 특히 호모 사피엔스는 유인원 중에서도 유독 폭력적인 종이라는 연구결과들이 나오고 있다. 이 중에서도 전쟁이란 알다시피 인간들이 벌이는 대규모의 항쟁이며 그 과정에서 약탈, 방화, 집단강간 심지어 제노사이드와 같은 불행한 일들이 일어나곤 한다. 한편 우에노 치즈코는 자신의 텍스트 내에서 은밀한 방식으로 전시강간의 사례를 공동체 내부에서 남성이 공모해서 여성을 희생양으로 삼는 사례의 전형인 것처럼 치환하고 있다. 그러나 전쟁은 기본적으로 공동체와 공동체 사이에서 벌어지는 무력충돌이다. 특히 고대사회에서 전쟁은 남성 간의 대규모 무력충돌이었다. 그러한 폭력의 대부분은 '다른 공동체'의 남성을 먼저 겨냥했으며 남성이 가장 먼저 폭력의 희생자가 되었다. 그리고 이 사실은 이상하게도 페미니스트의 텍스트에서 제대로 다뤄지지 않는다. 기근과 인구의 압박으로 부족집단이 위기에 처할 때 남성들은 다른 부족집단을 약탈하는 등의 집단폭력을 행사하기도 하지만 동시에 그 자신이 가장 먼저 그러한 폭력에 노출됐다. 이것은 특히 국가와 법이 제대로 존재하지 않던 시절 마을과 부족 그리고 도시 단위로 무장을 하고 자력으로 갈등을 해소해야 했을 때 더욱 두드러졌다.

이러한 남성 간 폭력은 사적인 폭력과 자력구제를 금지한 법치국가에서도 두드러진다. 예컨대 술집과 거리에서 낯선 사람과 시비가 붙어 드잡이 질을 하는 쪽은 주로 남성이다. 한편 여성 역시 남성 못지않게 가정, 보육원, 동종 직업집단 등에서 폭력적인 행동을 하지만 그 폭력성이 공동체와 집단의 바운더리를 벗어나지 않기 때문에 사회 전면에 여성폭력 문제가 돌출되는 경우는 드물다. 남성의 폭력성이 더 부각되는 이유는 남성이 유달리 더 폭력적이고 잔인해서라기보다는 자신의 공격성을 집단 외부로 표출하는 경우가 더 많기 때문이다. 그 가장 극단적 사례가 전쟁이다.

더군다나 전쟁과 같은 집단 간의 대규모 폭력의 책임에서 여성이 면제될 수 있다는 것은 순진한 사고이다. 많은 여성주의자들은 과거의 역사에서 벌어진 인종청소, 학살, 강간, (성)고문 등의 폭력에서 여성 역시 대규모로 동원되거나 심지어 자발적으로 참여했다는 사실을 잘 말하려 하지 않는다. 나치의 유대인 학살은 물론이고 비교적 최근에 일어난 르완다에서의 종족 간 학살과 강간에 여성이 적극 참여한 사실은 잘 알려져 있지 않다. 나아가 2005년에는 관타나모 미군 수용소에서 벌거벗은 채 학대받는 이라크인 포로들의 성기를 가리키고 카메라를 향해 활짝 웃는 여군의 모습이 전파를 타며 전 세계적 충격을 주었다. 물론 수형자들을 성고문하고 학대하면서도 아이처럼 '즐거워하는' 여군의 모습은 시간이 지나면서 사람들의 머릿속에서 잊혀졌다. 이는 부분적으로는 집단의 폭력성은 어디까지나 남성의 몫이었고 여성은 어디까지나 그 순결한 피해자였다는 페미니즘 신화가 사람들의 머릿속에 똬리를 틀고 있기 때문이다. 정 반대로 역사적 진실은 여성역시 집단의 '폭력'과 '희생제의'에 매우 적극적으로 동참해왔고 남성 못지않게 집단의 광기에 사로잡힌다는 것이다.

나아가 여성주의자들은 '가부장적 억압가설'과 '남성연대 음모론'을 설명하기 위해 주로 한 가족, 한 공동체, 한 사회 내에서 남성과 여성의 관계를 보려는 경향이 있다. 사실 이건 여성주의만의 특징이 아니라 계급갈등을 한 국가, 한 공동체 내부에서만 고찰하는 진보파 전반의 특징이기도 하다. 한 공동체 내부에서 보면 확실히 남성-여성의 관계가 억압-피억압의 관계처럼 보이는 측면도 있다. 왜냐하면 과거 가부장제 사회로 갈수록 지배계층의 대다수는 남성이기 때문이다. 그리고 그러한 남성들이 구축한 사회의 규모가 커지면 커질수록 그 사회의 조직들이 여성을 체계적으로 배제하고 억압하기 위해 구축된 정교한 기계장치처럼 보이기도 한다. 그러나 다음과 같은 사항을 간과해서는 안 된다. 인류의 역사는 이를테면 공동체적 협업으로 만들어진 퀼트[148]처럼 집단 내부에서만 만들어진 것이 아니다. 인류 문명은 '전쟁'과 '교역' 등의 행위에서 볼 수 있는 집단과 집단 간의 대규모 경쟁·협력 및 교류행위를 근간으로 한다. 그것은 과거에는 주로 남성에 의해

주도되었다. 그리고 이러한 대규모의 교류를 가능하게 하는 추상적인 개념(계약, 법, 권리, 의무 등등)에 대한 논의도 과거에는 주로 남성 지식인에 의해 주도되었다. 지금도 전쟁, 무역, 조약의 체결, 그리고 투자결정과 같이 집단 전체에 큰 위험이 수반되는 의사결정을 내리는 집단은 여전히 높은 비율로 남성이다. 이것은 무엇을 의미하는가?

우선 첫 번째로는, 페이트먼의 '남성동맹 가설'은 틀렸다는 것이다. 확실히 남성은 남성들끼리 대규모의 동맹을 맺는 경향이 있다. 심지어 국가적 레벨에서 사회계약을 체결하기도 한다. 그러나 만일 그러한 남성동맹이 존재한다 하더라도 그것은 어디까지나 다른 남성동맹(ex외국, 군주제)과 대항하거나 경쟁하기 위해서 이뤄지는 협력이다. 여성주의자들이 생각하는 것과 달리 공동체 내에서 여성을 소외시키고 희생양으로 삼기 위해 남성의 연대망이 구축되는 경우는 거의 없다. 그런 종류의 포위망이 가능하기 위해서는 남성 간의 매우 촘촘한 정서적 동질감과 깊은 신뢰관계가 전제되어야 한다. 그러나 실제로 그런 종류의 관계는 오히려 남성보다는 여성들이 잘 만든다. 정작 남성 간의 연대는 여성주의자들이 고발하는 음모론을 실현하기에는 너무나 '허술'하기 짝이 없었다. 과거 남성이 만들어낸 관계망은 다수의 협력과 경쟁을 이끌어내는 데 목적이 있기에 그 규모는 크고 효과적일지는 모르지만 과거 여성이 만들어낸 사회적 관계(ex퀼트를 짜는 여인들, 마을의 산파들, 약초를 제조하는 여인들)만큼의 밀도 있는 정서적 교류와 미세한 관계의 조정은 힘들기 때문이다. 그 결과 남성이 만들어낸 대규모의 사회적 관계영역에 여성이 진출하기 시작했지만 그 이후에도 남성이 그러한 조직 내외부에서 적대하거나 경쟁상대로 주로 삼았던 것은 대개 다른 경쟁자 남성이었다. 예나 지금이나 많은 남성들의 흥미를 끄는 것은 격렬한 스포츠와 격투기에서 서로의 우위를 다투는 것이다. 그리고 대개 여성도 조직에서의 경쟁에 승리하고 부와 명예를 얻은 남성들을 좋아한다. 남성도 단결해서 여성을 속박하기보다는 자기들끼리의 경쟁에서 부각되어 여성에게 잘 보이는 전략을 더 선호한다. 그런 의미에서 사회계약 이면에 여성을 속박하는 남성동맹이 존재한다는 가설을 내세운 페이트먼이야말로 여성의 관점을 남성에게 투사하는 것에 가깝지 않을까. 이처럼 여성주의자들은 남성연대의 견고함을 자기본위에 입각하여 지나치게 과대평가하는 경향이 있다.

가부장제 억압가설의 한계

같은 이야기를 반복하는 것이지만, 여성주의자들의 '가부장적 억압 가설'도 지나치게 협소한 시각이다. 가부장적 억압 가설이란 가부장제가 사회 여러 분야에서 여성을 노예나 하인과 같은 처지로 종속시켰다는 이론이다. 한편 (서구 문화권 위주의 사례이긴 하지만)『남성 권력의 신화(*Myth of Malepower*)』라는 책에서 워렌 파렐은 여성이 남성의 하인과 노예의 처지라는 통념에 대해 무수한 일상의 반례를 제시한다. 주인과 하인 중 저녁 데이트에서 누가 코트를 받아주고, 코트 입는 것을 도와주는가? 주인과 하인 중 누가 저녁식사 음식을 먼저 서빙받으며, 누가 상대를 기다리는가? 주인과 하인 중 누가 상대를 부양하기 위해 고생스럽게 돈을 버는가? 기타 등등.[149] 현대 사회에서도 이른바 가장이라는 사람들 중 상당수는 월급을 아내에게 맡기고 자신이 용돈을 받는 경우가 많다. 노예에 의존해야 하는 주인이야말로 실제로는 노예에 지나지 않는다는 헤겔의 '주인과 노예의 변증법'의 오랜 지혜도 여기에 적용될 수 있지 않을까?

이처럼 가부장제라는 것이 여성을 억압하기 위해 남성집단에 의해 고안된 사회구조라는 주장은 특히 현대사회에 가까울수록 사실과는 동떨어져 있는 진술이다. 언제나 그렇듯이 급진 페미니즘 일각에서는 사회현상과 사회구조를 어떤 개인이나 집단의 사악한 의도로 돌리는 편집증이 마치 과학적 이론인 것처럼 통용되곤 한다.

물론 고대사회에서 국가, 군대, 관료집단의 우두머리와 그 구성원 다수가 남성이었다. 그 이유는 그러한 집단이 과거보다 훨씬 더 '위험한' 곳이었고 대규모의 폭력을 조직해야 했기 때문이다. 그리고 다수의 남성들이 그러한 집단의 상층부에 올라가기 위해 목숨을 내놓으며 치열하게 경쟁했다. 게다가 가부장제는 상호항쟁 중인 부족단위에서부터 문명이 출현한 인류역사의 산물이라고 볼 수 있다. 이전의 유동적 수렵채집민 시절과 달리, 정주생활 이후부터 남성전사=가장이 더 높은 사회적 가치를 부여받은 것은 이들이 지켜야할 토지, 가축, 식량,

주거지 등의 재산이 생겨났기 때문이다. 특히 공동체의 재생산을 위해서는 여성과 아이를 보호하는 것이 가장 중요하다. 이것을 수행하는 것이 가부장의 덕목 중 하나였고 이는 후일 (다소 과장된 형태의) 기사도 미덕 등을 만들어냈다. 그것은 공권력에 의한 치안유지와 법치주의가 확립되지 않은 사회의 특성이기도 하다. 한편 인류가 정주생활을 시작한 이래 인구가 폭발적으로 증가함에 따라 기근과 전염병의 위험도 심각해졌고 그에 따라 부족 간의 전쟁과 무력충돌이 일상이 되었다. 가부장 남성전사들이 구축한 국가 및 정치구조는 바로 그 외부적 위협에 대응하기 위해 만들어진 것이다. 그리고 지배층 간의 정치투쟁도 법치주의가 확립된 현대사회보다 훨씬 잔인하고 치열했다. 오늘날에는 대통령 선거나 당대표 선거에서 떨어졌다고 귀양을 가거나 사약을 받는 일은 없다. 역사적으로 이러한 큰 위험을 감수하는 것은 주로 남성이었다. 여성은 대체로 그러한 위험에 휘말리는 것을 선호하지 않았다. 남녀가 보이는 이러한 위험선호의 차이는 일견 남녀 간의 억압처럼 보이는 과거 사회의 많은 특성들을 주조해냈다.

역사와 문화 속에서 많은 여성들이 소외된 위치에 놓여 있었던 것은 분명한 사실이다. 한편 많은 여성주의자들은 사회 엘리트와 지도층의 남성들만을 주목하지 그 자리에 부나방처럼 뛰어들었다가 숙청당하거나 도태된 남성들에 대해서는 주목하지 않는다. 또한 그들에 의해 납세와 부역의 대상이 된 남성의 존재에도 주목하지 않는다.

여기서 과거 남성들이 만든 국가, 군대, 관료조직 같은 사회조직의 특징을 생각할 필요가 있다. 이들은 여러 지역에 걸쳐 있을 정도로 규모가 크고 다수의 이해관계를 조정하며, 다른 집단과 강도 높은 경쟁과 무력충돌까지 대비했던 것이 특징이다. 그리고 이러한 조직들이 (약탈에 의해서든 징세에 의해서든 무역에 의해서든) 사회 대부분의 재산과 부를 가져갔고 또 거기서 발생하는 소득의 대부분은 소수 남성의 몫으로 돌아갔다. 그러나 이러한 사회조직은 여성을 억압하기 위한 기구라기보다는 다른 도시, 다른 국가, 다른 동종직업단체, 다른 기업 등의 경쟁 집단과 대항하거나 협력하기 위해 구축한 사회 구조물이었다.

한편, 소수의 특권 남성이 우위에 있는 사회조직은 점차 다수의 남성에게도 폭력적이고 불평등하게 느껴졌다. 이에 따라 폭력의 원리가 부정되고 사회계약의 관념이 각광받기 시작했다. 정치혁명의 전후 남성 지식인들이 대규모의 인간관계를 조작하는 법, 인권, 주권, 사회계약 등의 개념을 창안해낸 것도 여성을 억압하기 위해서가 아니라 여러 공동체와 집단의 관계를 조율하고 더 안전하게 교역할 수 있는 환경을 만들기 위해서였다. 반면 여성은 과거에 주로 소규모의 집단에서 교류하고 일하면서 살아왔다. 그랬던 여성이 나중에 남성의 영역에 진출한 것은 여성이 원래 선천적으로 남성보다 능력 면에서 못할 것이 없기 때문이기도 하지만, 더 큰 원인은 현대사회에서 남성이 만들어놓은 제도와 조직이 예전의 봉건국가, 가신집단, 용병집단, 정치파벌, 길드 등보다 훨씬 더 '안전'해지고, 집단 간의 갈등을 조정하는 상위의 원리로서 폭력 대신 법이 자리 잡기 시작했기 때문이다. 예전에는 장사를 위해 먼 길을 나서는 것은 도적을 만나거나 짐승과 마주치는 등 반 쯤 죽음을 각오한 모험이었다. 과거 해외무역을 했던 유럽의 동인 도회사도 무장집단이었다. 그랬던 것이 이제는 여성도 창업을 하고 자 신의 사업을 거리낌 없이 한다. 사회가 그만큼 커지고 안전해지고 또 예측 가능해졌기 때문이다.

물론 바우마이스터 같은 저자들이 지적하듯이, 여성은 남성이 만 들어 놓은 사회에 진출한 이후에도 그곳에서 '내 집' 같은 편안함을 느끼지 못했다. 조직에 남아 있는 남성 중심의 문화도 있었겠지만, 여 성이 새로 진출한 조직은 대개 여성이 선호해왔던 소규모의 밀도 있는 관계가 아니라 추상적이고 익명적인 관계이기 때문이다. 이에 여성주 의자들은 여성이 진출한 영역에 더 많은 사회적 배려가 필요하고 여성 을 위한 특별한 조치들이 취해져야 한다고 주장한다. 물론 여성에 대 한 사회적 배려는 정당한 요구이고 그들이 원했던 우호적인 분위기는 대체로 남녀 모두에게 좋은 결과를 가져왔다. 그러나 그러한 배려에 대한 요구를 '억압에 대한 저항'이라고 의미부여하는 것은 또 다른 문 제이다.

이미 말했듯이 과거 남성이 남성 간의 동맹과 사회적 연결망을 만 든 가장 기본적인 이유 중 하나는 여성을 억압하기 위해서가 아니라 공동체와 재산을 외부의 침입으로부터 보호하고 다른 집단의 남성과 경쟁하며 그들을 물리치기 위해서였다. 또 부수적으로는 그러한 관계 속에서 부각됨으로써 여성에게 호감을 얻기 위해서였다. 과거 남성에게 발휘되리라 기대했던 (그러나 지금은 많은 부분에서 쓸모없어진) 투쟁심, 공격성, 강인함 등은 바로 그러한 과거의 사회적 역할에서 비롯된 것이다. 그러나 일부 여성주의자들은 마치 남성의 공격성이 여성에게만 홀로 쏟아지는 것처럼 묘사하곤 한다. 그런 의미에서 남녀의 질투에 대한 우에노 치즈코의 다음과 같은 언급은 흥미롭다. 우에노는 남녀의 질투의 차이를 다음과 같이 정리한다.

> "여자의 질투는 남자를 빼앗은 다른 여자에게로 향하지만 남자의 질투는 자신을 배신한 여자에게로 향한다. 그것은 소유권의 침해, 한 명의 여자가 자신에게 소속됨으로써 유지되던 자신의 자아가 붕괴될지 모른다는 위험을 뜻하기 때문이다. 여자에게 있어 질투란 다른 여자를 라이벌로 하는 남자를 둘러싼 경쟁의 게임이지만, 남자에게는 자신의 프라이드와 아이덴티티를 건 게임이 된다."[150]

이것 역시 대표적인 페미니즘 신화이다. 사회면 기사를 보면 질투에 휩싸인 남성이 내연관계 문제로 다른 남성에게 흉기를 휘두르거나 살해하는 사건들을 얼마든지 볼 수 있다. 오늘도 나는 포털 사이트에서 한 남성이 자기 아내와의 내연관계를 의심하는 다른 남성에게 염산테러를 가한 뉴스를 무심코 보게 되었다. 과거에는 염산테러 같은 행위보다는 남성들 간의 공개적인 결투로 갈등을 해소(?)했을 것이다. 그것을 모르지 않음에도 우에노 치즈코가 저렇게 이야기할 수밖에 없는 이유는 결국 어떻게든 남녀 간의 대립 프레임에 논의의 초점을 모아야 하기 때문이다. 현실을 과장하거나 왜곡하면서까지 남녀 대립 프레임에 집착해야만 하는 것은 급진 페미니즘이 태생적으로 가지고 있는 슬픈 운명이자 이론적 한계라고 할 수 있다. 그러나 남녀대립 구도를 대체하는 다음과 같은 가설적인 사고실험도 가능하다.

"역사의 많은 부분을 여성에 대한 남성의 억압으로 해석할 수도 있다. 특히 면밀히 살펴보지 않고 자신의 주장에 맞는 결과만 찾는다면 말이다. 이는 그럴듯하지만 전혀 다른 해석도 가능하다. 이렇게 생각할 수도 있다. 여성들은 잔혹하고 위험하며 잦은 고통을 수반하는 다툼과 경쟁으로부터 다행히도 멀찍이 떨어져 있었다. 남성들은 피비린내 나는 전투에 뛰어들었다. 교역에 돈을 투자했던 남성들 중 일부는 큰돈을 벌었으며, 다른 이들은 파산했다. 남성들은 싸우고, 위험에 뛰어들고, 투쟁하고 탐험하고, 승리했다. 여성들은 대부분 그렇지 않았다.

분명 옛날에 여성 집단이 영토 전쟁을 위해 군대를 조직하거나 부를 위한 상품 제조와 무역에 참여하는 것을 막는 장애물은 없었다. 그러나 아주 소수의 여성들만이 이런 일들을 했다. 오랜 기다림 후에 남성들이 이를 대형 기업 및 기관들로 구성된 구조를 갖춘 사회로 훌륭하게 변모시키자 그제야 여성들은 기여한 바가 없는 자신들의 몫을 요구했다. 대부분의 위험 요소와 비용이 상당히 줄어들고, 모든 것이 어느 정도 안전해지자 여성들은 과감히 나서기 시작했다. 심지어 그들은 동등한 지위를 가지는 데 만족하지 않았으며, 남성들이 조직한 사회구조가 자신들에게 더 우호적인 방향으로 개선되어야 한다고 요구했다. 여성들은 차별철폐 조치와 특별부서는 물론, 자신들에게 적합하도록 법을 개정할 것을 요구했다. 이는 현재에도 지속되고 있으며, 영원히 그럴 것 같다. 여성들은 특별사무실과 시설들, 자신들의 필요와 요구, 감정들을 돌봐줄 관리감독기관을 요구한다. 여성은 자신들을 향한 남성들의 타고난 애정과 관심 그리고 보호본능을 이용해 상황을 유리하게 만들도록 설득한다.

나는 후자의 관점이 옳다고 주장하는 게 아니라 단지 역사적인 기록들을 얼마나 뒤집어 해석할 수 있는지를 보여주려는 것이다. 우리 사회는 남성이 여성을 억압한다는 이론을 채택했지만 이는 설득력이 떨어진다. 여타 이론들에 적용되는 비판적 잣대로 평가한다면 이 여성억압 이론은 거의 틀렸다고 판정될 것이다."[151]

바우마이스터가 지적했듯이 많은 사람들이 젠더이슈에서 길을 잃게 되는 이유는 이런 이슈일수록 각자 자신에게 유리한 증거만을 주워 담기 때문이다. 급진 페미니즘은 이런 문제를 해소하기보다는 오히려 더 악화시키는 길로 나아갔다. 그렇기 때문에 책의 이번 장에서는 페미니즘의 이론과 가설에 대한 비판을 일부러라도 행한 것이다.

자기에게 유리한 증거만을 주워 담는 것보다 더 나은 젠더이슈 접근방법이 있다. 그것은 매우 상식적인 방법이다. 바로 남녀가 각기 다른 영역에서 보는 피해와 손해가 서로 연결되어 있다는 사실을 인정하고 그 두 가지를 종합해서 보는 것이다. 예를 들어 이미 보았듯이 가사노동 격차의 문제에서 여성이 더 많은 가사노동과 돌봄 노동을 전가 받는 것은 사실이다. 그리고 이것은 여성으로부터 많은 사회적 기회를 박탈한다. 그러나 또 다른 한편에서 그러한 가사노동의 격차만큼 남성이 야근·철야·잔업 등의 경제적 노동을 부담하며 힘들고 더럽고 위험한 일을 전담한다. 이것은 남성이 전부 다 원해서 가져가는 부담도 아니며 이 역시 남성으로부터 많은 기회를 박탈한다. 이 두 가지 사실을 종합하면 남녀 모두를 설득할 수 있는 정책적 대안을 도출할 수 있다. 노동시간 단축, 일자리 나누기, 시간 당 임금의 상승, 경력단절 방지를 위한 각종 사회적 대책, 여성에게 소득과 사회적 기회를 부여하는 것이 왜 가계 전체에 좋은지에 대한 사회적 설득작업이 그것이다. 그러나 오늘날 언론과 여성계가 짠 남녀대립 구도는 이러한 정책을 통해서 남녀 모두가 윈-윈 관계에 놓일 수 있다는 가능성을 생각조차 못하게 만든다. 언론이 좋아하는 것은 선정적인 대립구도이다. 일례로 《동아일보》는 젊은 남녀 간에 가면을 씌우고 남성이 '자지스펙'을 가지고 있어서 취업에 유리하다는 식의 도발적인 발언을 통해 서로 감정적인 언쟁을 붙이는 한심한 기획을 기사로 싣기도 했다.[152] 누구보다 이것을 비판해야 할 여성계는 이러한 남녀대결 프레임에 대해 침묵하거나 오히려 부추기기도 한다.

이상의 논의에서 볼 수 있듯이 남녀관계에서 누군가의 불행은 다른 영역에서 누군가의 불행과 연결된다. 이것이 젠더이슈에서 가부장적 억압가설보다는 바우마이스터가 주장한 트레이드 오프(Trade-off) 가설이 더 설득력 있다고 생각되는 이유이다. 특히, 과거 가부장제조차도 남성이 여성을 일방적으로 착취하고 억압하는 사회구조였다기보다는 소수가 다수를 억압하고 착취하는 구조였다는 것이 진실에 가깝다. 한편, 고대사회에서 극히 일부의 남성에게 가부장의 특권이 부여되었던 이유는 고대사회에서 공동체가 직면하는 전쟁과 침략의 위험에 대응해 폭력을 조직하는 것이 삶의 일상적인 조건이기 때문이었다. 물론 이것은 여러 번 강조했듯이 모든 남성에게 유리한 사회구조가 아니었다. 가부장제 아래서 오히려 남성은 잔인한 폭력에 가장 먼저 빈번하게 노출되었다. 보통의 남성은 누구를 위해 봉사하는지도 모르는 채 세금과 노역 그리고 징집의 대상이 되었다. 그리고 다수의 남성이 장자상속의 특권에서 배제되었다. 그것이 싫었던 남성들은 자의적인 폭력에 노출될 위험을 줄이기 위해서 사회계약을 요구했고, 국가·정치 시스템, 법 앞에서의 평등이라는 원칙을 만들어냈으며 궁극적으로는 가부장제와 장자상속의 특권을 폐지하기 위한 혁명과 반란을 일으켰다. 그 결과 만들어낸 국가와 시장 등의 대규모의 관계들은 사회를 과거보다 더 안정적이고 예측 가능하게 만들었다. 그리고 국가와 시장이라는 새로운 사회영역은 여성이 진출할 수 있는 전례 없는 기회를 제공했다.

역설적이게도 일부 남성이 여성에 대해 누렸던 가부장적 특권이 해체되기 시작한 것은 바로 과거 남성이 주도적으로 구축했던 국가, 법, 시장 때문이다. 국가와 법은 가정의 영역에 공권력의 개입을 불러들였다. 시장은 여성이 진출할 수 있는 수많은 사회적 영역을 창출해냈다. 물론 초기의 국가조직과 시장은 여성이 참여하기에는 지나치게 적대적이고 위험한 환경이었다. 그러다가 국가, 정당, 관료집단, 군대, 기업, 노조 등의 사회조직이 안정화되고 나서는 여성이 여기에 진출하는 것을 막을 명분과 근거가 사라졌다. 이처럼 양성평등이 진행된 것은 이제는 과거처럼 공적·사회적 영역에서 대규모의 폭력을 조직해야 하거나 행사해야 할 위험부담이 줄어들었기 때문이다. 특권의 해체는 가정이라는 영역에서 더 두드러진다. 가정에서 남성은 과거 특권의 대부분을 잃었다. 남성이 여성보다 더 많은 돈을 번다고 해도 많은 가정에서는 경제권이 아내에게 있고 남편은 자신의 소득보다 상대적으로 적은 용돈에 만족해야 한다. 그리고 이혼과 재산분할 과정에서 개인의 권리와 의무를 조정하는 역할은 과거처럼 가부장이 아니라 법이 대신한다. 물론 과거에 비해 남성이 손해를 보는 것도 결국 그만큼 현재의 남성이 이득을 보는 측면이 있기 때문이다. 남성도 아버지에 의해 자신의 진로와 선택이 제멋대로 간섭받지 않는다. 그리고 여성과 경제권을 균형 있게 나눠가지는 것이 장기적으로는 가계의 소득 리스크를 줄이는 합리적 선택일 수 있다. 또 다른 트레이드-오프 관계인 것이다.

한편 남성과 여성의 관계가 합리적으로 재조정되면 될수록 바로 그 이유 때문에 역설적으로 역차별의 문제가 제기되기도 한다. 미국의 경우에는 이혼 시 재산분할과 양육권 문제에서 오히려 남성이 불리한 경우가 많다. 또 양육비를 제 때 지급하지 못해서 감옥에 가는 남성들도 존재한다. 이러한 문제들은 역차별 이슈를 제기한다. 한국의 경우 젊은 남성은 군대 문제 때문에 사회진출이 늦어지고 그 때문에 평균임금에서 오히려 또래 여성에게 역전당하는 시기가 있다. 이것도 국지적인 역차별의 사례이다. 남녀 간에 역차별 문제가 아예 존재하지 않는다고 억지로 강변하기보다는 애초에 남녀관계 사이에는 일정한 트레이드-오프 관계가 성립하며 이것이 균형에서 어긋날 경우 불균형을 사회적으로 조정하기 위한 지혜가 필요하다고 보는 것은 어떨까? 그러한 생각이 이를테면 '남성은 언제까지나 강자이자 억압자이고 여성은 언제나 피해자이자 약자이다'라는 유사-계급투쟁론보다 더 유용하지 않은가? 이처럼 남녀 간의 대결구도를 상정하는 '억압가설'이나 '음모를 꾸미는 남성 가설'은 현대사회의 젠더이슈에 접근하는 데 있어서 별로 유용하지 않다.

페미니즘에 '아니오'라고 말하는 젊은 세대

지난 19대 대선에서 다소 사소할지는 모르지만 흥미로운 해프닝이 일어났다. 문재인 후보 측에서 사회 여러 영역에 여성할당제를 도입하고 특히 여성청년고용할당제 도입을 추진하겠다고 공약한 것이 인터넷 커뮤니티 '오늘의유머'(오유)에서 논란을 일으킨 것이다. 물론 여성할당제를 확대하겠다는 논의는 비단 문재인 후보뿐만 아니라 다른 후보도 약속한 바이다. 한편 친 문재인, 친 노무현 성향으로 손꼽히는 오유 커뮤니티 중 한 게시판인 '군대 게시판'에서 노골적으로 문재인을 비토(거부)하는 현상이 나타났다. 의외의 현상이었다. 혹자는 이 문재인 비토 현상을 비웃거나 무시하고 지나갔지만 반드시 그렇게 볼 일은 아니라고 생각한다. 이미 책에서 언급했듯이 할당제 도입과 임금격차 논의는 보통 세대와 계급이라는 변수를 제대로 고려하지 않는다.

국제적으로 심각한 수준인 한국의 임금 격차는 지금 막 취업의 관문을 통과한 20~30대 남녀에게는 거의 해당되지 않는다. 또한, 취업준비 중이거나 지금 막 취업한 사회초년생인 20~30대 남녀에게 승진경쟁에서 유리천장이 작용한다고 보기도 어렵다. 특히 취업난에 시달리거나 어렵게 취업의 관문을 뚫은 순간을 막 지난 이들이 취업 문턱에서부터 성별 할당제를 도입하겠다는 논의를 듣는 순간 숨이 턱 막히는 것은 당연하다.

사실 임금 격차 문제나 여성의 취업률 문제에서 시급한 것은 강제적 할당제가 아니라 노동시간 줄이기와 일자리 나누기이다. 한국의 임금 격차와 유리천장 문제는 여성에 대한 사회적 편견 때문이라기보다는 장시간 노동시간 구조가 보상과 승진체계와 연동되면서 고착화된 결과에 더 가깝다. 장시간 노동시간 구조 속에서 경력단절 등으로 다수의 여성이 노동시장에서 탈락한다. 유리천장 문제 이전에 애초에 결혼 후 직장에서 고위직으로 승진할 수 있는 여성 인재풀 자체가 적은 곳이 많다. 이것이 우리나라 노동시장이 직면한 젠더문제의 핵심이다. 이처럼 할당제를 골자로 한 노동시장 성평등 정책과 이를 둘러싼 논란은 노동시장의 구조적 문제에서 비켜 나간다. 한편, 할당제 논란은 남녀 간의 과열된 논쟁으로 이어지지만, 정작 그러한 정책을 입안하거나 추진한 관료와 엘리트 정치인에게는 큰 피해가 가지 않는다.

이처럼 성평등 정책 논란의 심층에 놓여있는 갈등은 성별갈등보다는 세대갈등과 계층갈등인 경우가 많다. 특히 여성청년고용할당제를 골자로 하는 성 평등 정책은 불평등한 구조를 만든 책임을 20~30대 남성들에게 부과한다는 점에서 역차별 논란을 불러일으킨다. 이와 관련해서 이미 사회 여러 분야에서 기득권을 차지한 일부 엘리트 남성들은 20~30대 남성들에게 '그동안 여성이 차별당해 왔으니 너희들이 양보하라'는 메시지를 보낸다. 특히 86세대로 불리는 40~50대 남성들이 한국 사회에서 이러한 여론과 담론을 만드는 위치에 있다. 진보 논객 진중권은 과거 메갈리아 논쟁 때 메갈리아·워마드를 감싸 도는 여성계와 언론에 대한 20~30대 남성들의 항의에 '초라한 남근다발'이라는 비난을 퍼부은 바 있다. 확실히 진중권과 같은 부류에게는 남성으로서의 죄악감을 전시하는 것이 일종의 지성인의 표식일지는 모르겠지만 20~30대 남성들은 젠더이슈에 대해 이와 전혀 다른 시각을 가지고 있다. 20~30대 남성들은 자신과 또래 여성과의 관계가 억압자-피억압자, 강자-약자, 가해자-피해자의 관계로 전면적으로 특징 지어질 수 없으며, 실제 많은 사회적 영역에서는 역차별의 사각지대가 존재한다는 사실을 더 예민하게 인지하는 편이다.

한편 젠더이슈에 대해 기존 세대와 다른 시각을 갖고 있는 20~30대 남성에게 진중권의 '남근다발' 표현과 비슷한 종류의 낙인과 상징 폭력이 쏟아진다. 젠더이슈에 대해서 주류 여성계와 의견을 달리하는 젊은 남성들은 무식하고, 뻔뻔하고, 거칠고, 무례하며, 감수성이 결여되어 있다는 식의 낙인 말이다. 이러한 낙인을 두려워하는 지식인과 논객들은 섣불리 이들의 편을 들지 못한다. 결과적으로 20~30대 남성의 의견이 공론의 장 자체에 올라오는 경우는 거의 없고 단지 인터넷 상의 과열된 논쟁으로 자신의 의견을 분출할 수밖에 없다. 그 과정에서 젊은 남성 자신들도 남녀 대결구도에 자신도 모르게 사로잡혀 버리고 만다. 정치적 퇴행은 비단 여성계와 여성네티즌뿐만 아니라 젊은 남성에게서도 나타나는 것이다. 그리고 이러한 남녀 대결구도에 입각한 과열된 논쟁은 언론 자신도 부추기고 있다. 그 중 대표적인 사례가 EBS에서 방영되는 〈까칠남녀〉이다. 해당 방송은 여성패널과 남성패널을 나누어 데이트비용 부담 문제와 같은 젠더이슈에 대한 논쟁을 붙이는 방식으로 진행되는데, 넷상의 젠더논쟁을 방송에 그대로 옮겨 놓은 기획이라고 할 수 있다.

이상과 같은 것이 오유 일부 게시판에서 일어난 문재인 비토논란 배후에 자리 잡은 담론장의 구조라고 할 수 있다. 담론의 장 자체가 왜곡되어 있기 때문에 감정적이고 파행적인 논쟁이 벌어지는 것이다. 20~30대 남성의 현실인식과 정서가 담론장에서 배제되어 있기 때문에 압력밥솥 속의 증기처럼 과열된 분위기가 연출되는 것이다. 이 증기를 빼내기 위해서는 오프라인의 담론장에서도 이들을 대변하는 담론이 존재해야 한다.

또한 페미니즘이 젊은 여성 전부에게 어필하는 것은 아니다. 일부 여성은 페미니즘이 자신을 무조건적인 약자, 피해자 취급하는 것에 대해 오히려 불쾌함을 표하기도 한다. 또한 그들 중 다수는 메갈리아·워마드 식 혐오발언에 대해 반감을 표시했다. 지난 메갈리아 논쟁 때에도 인터넷 상에서 다수의 여성들이 자신은 메갈리아를 지지하지 않는 다는 메시지를 인증하는 일이 벌어졌다.[153] 또한 많은 여성들이 SNS에서 반복되는 남녀 간의 감정싸움에 질려있기도 하다. 사실 포비아 페미니즘이 기반한 남녀 대결구도는 현실에 제대로 뿌리 내리기 힘들다. 현실에서는 남녀가 서로 대결의식을 가지기에는 서로의 삶에 너무 깊이 연루되어 있기 때문이다. 만일 EBS 〈까칠남녀〉의 방식으로 전국의 젊은 남성과 여성을 진영을 이루게 해서 일부러 싸움을 붙인다 하더라도 남녀진영 모두에서 배신자(?)들이 속출할 수밖에 없다. 그러나 포비아 페미니즘이 확산시키는 공포와 혐오감정은 언론과 섬-공동체화된 일부 인터넷 커뮤니티 및 SNS라는 프리즘을 통해 더욱 극대화되고 과장된다. 이런 때일수록 젠더이슈를 왜곡시키는 요소들에 대한 의식적인 비판과 견제가 필요하다. 이러한 포비아 페미니즘의 여론화 과정은 이미 여러 차례 보았듯이 일부 정당한 문제제기에 대한 대안모색조차도 불가능하게 만들며, 남녀 모두의 정치적 유아화와 도덕적 퇴행을 불러일으킨다. 여기에 대해 가장 큰 책임이 있는 당사자 중 하나는 바로 언론과 여성계이다.

포비아 페미니즘에 필요한 것은 공중의 끊임없는 견제와 감시이다. 이런 점에서 포비아 페미니즘의 언행을 아카이빙하는 언론과 사회단체가 필요하다. 그들이 언행이 기억되고 회자된다는 사실을 그들이 의식한다면 그들이 폭주하는 것을 어느 정도 제어할 수 있다. 단, 아직 포비아 페미니즘에 대한 그러한 사회적인 견제와 감시장치가 제대로 마련되어 있지 않은 상황에서는 젠더이슈를 왜곡시키는 요소들에 대해 각자가 몇 가지 대응방침을 가질 필요가 있다.

먼저 통계를 인용할 때는 출처를 확인할 필요가 있다. 인터넷 캡처나 소문에 의존해서는 안 된다. 그것은 일베와 메갈과 똑같은 수준이 되는 지름길이다. 또한 가끔 페미니즘이나 반페미니즘적 발언을 했다는 유명인사의 발언에 대해 환호하거나 격분하는 해프닝들이 벌어지는데 그것도 반드시 그 출처와 발언의 맥락을 확인할 필요가 있다. 완전한 왜곡까지는 아니더라도 발언의 취지가 부지불식간에 왜곡되어서 전달되는 경우가 많기 때문이다. 유투브 영상에 나오는 각종 통계와 설문도 직접 찾아서 보는 것이 유익하다. 그것을 확인하는 것은 어렵지 않다.

무엇보다 포비아 페미니즘에 대해 대응하는 가장 좋은 방법은 일상에서 젠더이슈에 대해 대화를 시도하는 것이다. 사실 여성과 남성은 서로에 대해 이해하기 힘든 측면들이 많다. 상대방의 특성을 이해하고 알아가는 것은 중요하다. 특히 남성 또래집단과 여성 또래집단의 차이가 무엇인지, 그들이 선호하는 사회적 관계가 어떤 것인지에 대한 상호적인 이해가 필요하다. 페미니즘 서적은 대개 여성의 특성에 대해서만 이야기하며 남성의 특성 그리고 남성들이 남성 집단 내에서 관계 맺는 방식에 대해 몰이해로 가득 찬 편견들을 쏟아내는 경우가 많다. 그러나 그것은 젠더이슈에 대한 이해에 아무런 도움이 되지 않는다. 이처럼 서로에 대한 이해를 늘려갈 기회를 주는 이성 친구들은 필요할 때는 든든한 아군이 되어주면서도 동시에 자신이 미처 생각하지 못한 지점에 대해서 충고를 주는 존재이다. 그들은 어떤 페미니즘이나 안티 페미니즘 서적에 비해서도 더 도움이 된다.

그리고 젠더이슈 때문에 그들과의 일상 속에서의 우정을 훼손할 필요는 없다. 극단적인 페미니즘 사상일수록 남녀 대결구도의 확산을 통해 생활세계의 전면적 파괴를 기도한다. 그들이 원하는 결과를 가져와서는 안 된다. 또한 상대방에게 자신의 사상과 신념을 강요하지 않는 것이 좋다. 특히 일상에서 논쟁이 붙을 때에는 직관적으로 와 닿지 않는 추상적인 사회구조에 대한 추측과 가설로 비약하기보다는 지금 당장 당사자끼리 일상에서 해결하고 싶은 문제들이 무엇인지부터 논의하는 것이 우선이다. 이를테면 다른 일상의 문제를 이야기하는 자리에서 아무 맥락 없이 남녀 임금격차 문제나 데이트비용이나 혼수문제에 대한 통계를 갑자기 들고 오는 것은 감정적인 대립만 가져올 뿐이다.

마지막으로 포비아 페미니즘을 물리치는 가장 빠른 방법은 댓글 논쟁이 아니라 페미니스트들이 문제제기하는 현실의 문제에 대해 그들보다 더 진지하게 고민하고 그들이 주장하는 것보다 더 나은 대안을 제시하는 것이다. 예를 들어 여성의 경력단절 문제에 대해서는 남성들도 고민을 할 필요성이 있다. 페미니스트들이 주장하는 육아휴직 제도를 남성에게도 확대할 것을 요구해야 한다. 가정 내의 경제권도 각자 균형 있게 가져갈 필요가 있다. 사실 이것이 남녀 모두에게 평등한 방향이다.

이미 상당수 독자들이 눈치 챘겠지만 포비아 페미니스트들이 원하는 것은 사실 모두에게 공평한 대안이 아니라 끝없는 인정투쟁이다. 일부 페미니스트들은 피해자와 약자라는 위치를 일종의 훈장으로 여긴다. 그리고 그들에게 피해자와 약자라는 포지션은 절대적이다. 그러나 정작 자신이 약자라고 어필하면서도 남들에게 무차별적인 낙인을 가하며 민폐를 끼치는 부류가 반드시 절대적인 약자나 피해자가 아니라는 것만큼은 확실하다. 물론 포비아 페미니스트들이 휘두르는 인정투쟁의 방식에 말려드는 최악의 방식은 자기 자신도 절대적인 피해자와 약자라는 똑같은 인정투쟁을 상대방에게 가하는 것이다. 남성도 일상에서 역차별을 당하는 경우가 빈번하고 군필자 남성의 경우 자신의 청춘과 노력이 보상받지 못했다는 박탈감과 허탈감에 빠져들 때가 있다. 그러나 끝없는 자기연민에 빠져드는 것은 바람직한 방식이 아니다. 자기연민과 피해자 서사에 기반해 젠더전쟁을 부추기는 것을 통해 정치적 이득을 주워 담는 주체가 바로 포비아 페미니즘이다. 우리는 구체적인 사회구조 속에서 피해자와 약자라는 위치가 얼마나 상대적이고 유동적인지를 그들보다 더 잘 이해할 필요가 있다. 그리고 우리가 원래 추구했던 것은 약자들의 단결을 통해 더 강하고 책임 있는 존재가 되는 것이지 국가와 사회로부터 약자라는 인정을 구걸하는 것이 아니었다. 그러한 이해에 기반해서 각종 권리주장을 전개할 필요가 있다.

앞서 보았듯이 남녀의 이득과 손해 사이에는 장기적·구조적인 트레이드-오프 관계가 성립한다는 것에 유념할 필요가 있다. 남성이 어디선가 이득과 손해를 본만큼 여성이 다른 영역에서 그와 비슷한 이득과 손해를 본다. 물론 그것은 현실의 사회문제에서는 아무런 위안이 되지 않는다. 현대사회에서는 남녀 모두가 같은 사회적 영역에서 이득과 부담의 균형을 이룰 수 있도록 하는 것이 중요하기 때문이다. 그리고 그것이 양성평등의 진짜 의미이다. 여기서 특정성별이 일방의 피해자였다는 이야기는 진실과 거리가 멀다. 또한 상대방에게 죄악감을 강요하고 나의 피해의식에 대한 동정을 바라는 것은 문제해결에 아무런 도움이 되지 않는다. 이런 사항을 유념한 합리적 접근만이 젠더이슈에 대해 다수를 납득시킬 수 있는 현실적 해법을 도출할 수 있을 것이다. 그리고 그런 접근이 주류인 사회에서 포비아 페미니즘이 발을 붙일 곳은 어디에도 없다.

1. 미국의 중서부 지역과 북동부 지역의 일부 영역을 표현하는 호칭이다. 자동차 산업의 중심지인 디트로이트를 비롯해 미국 철강 산업의 메카인 피츠버그, 그 외 필라델피아, 볼티모어, 멤피스 등이 이에 속한다(위키백과).

2. 도시지역 저소득층, 공장 노동자, 육체노동자 백인들을 비하하는 표현.

3. 시골, 남부지역의 지방 백인을 대상으로 비하하는 표현.

4. 원출처: https://chomsky.info/20161114/
   정의당 의견그룹 〈진보너머〉(www.facebook.com/jinboneomeo2016)에서 번역.

5. 인종·민족·종교·젠더 정체성에 기반한 개개인의 권리의 보장을 골자로 하는 정치

6. 말의 표현이나 용어의 사용에서, 인종·민족·종교·성차별 등의 편견이 포함되지 않도록 하자는 주장을 나타낼 때 쓰는 말이다(위키백과).

7. 대중문화의 작품과 텍스트에서 인종적·민족적·종교적·성적 소수자에 대한 배제와 차별의 관점을 읽어 내거나, 혹은 그 안에서 소수자의 숨겨져 있는 목소리를 재해석하는 일을 전문적으로 수행하는 분야라고 할 수 있다. 학문을 자처하지만 연구자의 아전인수격 해석에서 자유롭지는 못하다. 비슷한 분야로는 점성술 등이 있다.

8. 《한겨레》, 「목욕물을 마시는 나라」, 2016.09.02.

9. 《매일경제》, 「미국 트럼프 반이민 정책 지지 여론 우세」, 2017.02.01.

10. Media ITE, 「Bernie Sanders: Trump Won Because People Are 'Tired' of 'Politically Correct Rhetoric」, 2016.12.13.

11. 출처: https://www.youtube.com/watch?v=8ii5obtGWxs.

12. 원래의 인터뷰 영상에는 거친 표현과 욕설이 있으므로 순화하였다. 원본 영상은 https://youtu.be/GZ6LT1MT9-E.

13. 마이클 무어, 김현후 역, 『멍청한 백인들』, 나무와숲, 2003.

14. Economist, 「"Why American wage growth is so lousy"」, 2015.04.14.

15. 이 논쟁은 크게 (1) 정의당 문예위원회에서 메갈리아 옹호 성우가 자신이 배역을 맡았던 게임에서 교체된 사건을 여성에 대한 인권탄압으로 규정한 논평에 대한 논란 (2) 메갈

리아·워마드를 여성인권의 관점에서 긍정할 것이냐의 논란 (3) 여성위원회와 청년위원회 등의 당내 부문위원회를 일부 활동가들이 이념서클 및 동아리로 사유화했다는 논란이라는 세 가지 층위에서 전개되었다.

16. 《리얼뉴스》, 「정의당, 반대파 당원 축출 모의 가성비 "노회찬 공격"」, 2017.06.08.

17. 이정은, 『사람은 왜 인정받고 싶어하나』, 살림, 2005.

18. NBC News, 「"Black Lives Matter' Activists Disrupt Bernie Sanders Speech,"」 2015.08.09.

19. 소득과 납세액과 무관하게 모든 시민들에게 동일한 금액의 소득을 정기적으로 보장한다는 것을 골자로 한다.

20. 서울대를 포함한 전국의 국공립대를 통합해서 입학시험을 치르게 하고 거주지에 따라 합격자를 해당 지역의 국공립대에 입학하게 한 후, 입학 후 대학에서의 적성과 능력에 따라 이후 다른 대학으로 진학할 수 있는 시스템을 골자로 한다. 대학 서열화로 인한 사교육 시장의 과열과 학벌사회를 해소하고 대학교육의 내실을 회복한다는 취지로 제안되었다. 자세한 사항은 『국공립대 통합네트워크』(정진상, 2004) 참조.

21. 국민연금, 실업수당, 건강보험급여, 보육지원금, 기초생활보장급여 등 노동시장의 참가자들이 시장이 아닌 사회로부터 지급받는 일련의 임금으로서, 사회적 임금제란 이러한 사회적 임금을 시장임금의 일정 비율 이상으로 보장한다는 제안을 골자로 한다.

22. An Interview with Noam Chomsky by The Colossus, 2016.07.01.

23. VOX, 「Bernie Sanders: "It is not good enough for someone to say, 'I'm a woman! Vote for me!"」, 2016.11.21. 해당 저서에서 인용된 버니 샌더스의 발언의 번역은 정의당 내 의견그룹 '진보너머(www.facebook.com/jinboneomeo2016)'에 소속된 당원 강현구로부터 도움을 받았다.

24. 《조선일보》, 「대기업 '유리 천장' 여전… 여성 임원 승진 2.4%뿐」, 2017.03.09.

25. 《한국경제》, 「오바마 "동성결혼 반대"」, 2010.08.06.

26. 크리스토퍼 래시, 이희재 역, 『진보의 착각』, 휴머니스트, 2014, p. 35.

27. 같은 곳 p. 33.

28. Edward S. Herman & Noam Chomsky, 『Manufacturing Consent: The Political Economy of the Mass Media』, Random House, 2010.

29. 강준만, 『증오상업주의』, 인물과 사상, 2013, p. 161.

30. 《한국일보》, 「[페미사이드 쇼크] 극단 치닫는 女 혐오… "무섭지만 굴하지 않겠다"」, 2016.05.19.

31. UNODC Statistics. 출처: https://data.unodc.org.

32. 《한겨레》, 「언니들의 이유 있는 분노, 통계로 짚어보았습니다」, 2016.05.24.

33. 이현재, 『여성혐오, 그 후』, 들녘, 2016.

34. 출처: https://www.bjs.gov/index.cfm?ty=nvat.

35. 엘리자베트 바댕테르, 나애리·조성애 역, 『잘못된 길: 1990년대 이후의 급진적 여성운동에 대한 비판적 성찰』, 중심, 2003, pp. 44-45.

36. "while men are at a greater risk of being victims of assault and violent crime, women report lower feelings of security."(출처: http://www.oecdbetterlifeindex.org/topics/safety).

37. 《조선일보》, 「警 '강남 화장실 묻지마 살인' 프로파일러 투입결과 발표…2년 전부터 여성 대한 피해망상」, 2016.05.22.

38. 박가분, 『혐오의 미러링』, 바다출판사, 2016, p. 229에서 재인용.

39. 《경향신문》, 「[시론] 히틀러가 정신질환자일 가능성도 생각해보자」, 2016.05.23.

40. 강준만, 『증오상업주의』, 인물과 사상, 2013.

41. 박가분, 『혐오의 미러링』, 바다출판사, 2016, p. 182에서 재인용.

42. 같은 곳, p. 160. 강조는 인용주.

43. The Guardian, 「Sexism and misogyny: what's the difference?」, 2012.10.17.

44. Boy's Love의 약칭으로서 일부 오타쿠 성향의 여성들이 즐겨 보는 미남 간의 동성애를 그린 작품 및 장르를 지칭하는 말이다.

45. The Guardian, 「Sexism and misogyny: what's the difference?」, 2012.10.17.

46. 윤보라 등, 『그럼에도, 페미니즘: 일상을 뒤집어보는 페미니즘의 열두 가지 질문들』, 은행나무, 2017.

47. Quarts, 「페미니즘 진영과 한국사회 내 깊게 뿌리박힌 여성혐오 세력 간의 극적인 전투가 시작됐다」, 2017.03.22.

48. 윤지영, 「현실의 운용원리로서의 여성혐오」, 『철학연구』 115호, 2016, p. 206.

49. 그러나 실제 일본어 원제는 『여성혐오: 일본의 미소지니』이다.

50. 맨스플레인(mansplain)은 남자(man)와 설명하다(explain)을 결합한 단어로, 대체로 남자가 여자에게 잘난 체하며 아랫사람 대하듯 설명하는 것을 말한다(위키피디아). 한편 해당 단어는 젠더이슈에서 여성주의자의 견해를 반박하는 남성의 반론 모두를 싸잡아 비난하는 의미로도 사용된다.

51. 가스라이팅(gaslighting)은 상황 조작을 통해 타인의 현실감과 판단력을 잃게 만듦으로써 그 사람을 정신적으로 황폐화시키고 그 사람에게 지배력을 행사하여 결국 그 사람을 파국으로 몰아가는 것을 의미하는 심리학 용어이다(위키피디아). 한편 해당 단어는 페미니즘의 맥락에서 여성이 연애과정에서 관계가 파국에 이른 책임을 남성 일방에게 몰아갈 때 흔히 사용되는 용어이기도 하다.

52. '희롱하는, 시시덕거리는, 장난삼아 연애하는'의 의미(네이버 사전). 본래 성별 구분이 없는 해당 단어는 일부에서는 남성이 여성에게 흥미 위주로 장난삼아 접근하는 것을 의미한다.

53. 우에노 치즈코, 나일등 역, 『여성혐오를 혐오한다』, 은행나무, p. 13.

54. 윤지영, 「현실의 운용원리로서의 여성혐오」, 『철학연구』 115호, 2016, p. 238.

55. 낸시 프레이저, 임옥희, 『전진하는 페미니즘』, 돌베개, 2017.

56. 프랭크 푸레디, 박형신·박형진 역, 『공포정치: 좌파와 우파를 넘어서』, 이학사, 2013, p. 177.

57. 같은 곳, p. 94.

58. 같은 곳, p. 181. 괄호 안은 인용주.

59. 같은 곳, p. 188.

60. 《경향신문》, 「[기자메모] 아버지 氣 꺾는 '얼치기 여성부'」, 2006.03.03.

61. 프랭크 푸레디, 박형신·박형진 역, 『공포정치: 좌파와 우파를 넘어서』, 이학사, 2013, p. 208.

62. 같은 곳, p. 194.

63. 엘리자베트 바댕테르, 나애리·조성애 역, 『잘못된 길: 1990년대 이후의 급진적 여성운 동에 대한 비판적 성찰』, 중심, 2003, pp. 51-52.

64. 《한국인권뉴스》, 「엇나간 여성정책 '심상정 공약 클레어법' 철회를 요구한다」, 2017.03.07.

65. 같은 곳, p. 205.

66. 같은 곳, p. 207.

67. 같은 곳, p. 213.

68. 아즈마 히로키, 안천 역, 『일반의지 2.0』, 현실문화, 2012.

69. 《한국일보》, 「아동 성학대 일본게임 '실비 키우기' 사이트 폐쇄」, 2016.05.19.

70. 《중앙일보》, 「'롤리타 화보' 논란 일어난 휠라의 2년 전 운동화 광고」, 2017.04.10.

71. BBC, 「Germany urges paedophiles out of the shadows」, 2015.07.13.

72. 허핑턴포스트, 「로리타 패션은 그런 게 아니다」, 2016.09.25.

73. 《경향신문》, 「한국의 아동성범죄 발생률 세계 4위」, 2012.09.03.

74. 여성가족부, 「국내외 아동 성범죄 특성 분석 연구결과」(2010), p. 72 참조.

75. 《정신의학신문》, 「야동, 많이 보면 중독된다? - 야동의 뇌과학」, 2016.03.03.

76. 한국고용정보원, 「고용동향 브리프」, 2014.10. p. 3.

77. Payscale, 「Gender Gap Analysis: What Equal Pay Day Gets Wrong」.

78. 찰스 윌런, 김명철 역, 『벌거벗은 통계학』, 책읽는 수요일, 2013.

79. 《연합뉴스》, 「여직원이 동료 남직원 연봉 확인…독일 '임금공개법' 주목」, 2017.03.31.

80. 《경향신문》, 「남녀 임금격차, 가장 큰 이유는 '그냥'」, 2015.05.25.

81. 정진화, 「한국 노동시장에서의 성별 임금격차 변화 - 혼인상태 및 직종특성별 비교」, 한 국노동경제논집 30(2), 2007, pp. 33-60. 해당 논문은 성별임금격차를 추정하는 데 있 어 통상 Oxcaca(1973) 요인분해 모형을 사용한다는 사실을 지적하며, 해당 모형이 순 수 성별임금 격차를 과대추정하거나 과소추정하는 한계가 있다고 주장한다.

82. 한국고용정보원, 「고용동향 브리프」, 2014.10., p. 10.

83. 같은 곳, p. 3.

84. 《뉴경찰 신문》, 「자살률 25년 새 3배 증가」, 2017.01.03.

85. 《오마이뉴스》, 「한국남성 가사노동 시간, OECD 국가 중 가장 적어」, 2012.05.16.

86. 자료: OECD, 「http://stats.oecd.org/, Decile ratios of gross earnings_Decile 9/Decile 1」 2016. 11.

87. 《경향신문》, 「'극과 극' 한국여성 지위 글로벌 통계, 어떻게 봐야 할까」, 2016.06.04.

88. 출처: http://reports.weforum.org/global-gender-gap-report-2015/measuring-the-global-gender-gap/#view/fn-5.

89. GII에 대한 국내의 대표적인 비판 근거 중 하나로 군 휴학생도 대학재학생에 집계하는 방식이다. 이에 따라 한국의 경우 남성 대학 진학률이 109%로 측정되었다.

90. 《한겨레》, 「여성이 남성 임금 받는데 118년 걸려…한국 양성평등 115위」, 2015.11.19.

91. 《일다》, 「성평등지수 115위, 그래도 여성전용주차장이 부럽니?」, 2014.11.16.

92. 《경향신문》, 「'극과 극' 한국여성 지위 글로벌 통계, 어떻게 봐야 할까」, 2016.06.04.

93. 《오마이뉴스》, 「나는 '중식이밴드'를 아낀다, 그리고 비판한다」, 2016.04.04.

94. 같은 곳.

95. 《경향신문》, 「[지금 SNS에선] 보통 남자」, 2016.12.11.

96. 슬라보예 지젝, 김영선 역, 『왜 하이데거를 범죄화해서는 안 되는가』, 글항아리, 2016, p. 50.

97. 소돔의 120일은 1785년에 사드 후작이 바스티유 감옥에서 쓴 미완성 소설이다. 사드의 첫 번째 본격적인 작품이었다. 타인을 괴롭히면서 성적 쾌감을 얻는 사디즘의 기원이 된 소설이다(위키백과).

98. 《모피를 입은 비너스》는 1870년 오스트리아의 작가 레오폴트 폰 자허마조흐가 발표한 소설이다. 소설은 여성의 지배와 가피학증, 자허마조흐 자신의 생활에서 큰 영감을 받아 만들어졌다. 소설에 등장하는 여자 인물인 반다 폰 두나예프는 당시에 신흥 문학 작가였던 파니 피스토어를 모델로 만들어졌다고 한다(위키백과).

99. 김훈은 대한민국의 소설가이자 문학평론가이며 한때 기자를 지낸 자전거 레이서이다. 본관은 김해이다. 대표작으로는 『화장』, 『칼의 노래』 등이 있다(위키피디아).

100. 출처: https://www.youtube.com/watch?time_continue=12&v=h_HvmLqkK5c.

101. 여성신문, 「DJ DOC, 가사 수정해 주말 광장에 선다… '여혐' 비판 무색」, 2016.12.08.

102. 《한겨레》, 「김민희, '베를린 현지 인터뷰' 논란」, 2017.02.20.

103. 《노컷뉴스》, 「'베를린의 여왕' 김민희의 '성차별불감증'」, 2017.02.20.

104. 《위키트리》, 「마리옹 꼬띠아르가 밝힌 페미니스트가 아닌 이유」, 2015.09.29.

105. BBC, 「Suffragette's Meryl Streep 'paid less than male co-stars'」, 2015.10.08.

106. Time, 「Shailene Woodley on Why She's Not a Feminist」, 2014.05.05.

107. US Weekly, 「Kirsten Dunst Offends With Traditional Gender Role Comments in Harper's Bazaar UK: "You Need a Man to Be a Man and a Woman to Be a Woman"」, 2014.04.08.

108. Celebitchy, 「Meryl Streep makes another nonsense statement about feminism: what the what?」, 2015.10.09. 번역에 도움을 준 『일상적인 것들의 철학』 저자 이성민 씨에게 감사드린다.

109. 《여성신문》, 「한국여성민우회 '정치, 페미니스트가 싸울 자리' 특강」, 2017.03.18.

110. 《동아일보》, 「[토요판 커버스토리] 그래도 나는 하지 않았다」 2013.09.14.

111. 《조선일보》, 「동료와 제자가 덮어씌운 성추행 누명…전도유망한 젊은 교수의 허망한 죽음」, 2017.03.17.

112. 《리얼뉴스》, 「SJ 레스토랑과의 인터뷰」, 2017.04.03.

113. 《여성신문》, 「법정공방도 거치지 않았는데, 고소 여성의 말이 '전부 허위'라고요?」, 2017.03.14.

114. 《한겨레 신문》, 「알바노조, "레스토랑 사장, 알바생에게 '예쁜 엉덩이 다칠라' 성희롱"」, 2016.12.13.

115. 나는 『일베의 사상』에서 일베 유저들이 정치적 이념과 무관하게 혐오발언을 자기충족적인 방식으로 향유하는 행태에 주목해서 이들을 일종의 '미학적 공동체'라고 평가한 바 있다.

116. 재일조선인의 특권에 반대하는 모임의 준말로서 일본의 대표적인 인종혐오 단체이다.

117. 페이스북 유저들의 신상정보를 조롱 등의 악성 목적으로 유출시키는 다음과 같은 페이스북 계정들이 대표적이다. 존잘저장소 시즌2: https://www.facebook.com/hand-

somestorage2/아무말 대잔치4: https://www.facebook.com/amumal4/.

118. 정희진, 『페미니즘의 도전』, 교양인, 2013, p. 248.

119. 이민경, 『우리에게는 언어가 필요하다: 입이 트이는 페미니즘』, 봄알람, 2016.

120. 우에노 치즈코, 나일등 역, 『여성혐오를 혐오한다』, 은행나무, pp. 12-13. 강조는 인용주.

121. 같은 곳 p. 13.

122. 김현석(2010), '양형기준 시행 성과와 향후과제', 형사정책연구원 82호, pp 7-41. 『기자 편집된 진실을 말하다』(2011)에서 재인용.

123. 뒤치닥 작가의 판타지소설 원제. 7월 웹소설 플랫폼 조라닷컴에서 발표되었다. 드래곤 중에서도 최강의 투명드래곤으로 신과 마족마저 이기는 절대강자로 묘사된다.

124. 유발 하라리, 조현우 역, 『사피엔스』, 김영사, 2016, pp. 507-509.

125. 찰스 윌런, 김명철 역, 『벌거벗은 통계학』, 책읽는수요일, 2013.

126. 로이 F. 바우마이스터, 서은국·신지은·이화령 역, 『소모되는 남자』, 시그마북스, p. 164.

127. 뤼스 이리가레는 벨기에서 태어난 페미니스트, 철학자, 언어학자, 정신분석학자이자 문화이론가이다. 『다른 여성의 검시경』과 『하나가 아닌 성』으로 잘 알려져 있다(위키백과).

128. 로이 F. 바우마이스터, 서은국·신지은·이화령 역, 『소모되는 남자』, 시그마북스, p. 169.

129. 같은 곳 p. 68.

130. KoreaDaily, 「"남녀 뇌 확실히 다르다"」, 2005.01.24.

131. 로이 F. 바우마이스터, 서은국·신지은·이화령 역, 『소모되는 남자』, 시그마북스, p. 126.

132. 조르조 아감벤은 이탈리아의 철학자이다. 미셸 푸코의 생철학과 카를 슈미트의 비상사태를 토대로 로마시대의 호모 사케르(homo sacer)를 현대 정치를 비추어 쓴 "호모 사케르"로 주목받았다(위키피디아).

133. 《중앙시사매거진》, 「미국 400대 부자」, 2015.10.23.

134. 《리서치 미디어스》, 「여성 공무원 49%, 2016년 남성 역전」, 2015.07.03.

135. 《뉴스페퍼민트》, 「기업 이사회 여성 할당제는 얼마나 효과가 있을까?」, 2014.06.27.

136. 《뉴스1》, 「부부폭력 절반, 남성이 시작…자녀학대 4명 중 1명 꼴」, 2017.03.26.

137. 서경현, 김유정, 정구철, 양승애, 김보연, 「데이트 폭력에 대한 가부장/비대칭 패러다임과 성-포괄적 모델의 타당성 제고」, 한국심리학회지: 건강 14(4), 2010, pp. 781-799.

138. 양승애·서경현, 「집착성향과 대학생의 데이트폭력 간의 관계」, 『청소년학연구』 21(10), 2014, pp. 315-336.

139. 엘리자베트 바댕테르, 나애리·조성애 역, 『잘못된 길: 1990년대 이후의 급진적 여성운동에 대한 비판적 성찰』, 중심, 2003, p. 147.

140. 《리얼뉴스》, 「이재명 후원회장 목수정은 '트로이 목마'?」, 2017.03.21.

141. 엘리자베트 바댕테르, 나애리·조성애 역, 『잘못된 길: 1990년대 이후의 급진적 여성운동에 대한 비판적 성찰』, 중심, 2003, p. 98.

142. 원제는 Hitler's Furies: German Women in the Nazi Killing Fields(Wendy Lore, 2013).

143. The Guardain, 「Hitler's Furies: German Women in the Nazi Killing Fields by Wendy Lower-review」, 2013.10.05.

144. Project Syndicate, 「Fascism with a Feminist Face」, 2014.03.31.

145. 《동아일보》, 「세계 정치권 右風 부채질하는 女風」, 2017.03.03.

146. 캐롤 페이트먼, 이충훈·유영근 역, 『남과 여, 은폐된 성적 계약』, 이후, 2001.

147. 우에노 치즈코, 나일등 역, 『여성 혐오를 혐오한다』, 은행나무, 2012, p. 39.

148. 누비 또는 퀼트(quilt)는 이불이나 쿠션 등에 누비질을 하여 무늬를 두드러지게 만든 것을 말한다. 천과 천 사이에 깃털, 양모, 솜 같은 부드러운 심을 채워 넣어 만든다. 조각퀼트, 아플리케퀼트, 코트퀼트 등이 있으며, 아름답게 장식한 퀼트제품은 뛰어난 민속공예품으로 꼽힌다(출처: 위키피디아).

149. 로이 F. 바우마이스터, 서은국·신지은·이화령 역, 『소모되는 남자』, 시그마북스, p. 276에서 재인용.

150. 같은 곳 p. 124.

151. 같은 곳 pp. 270-272.

152. 《동아일보》, 「복면 여자1호 "한국선 남자라는 성별도 스펙으로 통해"」, 2017.04.27.

153. 미디어오늘, 「나는 여성으로서 메갈리아를 거부한다」, 2016.08.01.

포비아 페미니즘

발행일 1쇄 2017년 9월 30일
2쇄 2018년 10월 10일
지은이 박가분
펴낸이 여국동

펴낸곳 도서출판 인간사랑
출판등록 1983. 1. 26. 제일 - 3호
주소 경기도 고양시 일산동구 백석로 108번길 60 - 5 2층
물류센타 경기도 고양시 일산동구 문원길 13 - 34(문봉동)
전화 031)901 - 8144(대표) | 031)907 - 2003(영업부)
팩스 031)905 - 5815
전자우편 igsr@naver.com
페이스북 http://www.facebook.com/igsrpub
블로그 http://blog.naver.com/igsr
인쇄 인성인쇄 **출력** 현대미디어 **종이** 세원지업사

ISBN 978 - 89 - 7418 - 370 - 7 03300

이 도서의 국립중앙도서관 출판시도서목록(CIP)은 서지정보유통지원시스템 홈페이지(http://seoji.nl.go.kr)와
국가자료공동목록시스템(http://www.nl.go.kr/kolisnet)에서 이용하실 수 있습니다.(CIP제어번호: CIP2017023168)